弘扬中华优秀传统文化与中国社会发展研究

李 璠◎著

北京工业大学出版社

图书在版编目（CIP）数据

弘扬中华优秀传统文化与中国社会发展研究 / 李璠著. — 北京：北京工业大学出版社，2022.7
ISBN 978-7-5639-8409-1

Ⅰ. ①弘… Ⅱ. ①李… Ⅲ. ①中华文化－关系－社会发展－研究－中国 Ⅳ. ①K203 ②D668

中国版本图书馆CIP数据核字（2022）第132900号

弘扬中华优秀传统文化与中国社会发展研究
HONGYANG ZHONGHUA YOUXIU CHUANTONG WENHUA YU ZHONGGUO SHEHUI FAZHAN YANJIU

著　　者：	李　璠
责任编辑：	张　娇
封面设计：	知更壹点
出版发行：	北京工业大学出版社
	（北京市朝阳区平乐园100号　邮编：100124）
	010-67391722（传真）　bgdcbs@sina.com
经销单位：	全国各地新华书店
承印单位：	唐山市铭诚印刷有限公司
开　　本：	710毫米×1000毫米　1/16
印　　张：	11.75
字　　数：	235千字
版　　次：	2023年4月第1版
印　　次：	2023年4月第1次印刷
标准书号：	ISBN 978-7-5639-8409-1
定　　价：	72.00元

版权所有　翻印必究

（如发现印装质量问题，请寄本社发行部调换 010-67391106）

作者简介

李璠，中共长春市委党校（长春市行政学院）政治学教研部副教授，主要研究马克思主义、中国特色社会主义理论。主持省社科基金课题两项，出版专著《法治视阈下的新时代干部队伍建设发展研究》一部，主编《中国特色社会主义》一部。

前　言

新时代，中国共产党人充分认识到中华优秀传统文化的历史地位，并赋予中华优秀传统文化以时代价值，为我国的优秀传统文化注入了新鲜的活力。习近平总书记对中华优秀传统文化中的思想精髓提出了自己独特的见解，让我们深刻地理解了弘扬中华优秀传统文化的意义所在。以史为鉴，国家和民族才能走出正确的道路。弘扬中华优秀传统文化，要在马克思主义理论指导下，以科学严谨的态度系统继承和发扬。习近平总书记通过运用马克思辩证唯物世界观和方法论在研究和讨论问题的解决上形成了一系列重要的方法，不仅对于我国，乃至对于国际都有重要的意义。

文化并非凭空产生的，它是随着人类历史的发展与积淀而逐步形成的，对人类社会有着潜移默化的隐性影响，高度重视文化的发展是一个国家和民族立于不败之地的重要法宝。鉴于此，习近平总书记站在历史和民族发展的角度高瞻远瞩，将文化建设置于前所未有的重要地位。在文化建设的呼声不断高涨的背景之下，中华优秀传统文化也迎来了其发展的黄金时期。尤其自中国特色社会主义建设进入新时代以来，我国社会的主要矛盾发生了重大转变，面对人民群众日益增长的物质文化需要，中华优秀传统文化的重要性日益凸显。

本书共九章。第一章为绪论，分别介绍了中华优秀传统文化的内涵、价值、整体风貌和对世界的影响；第二章为中华优秀传统文化的发展现状，分别介绍了中华优秀传统文化在国内和国外的发展概况以及中华优秀传统文化传承面临的机遇与挑战；第三章为中华优秀传统文化与文化自信，分别介绍了中华优秀传统文化与文化自信的关系、中华优秀传统文化自信构建的理论和现实意义，以及用中华优秀传统文化培育文化自信的实现路径；第四章为中华优秀传统文化的现代传承与弘扬，分别介绍了中华优秀传统文化与中国先进文化的关系、中华优秀传统文化与社会主义先进文化建设和中华优秀传统文化与现代社会生活；第五章为中华优秀传统文化与构建人类命运共同体，分别介绍了人类命运共同体的内涵及基础理论、人类命运共同体理念传承创新的中华优秀传统文化基因、人类命运共同体理念传承创新中华优秀传统文化的意义和构建人类命运共同体的路径；第六章为中华优秀传统文化传承与发展的关系定位，分别介绍了中华优秀传统文化传

承与发展的原则和中华优秀传统文化传承与发展的关系；第七章为中华优秀传统文化传承与中国社会科学文化发展，分别介绍了科技创新风险及控制、科技创新的障碍与对策和中华优秀传统文化传承对科技文化创新的影响；第八章为中华优秀传统文化传承与中国社会文化产业发展，分别介绍了当代文化产业的地位与作用、中国文化产业的现状与发展战略和中华优秀传统文化传承对文化产业发展的影响；第九章为中华优秀传统文化传承与中国社会旅游产业发展，分别介绍了当代旅游产业的作用、中国旅游产业的现状与发展战略和中华优秀传统文化传承对旅游产业发展的影响。

在撰写本书的过程中，作者得到了许多专家学者的帮助和指导，参考了大量的学术文献，在此表示真诚的感谢！

限于作者水平，本书难免存在一些不足，在此恳请同行专家和读者朋友批评指正！

目 录

第一章 绪论 ·· 1
第一节 中华优秀传统文化的内涵 ·· 1
第二节 中华优秀传统文化的价值 ······································ 18
第三节 中华优秀传统文化的整体风貌 ································ 27
第四节 中华优秀传统文化对世界的影响 ······························ 43

第二章 中华优秀传统文化的发展现状 ································ 46
第一节 中华优秀传统文化在国内的发展概况 ························ 46
第二节 中华优秀传统文化在国外的发展概况 ························ 55
第三节 中华优秀传统文化传承面临的机遇与挑战 ·················· 57

第三章 中华优秀传统文化与文化自信 ································ 66
第一节 中华优秀传统文化与文化自信的关系 ························ 66
第二节 中华优秀传统文化自信构建的理论和现实意义 ············ 75
第三节 用中华优秀传统文化培育文化自信的实现路径 ············ 81

第四章 中华优秀传统文化的现代传承与弘扬 ······················ 88
第一节 中华优秀传统文化与中国先进文化的关系 ·················· 88
第二节 中华优秀传统文化与社会主义先进文化建设 ··············· 90
第三节 中华优秀传统文化与现代社会生活 ·························· 99

第五章 中华优秀传统文化与构建人类命运共同体 ············· 103
第一节 人类命运共同体的内涵及基础理论 ························ 103
第二节 人类命运共同体理念传承创新的中华优秀传统文化基因 ····· 120

　　第三节　人类命运共同体理念传承创新中华优秀传统文化的意义……122
　　第四节　构建人类命运共同体的路径……………………………128

第六章　中华优秀传统文化传承与发展的关系定位………………………130
　　第一节　中华优秀传统文化传承与发展的原则……………………130
　　第二节　中华优秀传统文化传承与发展的关系……………………135

第七章　中华优秀传统文化传承与中国社会科学文化发展………………138
　　第一节　科技创新风险及控制………………………………………138
　　第二节　科技创新的障碍与对策……………………………………142
　　第三节　中华优秀传统文化传承对科技文化创新的影响…………147

第八章　中华优秀传统文化传承与中国社会文化产业发展………………149
　　第一节　当代文化产业的地位与作用………………………………149
　　第二节　中国文化产业的现状与发展战略…………………………151
　　第三节　中华优秀传统文化传承对文化产业发展的影响…………157

第九章　中华优秀传统文化传承与中国社会旅游产业发展………………162
　　第一节　当代旅游产业的作用………………………………………162
　　第二节　中国旅游产业的现状与发展战略…………………………167
　　第三节　中华优秀传统文化传承对旅游产业发展的影响…………174

参考文献……………………………………………………………………177

第一章 绪论

中华优秀传统文化是中华民族的精神食粮,以无比强大的能量滋润着中华民族的成长。本章分别从中华优秀传统文化的内涵、价值、整体风貌和对世界的影响对中华优秀传统文化做整体介绍。

第一节 中华优秀传统文化的内涵

一、文化的内涵

文化是一个国家、一个民族的灵魂。任何国家、民族的文化都有其发生、发展的历史,形成了民族文化的"昨天""今天"和"明天"。中华民族的文化也是如此。

自古以来,"文化"就没有一个统一的定义,学者对其都是众说纷纭,也成了众多学者争论的焦点。"文化"一词在中国出现较早,但起初分开使用,两字有各自的含义。《说文解字》中,"文"的本义是各种颜色的纹理,其中写道:"文,错画也,象交文。""文"原意是指画在人体上的装饰图案,后来延伸到对美好事物的向往和追求。"化",古汉字是"匕",原意是变化、改变、变易、生成、造化。如《周礼·春官·大宗伯》所言:"以礼乐合天地之化。"本书认为"化"的意义是教育人,进而引申为以善德感化人,教育人向善。"文""化"的并列使用,最早出现在《周易·贲卦·象传》中:"刚柔交错,天文也;文明以止,人文也。关乎天文,以察时变;观乎人文,以化成天下。"这就是古代对"文化"的解释,其寓意是把文化作为教育世人的基础。因此,"教化"应该是文化的本义,是指用文化教化人。它的内涵是"教化",即规范人们的思想、行为和社会关系。

弘扬中华优秀传统文化与中国社会发展研究

在西方语言系统中也有关于"文化"一词的理解。拉丁语 cultura 是西方文化一词的来源,本义是耕作、居住以及动植物培养。在英语中,文化最初与农业相关,原意为农耕、培育,具有对植物自然生长实施管理的意思。后来,文化逐渐脱离了最初的含义,引申为培养、修养。到了 16 世纪,英语中的 culture 引申为性情陶冶、品德教养之义。通过对比我们可以发现,中西方关于"文化"一词的解释都有培养、教育之义,比较相似,但其词语的产生背景和强调的侧重点都有所不同,使得中西方对文化做出了不同的解释。19 世纪,英国学者泰勒强调,文化这一复杂的概念与我们生活的条件紧紧地联系在一起,是价值、信仰、伦理道德等的总和。泰勒的文化观点深深影响了当时和之后的社会科学家,学者纷纷从不同的立场、观点、学科和生活背景出发,提出对"文化"的不同看法。到了 20 世纪,美国人类学家克鲁伯和克拉克洪从整合主义意义出发,从宏观角度概括了文化所有的重要因子,其较为完整的定义是至今大部分西方学者比较认可的。对某一事物的深刻全面认识必须建立在科学理论之上。马克思主义经典作家关于文化定义的重要论述是以历史唯物论为理论基础的,认为物质资料生产活动是思想观念产生的基础,文化是人类特有的。马克思主义认为,文化的本质是人的本质力量的对象化。在马克思主义中有非常多的关于实践的思想。它非常重视实践,强调了实践的重要性。人们对社会的认识和改造是一种自觉的、有目的的实践,一方面要证明自己是"类存在物",另一方面,它也外化了人们的生活。实践有着极其重要的作用。它是人与自然物质交换的纽带和媒介。同时,它也极大地促进了人与人之间的交往。因此,正是在改造社会的实践中,人类发现了自己对构建人类社会的认识和能力,而且他们也创造了非常多的文化产品。发展文化的根本目的是实现人的自由而全面发展,马克思指出人的本质"在其现实性上,它是一切社会关系的总和"。文化是处于一定社会发展过程中的人在改造世界的过程中产生的精神和物质财富的统一,具有教化百姓、整合社会的功能,主要包括物质文化、制度文化和精神文化。其中精神文化是文化的中枢,最能体现一种文化的特质,而其他两个层面是精神文化的物质形态。在文化的变迁过程中,居于表面的文化相比深藏于物质背后的文化更容易发生改变,因而物质、制度层面的文化具有时代性,而精神文化会表现出强烈的稳定性和继承性,并对现代社会产生深刻影响。

文化具有以下四个基本特征。第一,时代性。无论何种人类活动,都产生于特定的历史条件之下。文化作为社会的精神形态,是一个历史性概念。根据唯物史观,每一代人都出生于既定的文化环境之中,在承接先辈文化成果的基础上根据时代需要改造、利用和创新发展。因此，文化又同时具有传承性和创新性。第二，相对独立性。文化产生于特定的经济基础之下，但文化结构中存在着一些可以相对独立的层面，这就造成了文化与其产生的经济基础不完全同步，很多时候与当时的经济、政治、社会和意识形态有或早或晚的发展时差，进而也就有了更强的张力和韧性。第三，社会群体性。文化是人类在实践活动中形成的社会性产物，是人类社会的经验积累和智慧汇聚。它为人类社会成员共同接受，共同享有。第四，文化具有民族地域性。任何文化都是处于共同地域、使用共同语言、具有共同心理的社会群体创造的，这种共同的血缘、共同的地理环境和共同的语言决定了每一种文化观念的特点。

从现有文化概念的几百种定义足以看出关于文化概念理解的多义性。在著作《文化：概念和定义的批判性回顾》中，美国人类学家克鲁伯和克拉克洪曾列举出161种关于文化的释义。由此可见，文化概念界定之不易。尽管有多种不同的概念和解释，但学术界多从两个角度对文化的定义进行归类：一是从大文化观出发进行界定，即广义的文化概念；二是以小文化观为基础，即狭义的文化概念。这种两分法对厘清文化概念理解的头绪还是有益处的。

广义的文化概念认为文化即"人化"。凡人类所创造的一切都是文化，物质文化、制度文化和观念文化都属于文化范畴。代表人物有英国人类学家泰勒，他认为"文化或文明，就其广泛的民族意义来说，是包括知识、信仰、艺术、道德、法律、习俗和任何人作为一名社会成员而获得的能力和习惯在内的复杂整体"。中国学者梁漱溟认为，文化是"一个民族生活的种种方面"。还有学者从上述广义文化概念出发，将文化看作人的不同于动物的"第二自然"，从生物学、人类学角度界定文化，由于人在生物学构造方面的非特定化和非专门化，文化作为人的创造活动、人的"第二自然"来弥补先天的不足。这类理解对于我们确定文化的起源和生成问题具有重要价值。此外，还有学者将文化理解为人的生存样法或生存方式，美国文化人类学家本尼迪克特、中国文化学家胡适和梁漱溟都持这样的观点。

狭义的文化概念则指人的精神活动的成果，只停留于精神生产层面，把文化限定在观念形态上。毛泽东的《新民主主义论》基于历史唯物主义立场指出，物质生产决定精神生产，认为整个社会分为经济、政治和文化，作为观念形态的文化是政治、经济的反映，又作用于政治、经济。同时指出"讨论中国文化的问题，不能忘记这个基本观点"。习近平总书记也是基于小文化观阐释"传统文化的创造性转化和创新性发展"论断的："优秀传统文化是一个国家、一个民族传承和发展的根本,如果丢掉了,就割断了精神命脉。"此外,在将文化界定为精神性文化的基础上,习近平总书记还指出,文化是"与时迁移,应物变化"的,它顺应物质生产的发展和时代进步的要求更新发展。由此可见,习近平总书记所讲的传统文化、中华文化都是从唯物史观出发的专指精神观念层面的文化概念。所以,把握从唯物史观出发的狭义文化概念是理解文化变动、转化、发展以及"创造性转化和创新性发展"的坚实基础。

本书所指的文化概念是狭义的文化。首先,文化由知识系统、价值观念、审美情趣和思维方式等构成,属于观念形态和精神世界,表达人的情感、理性和精神追求,在整个社会结构中由经济基础决定和制约。其次,文化尽管属于观念形态和精神世界,但需要用载体来表达,这种载体可以是语言、文字等符号系统,也可以是实物载体。文化可以通过语言符号、可以通过它的物质载体客观化,但比较起来看,文化作为精神性的内在于主体世界的东西则是文化更为根本的特征。最后,文化是社会结构的一部分,其作为观念性存在内在于社会实践、社会生活的方方面面,从内在机理层面制约和影响经济、政治活动。

二、中华传统文化

中华传统文化博大精深,源远流长,具有十分丰富的内涵,深入地认识挖掘中华传统文化蕴含的思想观念、人文精神、道德规范,结合时代要求继承创新,让中华传统文化展现出魅力和时代风采,对于我们传承传统文化具有十分重要的意义。传统文化是人类在社会历史长河中所创造的宝贵财富。这些财富在文学、艺术、教育、科学等领域,在思想融合、行为导向、秩序维持和精神传续等层面发挥着不可替代的作用。中华民族有着悠久的历史和底蕴深厚的传统文化,铸造了灿烂的文明。

早在西周时期开始出现五行观念。其中已包含宇宙万物构成的基本元素,衍生出事物相互联系又有差异的思想。例如西周时期的占卜术随着古代氏族部落之间的分化融合,经历了由简单到复杂的发展历程,形成了《周易》中的朴素辩证法思想。《周易》中的八卦阴阳交错而生变动,象征着天、地、人的关系,每一卦都具有特殊含义,人们据此推测万物演变,预测吉凶福祸。春秋战国时期,中国传统思想出现了百花齐放、百家争鸣的格局。孔子的"仁政"不仅是一种政治主张,也是一种重要的哲学思想,系统地阐述了人在社会中的地位和作用,着重探寻合理的人生态度与行事准则,把"仁"作为君子最根本的道德规范加以要

第一章 绪论

求，主张"克己复礼""仁爱待人"，对后世有着深远的影响。在老子"道法自然"的思想中，"道"作为天地万物产生的根源，以变化解释万物的本源和规律，并认为事物是矛盾的统一体，既相互对立又相互依存、相互转化，深刻揭示了事物之间的辩证关系，在中华传统文化思想体系中具有重要地位，发挥着独特的作用。汉唐时期，不同学说与思想之间的相互碰撞、相互融合，形成了儒、释、道"三足鼎立"的局面，构成了中华传统文化的核心。随着汉朝内忧外患的不断加剧，董仲舒"天人三策"的哲学思想便应运而生，认为天与人是相通的，人的品行由天理变化而来，人的好恶由天气冷暖变化而来，人的喜怒由寒暑变化而来，同时提出了"三纲五常"的伦理学说，开创了"罢黜百家，独尊儒术"的儒学鼎盛时期。宋、明、清时期，各学说家对各种思想的批判继承形成了理学独秀的格局。儒家提倡的人伦道德上升为宇宙本体，阐释了道德标准在个人与社会发展中的重要性，重视精神层面的修养，形成了一个代表新风气的哲学学派，并成为两宋理学的主流。《论语》《孟子》《大学》《中庸》合编为"四书"，成为儒家的主要经典书籍，其中王阳明提出的"心即理"、"知行合一"、致良知的观点，认为以良知为本心包含了万物之理，其"四句教"成为明代最有影响力的学说。

　　文化是表征人的本质力量的概念。社会的进步和人的发展都要通过文化观念来更新引导，通过文化创造来实现。文化的本质是人的意识能动性问题、主体创造性问题。而在现实层面没有抽象的文化存在，文化表现为与每一个民族的传统相联系的具体文化形式。中华传统文化形成于中华民族五千多年的文明发展史，是中华民族灵魂之所在，是中华民族的精神家园。是传统文化的持续的"传"与"统"，是中华民族优秀文化道德持久的滋养与涵养，才能培养出有高度文化素质和道德素质的有教养的中国人，使中国人民始终保持着中华民族的本性，使中国人具有鲜明的中国身份和极强归属感的中国心。

　　传统是文化概念固有的历史性内涵，有历代相承之义。按照历史唯物主义的观点，人不同于动物靠生物遗传实现继承，人是历史性的创造物，是文化的存在物，人的行为靠文化来支配。人以历史创造为基础不断建立包罗万象的文化，又通过保存和使用这些文化传承着祖先的历史创造，这种赓续延绵的过程就是传统。传统是一个内含稳定性和变革性的文化时间过程，传统让文化成为活的有机体，让文化在历史中得以延续和发展。传统是人类社会的遗传机制，是人类社会前进发展的基础，没有传统就没有思想资源，没有传统，每一代人都需要从头开

始，社会发展也将陷入停滞。通过传统，人类社会得以自我继承、自我总结、自我扬弃和自我完善，人类社会经验得以传递和积累，人类社会的历史连续性得以维系。因而，传统与现在、未来一脉相承，历史上已经消亡而未曾流传下来的东西只能进入历史学家的视野，唯有传承至今并存在于我们生活中的历史文化才被称为传统而被赋予传统应有的价值。由此不难推断，传统文化是一个历史概念，在历史中不断变迁，内容也在不断变化。一方面，传统文化作为既有环境，对社会和人具有不以人的意志为转移的塑造作用。由于传统的存在，社会和人的发展都具有了一定的基础和经验支撑，从而形成社会发展和人的发展的连续性和继承性。这些经验包括生活方式、生产方式、语言、行为习惯和文化价值观，包括世代流传的具有稳定性的民族精神等。另一方面，人也在改变环境。在历史发展的不同阶段，社会发展和人的发展都要面对不同的矛盾，创造和改变成为人类生活水平不断提升的重要途径，这种改变的实现首先是由思想观念的改变引导的。已有的文化传统是否能够被保留下来，都要接受新生产方式与新生活方式的甄别、淘汰和转化发展的考验。

在文化时间的流动中，中华传统文化犹如中华民族的精神脉络，随着生活的更替、经验的积累和认识的变迁，传统中的部分旧因素会因为过时而被淘汰，部分新因素会因被大众认可接受而逐渐沉淀整合为传统的新要素。但是，传统文化是在历史进程中积累下来并流传下去的一以贯之的历史产物，是在流传中不断变化发展着的历史积淀，其积淀下的中国特色、中国风格、中国气派成为稳定的"民族性"或"中国性"，构成中华民族独有的世界观、基本的生活方式和文化气质。就时间来说，传统文化形成于过去并流传到今天，传统文化既是历史的，也是当代的。可以说，传统文化是日常生活世界的"活"的有机体，它有着占主导地位的基本精神和特定的内核，承载着一个民族的价值追求，凝聚着民族的自我认同，是民族历史遗产在现实生活中的生动展现。我们就生活在传统之中。

传统是相较于当下而言的，它具有两个特性：即时间上的延展性与空间上的凝聚性。也就是说，在时间上，传统文化历经了数千年的历史演变，它在漫长岁月中逐渐积累而沉淀下来；在空间上，传统文化则是具有民族特色且相对稳定的文化体系。简单来说，传统就是历史积累的总结。对于传统文化的定义，庞朴曾指出："传统文化的全称大概就是传统的文化，其内容当为历代存在过的种种物质、制度、精神的文化实体及文化意识。譬如古典诗文、忠孝观念、民族服饰、生活习俗之类，也就是通常所谓文化遗产。"那么，中华传统文化就是由中华民族所创造的具有永久生命力的文化，它在历史的发展过程中不断传承而逐渐定型，至今仍在不断地影响着当代中国社会的"活着"的文化。中华传统文化是由中华民族经过长时间的历史沉淀所形成的，它是在人类社会发展过程中形成的物质文化与精神文化的集合体，它充分体现了中华民族的民族文化与民族特质，它也是中华民族赖以生存与发展的精神食粮。

传统文化是历史积淀的结晶，但却不仅仅是陈列在博物馆里的展览品或排列在书架上的古代典籍，其所蕴含的思维方式、价值观念、行为准则等既具有继承性，也具有发展性，是人类想象力和创造力的历史呈现，更是闪烁着思想光芒和智慧魅力的生命体。可以说，传统文化是人类文化继续发展的台阶和垫脚石，也是向导和引路人。中华民族传承的文化遗产凝结在独具特色的语言文字、浩如烟海的文化典籍、嘉惠世界的科技工艺、精彩纷呈的文学艺术、充满智慧的哲学宗教、完备深刻的道德伦理中，体现出中华民族之生活态度与精神风貌，展示出传统文化之丰富内涵。

对于中华传统文化，我们可以归纳为以下几个主要方面。一是物质文化。中国古代的数学、天文、农耕、中医、造纸、印刷、建筑、园林等诸多方面均已达到或超越世界一流水平，取得了辉煌成就。二是精神文化。在历史发展进程中，中华民族以儒、释、道以及诸子百家思想为主要内容形成了独具特色的价值观念、道德规范、思维方式、审美趣味、宗教信仰、民族性格等，表达了古代人们对精神世界的追求，其中的思想精华经过代代相传已经穿越历史成为现代文化的重要组成部分。三是制度文化。中国古代社会形成了以"家国同构"为特征、以血缘宗法关系为纽带的一系列制度，进而发展成为较为严密的制度系统，深刻地影响着中华民族的价值理念、社会发展、国家进步。四是行为文化。主要是指古代人们在日常生活中形成的行为方式或行为模式等，如服饰文化、饮食文化、民居文化、岁时节令、风俗民情等，集中反映了人们日常心理和社会意识，因而也是其重要组成部分。总之，中华传统文化可以理解为以中华民族为主体，在世代传承的民族生活繁衍中积淀凝聚而成的包括物质文化、精神文化、制度文化、行为文化等相互影响的不同层面的具有民族特色的比较稳定的文化形态的历史与实践的结晶。在历史传承中，中华传统文化不断发展、演进，取得了无比辉煌的成就，为中华文明乃至整个人类文明发展都做出了无比巨大的贡献。

三、中华优秀传统文化

(一) 中华优秀传统文化的内涵

传统是在综合作用下流传后世的，离不开各个历史阶段的独具特色的自然环境、经济结构、制度体系、思想观念等外在因素，且对我们的社会和生活方式产生巨大影响，是道德规范、价值观念、风俗习惯等各个方面的总和。我们可以说，传统文化是从历史沿传下来的思想观念和各种物质的综合，涵盖的范围非常广泛，不但包括诸子百家的哲学思想、科学技术、经典书籍、文学作品、传统艺术，而且还包括中国武术、纺纱织布、传统中医、音乐戏曲、民风民俗、古代建筑等多领域的内容。传统文化凝聚了人民共识且能够增强民族凝聚力，对民族的生活方式和价值观念产生深刻影响，在社会变革中不断孕育、继承、更新、积累下来。传统文化具有稳定的形态，并被后人继承和发展，始终保持其时代性。

中华优秀传统文化是传统文化的精华，在历史的长河中生生不息，是推动中国实现文化自信的营养根基，它是由先辈和当代人共同创造的精神文明成果，集中华民族历史美德、思想观念、意识形态于一体，以儒家、道家思想为核心，综合了墨家、法家等众多流派的思想精髓。传统文化的精华涵盖了名人志士丰富的德育思想、君子文化、处世准则、交际艺术等，为国家培养理想人才方面提供了丰富的教育理念。深度研究中华优秀传统文化中的德育内涵，能为培养德才兼备的真正的中国人储备力量。中华优秀传统文化的精髓是民族精神，主要体现为诚信友爱、精忠报国、以义制利的价值取向，自强不息、锐意进取的远大志向，正心诚意、格物致知的心性追求，严于律己、见贤思齐的品德修养，天人合一、以和为贵的中庸思想，重气节、崇礼让的思想境界，创新不止、勇于开拓的行为追求。中华优秀传统文化是独具特色的具有生命力的文化，在当今社会仍具有深刻的启迪作用和很强的现实意义。中华优秀传统中辉煌的文艺作品给后人留下了传世珍宝，深厚的人文内涵和道德伦理对人们的思想和行为影响深远，智慧之学的古代哲学思想对我国治国理政、处理外交关系及公民的交往艺术都有深刻影响。中华优秀传统文化不仅是过去的，也是现在的，更是未来的，其强大的力量推动着社会不断前进。

中华优秀传统文化在中华民族的发展史上发挥着积极的推动作用，至今仍对社会与民族具有重要价值，它体现着中华文化的正确发展方向，能够促进社会的进步与民族的发展。中华优秀传统文化拥有着博大精深的内容体系，主要内容包括政治制度、道德观念、艺术文化、科技文化、文化精神等。中华优秀传统文化凝聚着被广大中华儿女所普遍认同与广泛接受的道德观念和价值取向，它也是中华民族语言习惯、传统习俗、思维习惯以及情感认同的集中体现。

中华优秀传统文化是在五千多年的历史传承中孕育的，它积淀着中华民族最深沉的精神追求，代表着中华民族独特的精神标识，是中华民族生生不息、发展壮大的丰厚滋养。具体说来，它既包括仁者爱人、立己达人的关爱，也包括天下兴亡、匹夫有责的家国情怀；既包括以爱国主义为核心的民族精神，也包括正心笃志、崇德尚善的人格追求。它以经史典籍、文学艺术、礼仪制度等多种形式载体生动鲜活地体现着中华民族的精神气度与突出优势，不仅促进了中华文明的延续和发展，更对人类文明和社会进步发挥了重要作用。陈先达曾指出："一种文化的生命力不是抛弃传统，而是在何种程度上吸收传统、再造传统。"由此可见，中华文化无疑是最具有生命力的文化。这是因为其跨越数千年悠久历史，却能一脉相承、绵延至今。在整个人类文明史上独一无二。时至今日，依旧能为我们提供强大的精神滋养。"欲流之远者，必浚其泉源。"当今时代，推进中国特色社会主义文化的发展繁荣也必将从中华优秀传统文化的丰富内涵中汲取营养。通常来说，民族特征、形态等是中华优秀传统文化的主要内涵表现。在认知中华优秀传统文化方面，学术界观点并不一致，主要有三种不同观点。第一种观点表示：中华优秀传统文化应该包含从人类出现开始中华大地上发生的一切。第二种观点表示：周朝至1840年这段时期中华文明逐渐繁荣应该是中华优秀传统文化的唯一内涵，从古至今的历史不该全部包含在内。第三种观点表示：包含经济形式、政治结构、意识形态等在内的存在于历史和现实中的"活"的东西才是中华优秀传统文化，促进时代进步的器物和节日等的综合体、孔孟儒家思想等是中华优秀传统文化的主要代表。

李宗桂认为，中华优秀传统文化是指中华传统文化的精华所在、精神所在、气魄所在，是体现民族精神的思想、价值内涵，是经过长期的优胜劣汰、大浪淘沙对当代国家发展和社会进步仍然有益的思想理念和价值取向。他的观点注重从思想理念层面来体现中华优秀传统文化对现代文明的引领作用，这是狭义层面上对中华优秀传统文化内涵的界定，简单地把中华优秀传统文化理解为占据主导地位和支配作用的思想观念文化。王学伟的论述阐明了中华优秀传统文化的具体时限、评价标准、时代价值，这是从广义上对中华优秀传统文化的定义式阐述，但在可操作层面上显得不足，超出了今天我们所要弘扬和建设的中华优秀传统文化的价值体系。大国的崛起离不开传统文化的支撑、引领、认同与传承。

弘扬中华优秀传统文化与中国社会发展研究

近年来,习近平总书记多次发表重要论述,他站在时代价值角度,从中华民族伟大复兴出发,对中华优秀传统文化做出新的概括和新的定义,将中华优秀传统文化升华为"中华民族基因""民族文化血脉"和"中华民族精神命脉"。习近平总书记注重对传统文化根脉的传承,超越时间和空间限制重新解读与定位中华优秀传统文化,促进了我们对其内涵的理解与认同。对中华优秀传统文化内涵的理解要抓住三个关键词:"中华""优秀""传统文化"。首先,标清它的地域范围。"中华"明确了优秀传统文化的发源地,中国拥有56个民族,是一个多民族国家,不同民族各有其特征,并且创造出多样化的文化。中华优秀传统文化扎根于广袤的中华大地,它并不是某一个民族的文化。近年来,有些学者把中华优秀传统文化等同于"儒、释、道"为主的汉族文化,把拥有宝贵人文资源的少数民族文化割裂出去。只有强化对少数民族文化的保护、发展与传承,才能构成丰富多样的中华优秀传统文化。其次,找准它的评价标准。"优秀"强调的是传统文化的内容,所谓"优秀文化",也就是指所有文化中经过千百年历史长河洗礼与打磨仍然沉淀保留下来的精华部分。衡量中华传统文化优秀成分的准则应侧重于价值性和功能性,从文化价值层面能提炼出思想理论,从实践角度来看,这些思想理论要满足国家、民族的发展需要。因此,评价"优秀"与否,既要坚持真理尺度,也要坚持价值尺度。最后,界定它的时限问题。"传统"是指传统文化出现的时间,一般情况下认为传统文化不同于现当代文化,传统文化产生于过去,经历世代传承,凝聚了有自己特点的社会历史文化因素。张岱年、方克立、何晓明等认为,通常所说的传统文化是晚清以前也就是1840年鸦片战争以前的中国文化,明确了中华传统文化的时限问题。本书认为中华优秀传统文化是指从1840年鸦片战争以前的历史进程中形成和发展起来的,植根于中国疆域以中华民族为创造主体的,经过历史检验、证明对国家和民族发展有重要作用的思想文化价值体系。把中华优秀传统文化纳入思想文化价值体系的范畴,这才是实际上我们需要弘扬与传承的,对核心价值有滋养功能并使其能在新时代不断发挥思想引领作用的优秀传统文化。党的十九大报告提出推动中华优秀传统文化创造性转化和创新性发展。中华优秀传统文化是民族精神力量的源泉,包裹着我们炽热的爱国情怀和强烈的民族自信心,是华夏文明传承至今的本源力量。在传统文化的传承与发展过程中,我们应具有科学的观念与辩证的思维,既要看到精华所在,也要看到一些不足之处,取其精华,去其糟粕,才能源源不断地从中汲取养分,推动优秀传统文化的现代化转型。然而现实中,无论是对于传统文化精华部分的理论研究,还是对其进行的深层次解读都远远不足,使得传统文化根基不稳定,

难以满足时代发展的要求。文化创新离不开传统文化与现代文化的融合，同时也要注重二者之间的平衡，促成和谐发展的局面。要深入挖掘中华优秀传统文化的现实意义，就要从实际问题入手，创造性地将其精神实质引入现实背景和基本国情中去，以寻求理论突破与文化创新。优秀传统文化就好比一棵参天古树，孕育出灿烂辉煌的文明，植根于中华儿女的血脉与精神世界。个人的发展与民族的兴衰都离不开中华优秀传统文化的传承。在中华优秀传统文化的阐释过程中，脱离时代背景仅仅以传统思想典籍中的相关论述来解决当今社会中存在的问题，进而证明中华优秀传统文化的现实意义与价值是片面的、不可取的。中华优秀传统文化的发展离不开文化创新与融合，只有遵循时代的发展规律，将其与社会主义核心价值观联系起来，相辅相成，才能深入人心，引起国民心中的共鸣，激发出国民的爱国热情与民族自信心，最终实现文化繁荣，成为实现中华民族伟大复兴的中国梦的精神伟力。

（二）中华优秀传统文化的发展脉络

追溯过去，探究渊源，从历史的角度来考察中华优秀传统文化的发展脉络。早在远古时期，生活在中华大地上的先民用智慧和汗水点燃了具有地域特色的文化火种，伴随着不同文化间的交流与碰撞，互相学习与借鉴，在不断丰富和完善中最终汇入中华文化的主流，形成了如大江奔流般的恢宏气势和源远流长的人文滋养。回顾中华文化悠远的发展历程，对于我们更深入地理解和弘扬中华优秀传统文化有着重要意义。

1. 远古中华文明孕育传统文化开端

在中国古代神话传说中，盘古开天辟地，创造了人类世界，以炎、黄两族为代表的原始氏族部落经过融合发展成为华夏民族。炎帝和黄帝作为中原部落的两位首领，被视为中华民族的人文始祖。这些传说经过古代学者的文字加工体现在古代典籍之中，如《史记》就从黄帝开篇叙述中华历史，"黄帝者，少典之子，姓公孙，名曰轩辕。生而神灵，弱而能言，幼而徇齐，长而敦敏，成而聪明。"这些传说开启了中华优秀传统文化的人文开端。

从考古学的视角看，在文字产生以前的远古时期，广袤而富饶的中国大地孕育了原始人类。从元谋人、蓝田人到北京山顶洞人，构成了一个从猿到人的完整演进轨迹，中国古代文化就在这一过程中逐渐萌生并发展起来。火在人类生产生活中是极其重要的能源。恩格斯认为："就世界性的解放作用而言，摩擦生火还是超过了蒸汽机，因为摩擦生火第一次使人类支配了一种自然力，从而最终

把人同动物界分开。"此时的文化也可以从对火的使用角度进行探寻。据历史考证，距今 50 万年的北京猿人已经掌握了火的使用方法，能够保存从自然界获取的火种。在仰韶文化半坡村遗址中，历史留下的痕迹诉说了当时原始先民劳作、狩猎、制陶、彩绘、音乐和舞蹈等丰富的生活内容。随着历史的演进与文化的传承，不仅陶器更加精美，还出现了如冶铜、酿酒、制玉、雕刻象牙等新技术。这些物质文化发展成果体现了人类智慧的积累和文明的进步。从思想文化角度看，远古时期也蕴含着精神文明的萌芽。在当时的生产力和人们的认识能力条件下，古代先民对大自然、祖先、图腾产生了原始质朴的崇拜。自然崇拜的对象包括自然的日、月、山、川、风、雨、雷、电等。在古文化遗址出土的陶器等物品上，经常能够发现太阳图形的纹饰，表达了对自然的敬畏。祖先崇拜、图腾崇拜反映了人们对自身起源的探寻，是较为高级的具有宗教色彩的崇拜形式。出于对生命繁衍、灵魂归处的关注，祖先崇拜成为中华传统文化的重要内容。伴随这些图腾崇拜思想文化萌芽的形成，这一时期的人们还通过结绳、契木、绘图等方式记事，在诸多文物遗迹上都能找到笔画工整的刻画符号，被认作中华文字的最早图像。总之，中国远古时期的文化从萌芽一路走来孕育出辉煌灿烂的中华文明，成为中华优秀传统文化的重要开端。从上古至今，中华文化虽然历经曲折变化，但是仍然顽强地、一以贯之地延续下来。纵观人类发展历史，四大文明古国有的衰亡，有的断代，唯有中华民族创造的以文字为载体的五千年文明史还在一直延续着，它并没有因外来文化冲击而中断，成为世界文化史上的奇观。中华优秀传统文化经过了上下五千年的积累和沉淀，是先辈和当代人共同创造的精神文化成果，也是中华民族历史美德、精神观念、意识形态的集合体，包括古往今来人民群众的理想、家国情怀、处世方法和仁义道德，这些都是中华民族十分宝贵的精神财富和文化标志，也是坚定文化自信的重要源泉和动力，同时也是文化自信的主题命脉。

2. 古代历史演进推动传统文化繁荣兴盛

据考证，约公元前 2070 年，大禹建立中国历史上第一个王朝——夏。这标志着中国走出了原始社会，进入了中华传统文化产生和发展的全新时期。目前发现的商周甲骨文、金文中，以文字记载形式佐证了这一时期人民以"天""天帝"为主体的信仰，以宗法礼制为代表的社会规范，以及以阴阳五行学说为代表的对自然的归纳方法与抽象思维。公元前 722 年，中国历史进入了大变革、大动荡的春秋战国时代。从这个具有里程碑意义的时期开始，中国传统文化，尤其是作为其核心的思想文化的形成和发展，大体经历了中国先秦诸子百家争鸣、

第一章 绪论

两汉经学兴盛、魏晋南北朝玄学流行、隋唐儒释道并立、宋明理学发展等几个历史时期。

中国古代的春秋时期,社会急剧变革,现实与理想的冲突激发了当时知识分子的创造力,他们运用丰富多元的素材,创造了气象恢宏、影响深远的思想文化百家争鸣、繁荣鼎盛局面,产生了包括儒、墨、道、名、法、阴阳、农、纵横、杂、小说在内各有建树的百余家思想,而真正对此后的中国历史产生极为广泛而深刻影响的学派主要是倡导"仁者爱人"的儒家、以"道"为思想核心的道家、将"变法"作为思想主题的法家、主张"兼相爱、交相利"的墨家。这些对人类文明具有突破意义的思想文化虽然各具特点,但共同推进了中国古代对"天人关系"的思考,综合辩证地论述了宇宙、自然、人类间共存与发展的法则。在这一过程中诞生了丰富的价值理念、教育思想、道德伦理、政治主张等,成为中华民族思想理念发展的源头活水。这一时期,在人的地位上,儒家认为在四方宇宙中,人处于最高位置,从而将人定位为国之根本。如荀子将人与水火、草木、动物进行对比,认为在六合天地间,人具有特殊的作用,是最为可贵的。道家中老子也肯定人的地位,他说:"道大,天大,地大,人亦大。"这就将天、地、人三者联系起来,把人也看作自然系统中不可或缺的要素。在人的作用上,古人认为人具有主观能动性,能够"赞天地之化育",与天地"相参"。虽然古人有"敬畏上天"的精神信仰,但对天并不是盲目迷信,而是顺应自然为人类所用。荀子所说的"制天命而用之"就是这个意思。另外,古人认为人是天地化生的最高物种,能够充分实现自己的天性,进而帮助万物淋漓尽致地展现禀赋,从而自立于天地之间。在对人的理想人格塑造上,君子品格是这一时期的人们所向往拥有的。"礼乐政刑"是理想人格塑造的主要方法。何谓君子?《礼记·曲礼》中曾说:"博闻强识而让,敦善行而不殆,谓之君子。"何谓"礼乐政刑"?"礼"以"仁"为内涵,是"仁"的外在呈现方式,主要通过对自我的约束来提升自己的道德涵养。《周礼》《礼记》《仪礼》三部典籍记录了人们日常的行为规范以及婚丧嫁娶等礼仪步骤。"乐者,天地之和也。"儒家认为音乐有促进自然、人心、社会和谐的功能。如《尚书·舜典》所说:"八音克谐,无相夺伦,神人以和。"出神入化的音乐旋律美妙无限,自然可以与天地自然相通,教化人心,进而推至社会群体,促进社会和谐。而"政"侧重于治国理政方面,强调为政者的榜样作用。但人性也有恶的一面,只靠前三者远远不够,"刑"就是惩恶扬善的重要手段。"刑"不仅指的是刑罚,也指法治教化。法家是主张刑罚与法治的代表,如韩非子认为品德是难以平天下的,只有威严和权势可以禁止暴乱。儒家也融合了

 弘扬中华优秀传统文化与中国社会发展研究

法家的思想,将德与法相统一。中华优秀传统文化就是通过"礼乐政刑"的方式,教化百姓,培养泰而不骄、和而不同、贞而不谅的君子人格。

公元前221年,第一个君主集权的统一帝国——秦王朝建立,标志着中国历史进入了"车同轨,书同文"的新阶段。到了汉代,中华文化在集权统一的政治体制下,得到了多方位的丰富发展。思想方面,两汉经学推动了儒学的发展,自董仲舒向汉武帝建议独尊儒术以来,经过改造的儒学被定为历代统治者认可并奉行的官方哲学,儒家思想在当时的社会环境下得到了全方位的提升,一举占据了统治地位并一直延续了两千余年。汉代史学著作《史记》《汉书》《七略》等,为我们追溯历史、探寻古代思想提供了丰富的史料。在文学艺术方面,文学作为具有深刻内涵和代表性的文化表现形式,在汉代取得了突出的成就。辞藻华美、气势宏阔的《吊屈原赋》《七发》《子虚赋》等汉赋佳作,语言质朴、流传甚广的《东门行》《十五从军行》等乐府民歌,文采飞扬、鞭辟入里的《过秦论》《治安策》《说苑》等汉代散文都是蕴含丰富、思想深邃的传统文化瑰宝。两汉时期,统治者极力改造先秦儒学,使之成为国家的意识形态。董仲舒融合了阴阳五行家的思想,对以往的学说进行了变革和发展。在天人观基础上,董仲舒以阴阳五行为纽带,认为天与人均有阴阳。在道德伦理方面,董仲舒全面、系统地提出"三纲五常"。另外,董仲舒也在人性论上分别对荀子和孟子的思想进行扬弃,认为人有善又恶,要通过德刑兼备的方式来维护大一统的局面。虽然董仲舒的理论体系仍存在局限性,但总的来说,他对先秦儒学的改造是成功的,将先秦儒学提高到新的理论层次。

随着汉朝的瓦解,中国历史进入了历时近400年的三国两晋南北朝时期。这时,政治的动荡使社会批判思潮涌现出来,人们需要重新审视人生理想与社会发展,因此,儒学的独尊地位受到动摇,而以《老子》《庄子》《周易》为主要经典,融合了儒学与道学的玄学思想应运而生。玄学思想超越了伦理道德、政治主张的范畴,以探索理想的人格、认识宇宙的本质为中心课题,崇尚清新理性的抽象思辨,对中华传统文化的思想风格产生了较大影响。同时,这个继春秋战国之后又一充满分裂与战乱的历史时期也带来了思想与文化的交融发展。一方面,北方劳动人民南迁推进了南北经济与科技的发展,促进了文化与思想的交流与解放,带动了不同民族间的自然融合;另一方面,外来的佛教思想与本土的道教思想传播成为新的文化营养,促使中华文化不断展现前所未有的风采。总的来看,这一时期的中华文化初步呈现出儒、道、佛三家并立的文化格局,积累了更加绚烂多彩

的诗、书、乐、画艺术作品，发展了具有中国气韵的天文历法、数学、医学、农学地理学等自然科学。

隋唐时期，国力更加强盛，社会思想开放，是中华传统文化传承演进的鼎盛时期。此时的佛教在不断传播过程中日趋本土化，产生了天台宗、法相宗、华严宗和禅宗诸多宗派，对中华传统思想文化的发展产生了重大影响，成为古代中外文化交流的重要标志之一。唐诗、散文、绘画、书法、史学等多方面的辉煌成就证明了其在思想文化方面所达到的前所未有的高度。从多元化的民族融合角度看，在唐朝大一统的局面下，南北文化合流，各民族之间的文化交流更加频繁，关系更加密切，在文化上多民族交融的特点也表现得更加突出，文学、绘画、音乐及社会生活各方面都受到少数民族文化的影响，呈现出多姿多彩的新面貌，形成了兼容并蓄、百花齐放、星汉灿烂的宏大气派和繁荣景象。

经过五代十国的分裂与割据，宋朝的建立实现了局部统一，与辽、西夏等游牧民族形成对峙格局。在哲学思想领域，理学的形成与发展成为宋明时期的重要标志，理学思想积极吸收了佛教的一些观念逐渐发展壮大，扭转了隋唐儒学逊色于佛学的状况。理学思想具有突出的思辨特征，是一种完备的哲学体系，还蕴含着丰富的宗教和道德思想，伦理道德是其思想核心。理学思想推崇"天理"的绝对地位，主张"存天理，灭人欲"，强调通过"正心""诚意""修身"的道德自觉约束个人欲求，以达到理想人格的价值构建与实现。这些带有禁欲主义色彩的理念，对于中华民族养成注重德性情操、注重人格气节、注重历史使命以及注重社会责任的文化性格起到了极大作用。随着社会的发展与思想的演进，到了明代程朱理学受到批判与挑战，以王阳明"心学"为代表的主观唯心主义高度发展，这一学说主张"致良知""心即理"，激发了人的主观能动性，有力地冲击和突破了日渐僵化的理学思想。同时，宋代以来，少数民族的游牧文化与农耕文化在政治的激烈冲突中深刻交融。少数民族积极吸收汉文化的营养日益发展壮大，尤其是在那个时期以彪悍风格著称的蒙古族一度入住中华，在专制统治中，提高了儒学的地位，推动了以元曲为代表的文学艺术的发展，宋、元时期的文学成就也成为中国文学史上最珍贵的遗产之一。两宋时期的文化发展代表着中华传统文化达到了成熟，在我国整个文化长河中达到了极致。其中，宋、明理学扬弃地继承了先秦儒学，在中国哲学史上具有高屋建瓴的作用。之所以这样说，是因为宋、明理学相对于先秦汉唐儒学，更加注重从形而上、本体论的角度去讨论，创造性地超越了原始儒学。从天道观上看，宋明理学形成了系统的宇宙本体论。继而又

弘扬中华优秀传统文化与中国社会发展研究

在此基础上将其理论引入人类社会。这一方面将伦理纲常进行了本体论的升华，成为人们遵循的理论依据，同时也弘扬了主体的能动性，以此增强了士人对儒学的认同，对于缺少心性讨论的原始儒学是一大补充和发展。除此之外，两宋时期的文学艺术、科学技术也得到了极大的发展。

3. 封建社会没落传统文化由盛转衰

明清之际，封建君主专制下的中国社会逐渐从鼎盛走向衰落，资本主义开始萌芽。随着社会生产力的发展，生产关系出现变化迹象，思想文化敏锐捕捉和深刻体现了社会的变革。一方面，这一时期集中出现蔚为大观的《元史》《明实录》《明史》等史学著作，明成祖的《永乐大典》、清圣祖的《康熙字典》、乾隆的《四库全书》等大规模官修典籍，以及李时珍的《本草纲目》、潘季驯的《河防一览》、徐光启的《农政全书》、宋应星的《天工开物》、徐霞客的《徐霞客游记》、方以智的《物理小识》等科学技术巨著，都标志着经过数千年的积淀趋于成熟的中华传统文化进入历史总结的集大成阶段，也从一个侧面展现了当时人们的文化自觉与自信。另一方面，随着历史与社会的发展，空谈心性的空疏之学在思想领域受到排斥，具有市民反思批判意识的早期启蒙思潮兴起。这一时期著名的思想家，如黄宗羲、顾炎武、王夫之等人，开始对当时的官方文化——程朱理学发起挑战，反对文字狱等思想文化专制，批判锋芒直指专制君主，为当时社会注入了经世致用的实用主义风气。文学艺术创作方面也出现了反映民间生活情趣的市民文学，书画作品等充分反映了城市经济发展和资本主义生产方式萌芽这一社会现实。

然而，受到落后的物质生产方式和社会制度的制约，历经千年发展的传统文化最终还是伴随着封建社会极权统治的衰落一同走向下坡路。当时的统治者和大多数知识分子，沉醉于历史上辉煌的文化成就盲目自信，拒绝开眼看世界。而此时的西方已经轰轰烈烈地进行了从根本上改变世界面貌的工业革命。最终，1840年爆发鸦片战争，西方列强以其坚船利炮拉开了中国近代史的序幕，进入半殖民地半封建主义社会阶段的中华传统文化也随之跌入了历史低谷，开始了一段前所未有的、在衰落中探寻蜕变与新生的曲折历程。这条百转千回的中华文化复兴之路，直到1921年中国共产党成立后才重新清晰、明确起来。经过近百年的奋斗，党带领中国人民不仅实现了民族的解放，同时也实现了思想文化的独立自主、创新重生。在新时代，中华优秀传统文化已经成为中国特色社会主义文化发展的核心基因与沃土，必将重新绽放出举世瞩目的绚丽光彩。

追溯历史文化发展的脉络，我们能够深切认识到：中华民族的精神血脉薪火相传，具有生生不息的强大生命力；优秀的思想价值理念已经融入每个中华儿女的内心世界，成为共同的精神家园；中华文化的繁荣昌盛增强了民族文化自觉与自信，也为世界文明宝库增添了宝贵的文化财富。以明晰中华优秀传统文化穿越千年历史演进的脉络为基础，我们要更加深刻地认识民族自我，更加珍惜当前取得的历史性成就，更加坚定地沿着中国特色社会主义道路前行。

（三）中华优秀传统文化的特征

1. 连续性和稳定性

从上古至今，中华文化虽然历经曲折变化，但是仍然顽强地、一以贯之地延续下来。纵观人类发展历史，四大文明古国里，有的衰亡，有的断代，唯有中华民族创造的以文字为载体的五千年文明史还在一直延续着，它并没有因外来文化冲击而中断，成为世界文化史上的奇观。中华民族在长期的实践中形成的独特的、优秀的文化思想和价值理念，具有较强的生命力和影响力。比如，"君子以德，小人以力""皇天无亲，惟德是辅""得道多助，失道寡助"等主张中体现的以德为本的治国理念，"民为贵，社稷次之，君为轻""天下为主，君为客"等主张中体现的以民为本的社会情怀，"君子务本，本立而道生""君子求诸己，小人求诸人"等主张中体现的克己修身的个人追求。这些来自中国传统社会的格言和名句，几乎每一个中国人都耳熟能详，多数中国人仍按照这些思想和观念来加强自我修养，指导生活。闪烁着民族智慧的中华优秀传统文化虽然历经各朝各代，但经久不衰，深刻地影响着世世代代中华儿女的精神和思想。

2. 融合性和凝聚性

中国这块广袤的土地上，生活过各时代、各地域、各民族的人群，存在着复杂多样的社会生活和丰富多彩的历史文化。在数千年的发展过程中，各群族和文化在这里碰撞冲突、交叉融合，形成了多元一体的中华民族与中华文化。中华优秀传统文化历经数千年岁月洗礼逐渐凝聚成了具有中华民族特色的精神文化，形成了强大的民族凝聚力。在中华民族五千多年的发展历程中，通过融合、包容，在当代逐渐形成了以核心价值观为内核和灵魂的伟大民族精神。正是有了对这种伟大精神的弘扬与践行，才使得英雄的中华儿女敢于面对各种困难和挑战，矢志奋斗，生生不息，绵延至今。

3. 民族性和世界性

失去民族性，就谈不上世界性。中华优秀传统文化中蕴含着许多构建世界的智慧和力量。比如"和谐"，它经常出现在中国文化典籍之中，是人们日常生活

弘扬中华优秀传统文化与中国社会发展研究

中经常看到和普遍使用的词汇。中国人历来追求和谐、崇尚和谐。儒家强调"和谐有序",道家主张"道法自然",墨家提出"兼相爱"。"己所不欲,勿施于人""四海之内皆兄弟"等经典名句更反映了中华优秀传统文化的"和谐"智慧。中华民族在长期的实践中注重用和谐来处理自身与外部世界以及个人与自身的关系,"和而不同"的"和谐"文化是人类社会与各种文明得以延续与发展的基础,是人类未来的发展方向,也是解决人类生存危机,处理当代国际复杂问题,以及人类社会建立永久和平、共同繁荣世界的救世良方,得到了全世界人民的普遍赞同。

第二节 中华优秀传统文化的价值

现阶段的世界形势下,人类的精神文明和物质文明都获得了长足的进步和发展,也面临着诸多的难题和挑战。随着贫富差距的日益加大,有些人过于追求物质享受,生成了极端个人主义,丧失了伦理道德,造成了人与自然关系的冲突和紧张。这些问题和挑战都急需人类去面对,去解决,不仅要充分运用当今时代的方式和方法,更要加强对古往今来历史长河中积累的智慧与力量的应用。另外,中华优秀传统文化是整个民族基本价值追求的具体体现,蕴含着中华民族的民族精神,有着独特的民族特质。"天人合一"的人与自然的关系、"协和万邦"的中国与世界的关系等,涉及国家、社会、个人发展的各方面。这些基本的中华传统文化的主流价值理念,对解决当今时代的社会问题具有极大的借鉴意义。

一、中华优秀传统文化的思想价值

中华优秀传统文化一大核心内容就是儒家文化,儒家文化的核心就是伦理道德,这样来看中华优秀传统文化正是传统美德的集中体现。孔子强调必须要在知识学习之前修养个人品格:"弟子入则孝,出则悌,谨而信,泛爱众,而亲仁,行有余力,则以学文。"《资治通鉴》中,司马光也曾论述衡量一个人的品质要以德行为本,"才者,德之资也;德者,才之帅也"。"仁、义、礼、智、信"正是儒家道德的集中体现。

"和"指在认识基础上形成的以和谐为核心的综合性概念,其所代表的是各种关系的最高准则。其价值终端为与己和乐、与人和处、与社会和融、与天地和德。而修身、齐家、治国、平天下正是和的精神由小到大、推己及人的递进过程。

中华民族向来是和平为上的民族，将和平和谐建立在基础之上，采用兼容并蓄的理念。"礼之用，和为贵。先王之道，斯为美。小大由之，有所不行。知和而和，不以礼节之，亦不可行也。"中国人一直崇尚"亲仁善邻，国之宝也""四海之内皆兄弟也"的和平思想，在多年的发展历程中，坚持和平为上。中华文化也一直坚持包容并蓄的态度，并将自身文化不断向海外辐射，构建了以华夏文明为核心的文明圈，并且通过陆上和海上丝绸之路与世界建立文化交流。爱好和平的思想也融入了民族精神世界，成为处理国际关系的重要理念。在整个中华优秀传统文化之中始终都贯穿着爱好和平、团结统一等中华民族精神，古代有许多文人志士都对爱国主义精神进行了充分歌颂，例如杜甫的"国破山河在，城春草木深"、屈原的"亦余心之所善兮，虽九死其犹未悔"、文天祥的"人生自古谁无死，留取丹心照汗青"。

根据党的十九大报告可知，中国人民要同全世界各国的人民站立在一起，促进人类命运共同体建设，并且尊重世界文明多样性，求同存异、共同发展。这意味着文明的交流、对话会促进人类命运共同体的发展，在世界经济一体化不断发展过程中，人类文明也要兼容并蓄、求同存异，在多元化发展中寻找共同理念。在国家层面，我国一贯奉行中和之道。中国在发展进步，也希望其他国家发展进步，不以牺牲其他国家利益为前提进行发展，在世贸中也坚持组织规则。在发展富强的同时，发展了许多睦邻友好交往，"一带一路"倡议正是对你好我好大家好理念的贯彻落实，一贯推进开放、包容、普惠、平衡、共赢的经济全球化，创造了共同发展的条件。中国在解决国际争端方面，反对战争及极端主义，主张以和平方式解决，但也发展自身国防，不以牺牲民族利益换取和平，在解决钓鱼岛问题、朝鲜核武风云中都体现了大国风范；中和思想主张既允许文明差异存在，也要求求同存异，相互借鉴。"万物并育而不相害，道并行而不相悖"，习近平总书记多次用此段话说明"合则两利，斗则两害"。儒家所提倡的大同理想社会，"大道之行，天下为公"这一美好理想被习近平总书记发展为构建人类命运共同体的战略构想。

中华民族在历史上都以文明著称，并且能够在世界文化碰撞中占有一席之地，所依赖的并非经济、军事力量，能够获得世界关注的关键是有优秀的传统文化，并且以优秀的传统文化立国兴邦，是中华民族能够长远发展的关键。现阶段，中华民族的伟大复兴为构建良好的国际治理秩序、促进世界和平及人类共同发展发挥了关键的作用。"天行健，君子以自强不息"。从古至今，中华民族始终推崇的理想信念以及道德传统就是自强不息。做人必须坚韧不拔，敢于拼搏。

 弘扬中华优秀传统文化与中国社会发展研究

"天将降大任于是人也,必先苦其心志,劳其筋骨,饿其皮肤,空乏其身,行拂乱其所为,所以动心忍性,曾益其所不能。"此类精神也曾被孟子和孔子积极倡导,"发愤忘食,乐以忘忧,不知老之将至云尔"。实现中华民族伟大复兴的中国梦是我们的最终理想,追求这一理想需要全国各族人民不懈奋斗、顽强拼搏才能够实现,优秀传统文化自强不息的崇高理想信念体现了我国人民自古以来的奋斗精神,这对激励当代人民团结奋斗有着十分重要的意义。

"仁,人之安宅也;义,人之正路也",社会主义核心价值观是传统文化"仁"的时代再现,它以一种"精神还乡"的方式带来心灵的抚慰与正能量的勃发。"仁"是对人的价值和人性平等的肯定,是为人立身处世的基础。"仁者,人也"明确揭示了仁的基本内涵。孟子有道:"恻隐之心,仁之端也"。"仁者爱人"是对"仁"最基本的解释。厚仁贵和、敦亲重义、乐善好施、扶贫济困一直都是中华民族的传统美德。"至仁"则是"使天下兼忘我""利泽施于万世,天下莫知"的广阔胸怀。"仁"体现在政治上,则要求为政者关心民生,感召民心。仁治思想最早始于《大戴礼记》:"敬胜怠者吉,怠胜敬者灭……以仁得之,以仁守之,其量百世。"《大戴礼记》把能持守仁义视为夺取政权、稳固政权及国运长久的道德根基。孔子说:"道千乘之国,敬事而信,节用而爱人。"(《论语·学而》)如果不仁爱,则国家危亡、社会混乱。孟子认为"不仁而在高位,是播其恶于众也"。施行仁政是治国安民的重要法宝,也是社会和谐的必要条件。"仁"体现在人与自然的关系方面,则要求人与自然和谐相处。

"仁"与"和"不可分割且具有很强的互补性。"仁"是"和"的根基,修"仁"的目的是实现"和","仁"能够在提高个体道德修养方面促进"和",能够造就和谐之境;而"和"是"仁"的目的与结果,作为"仁"的理想目标和终极价值,对其起统摄作用。

二、中华优秀传统文化的时代价值

中华优秀传统文化一直不断地自我革新,自我发展,通过不停地整合、扬弃、创新,涅槃重生,积淀了最优秀的文化思想的精华,对整个民族进程产生了深远的影响。在社会主义现代化建设的过程中,中华优秀传统文化起着非常重要的作用,至今依然熠熠生辉,闪耀着真理的光芒,不断指引着中华民族向着中国梦不断前进。当今世界不仅在经济、政治、军事、科技方面的竞争越来越大,在文化方面的竞争也越来越激烈,文化对国家、民族、社会的发展具有不可替代的作用,同时也是一个国家、一个民族安身立命的根本。

第一章 绪论

（一）提供发展智慧，助力民族复兴

当今国际关系已经形成一个理性平和、尊重礼让的次序，中华优秀传统文化为世界提供了更多的文化准则。我国自古就推崇仁义为先，以德治国，如"重礼贵和"便强调要用礼来处理各种矛盾和纠纷，以此来达到人们和谐安定的目的。如今，一个组织、一个企业，甚至是整个社会都是由个体按照一定原则有序地组成的，每个人都有自己负责的工作岗位，所有人都有自己要担任的角色，要按照规章制度进行分工协作，在各自的岗位上做好自己的本职工作，并与周围的人存在着各种各样的关系，包括上级和下级之间领导与被领导的关系、商家和顾客之间服务与被服务的关系，以及不同群体之间竞争与合作的关系等。这些关系的持续需要用严格的章程制度来维持，如工作流程制度、请假休假制度、向上级汇报制度等。许多企业实行奖励激励制度，以年或者季度进行"优秀职工""先进模范"等荣誉称号的评选，从而全面地激励全体员工不断提高工作效率。中华优秀传统文化在其中无形地发挥了重要的作用，不仅能有效提高全体员工的形象，还能调节员工与员工之间的关系。随着社会经济的不断发展、政治制度的不断完善、文化产业的不断成熟，中华优秀传统文化在经济、政治发展中的作用越来越明显，甚至直接或间接地影响着经济利益和政治效益。在商场上，中华优秀传统文化主要是通过提供高素质的人才营造良好的经济交际环境，如果整个社会每个企业都能推崇中华优秀传统文化原则，所有的职工都懂得中华优秀传统文化细则，都学习优秀的文化，恪尽职守，勤勤恳恳为企业贡献自己的聪明才智，那么企业的发展将会得到较大的改善。相反，如果一个企业文化规则混乱，员工之间不信任、不尊重，钩心斗角现象严重，不仅会使办事效率低，还会阻碍整个企业的发展。

改革开放以来，我国在经济上取得了巨大的成就，同时也出现了一些问题。中华优秀传统文化历经几千年依然熠熠生辉，可以为中国的现代化建设提供智慧。首先，中华优秀传统文化的"民本思想"、墨家的"兼爱"思想等为中国的政治建设提供了新的思路。其次，中华优秀传统文化中蕴含着丰富的"和谐"思想。当今时代由于经济的发展也产生了一系列的社会问题，如不诚信、不道德的事件也时有发生，要解决这些问题，中华优秀传统文化中的诚信、仁爱思想必不可少。最后，中华优秀传统文化中的"仁爱睦邻""四海皆兄弟""和而不同"的思想生动地体现了中国是一个热爱和平的国家，同时为中华民族的复兴提供发展智慧。

弘扬中华优秀传统文化与中国社会发展研究

在历史的长河中，中华优秀传统文化之所以能够一直流传下来，是因为自身的兼容并蓄，使得各民族智慧得以汇聚，并成为凝聚各民族归属感和认同感、推动社会和时代发展的重要力量。在古代历史上，从屈原的"长太息以掩涕兮，哀民生之多艰"到顾炎武的"天下兴亡，匹夫有责"，无数诗词篇章记录下了古人对于国家的矢志不渝。从一声炮响到嘉兴南湖再到中华人民共和国成立，近代无数仁人志士也在古人的诗篇中得到激励，前赴后继为民族振兴而不懈奋斗。在当代，不论是抗击新冠肺炎疫情还是打赢脱贫攻坚战，都离不开中华民族血液里流淌的中华优秀传统文化所给予的精神力量。中华各族儿女万众一心，众志成城，才使得中华民族一次又一次地战胜困难。中华优秀传统文化是一个纽带，将身处世界各地的中国人紧紧缠绕。每一个重要时刻的诞生，都能激起中华儿女对于中华民族的认同感和自豪感。反过来，这份对于国家、对于民族的认同感和自豪感，又在继续鼓舞着一代又一代的中国人不断为中华民族的灿烂明天做出自己的贡献。现在，我们站在新的历史起点上，肩负着实现中华民族伟大复兴的重担，在面对不断加大的外部压力时，中华优秀传统文化所蕴含的精神力量仍在鼓励我们奋勇向前，不断进取，为实现中华民族的伟大复兴而贡献出自己的力量。

（二）促进和谐社会的构建

改革开放四十多年来，社会的发展日新月异，高科技的不断出现极大地改变了人类社会的格局。在科技不断发展的情况下，人们的生活更加富裕了，质量更高了，有时候却找不到曾经的幸福感、信任感、安全感。因为许多伴随着技术革新到来的不和谐因素严重影响了人与人、人与社会、人与自然的关系。和谐是指不同事物之间相辅相成、互助合作、互惠互利、和睦协调的关系，是辩证唯物主义和谐观的基本观点。中华优秀传统文化重视人际交往中和谐关系的形成，因此提出一系列处理人际关系的准则。我国古代的"和谐"，首先强调的是具有差异的不同事物之间相互结合、统一共存的状态，其次讲究的是社会呈现出安宁稳定的状态，也就是人与人之间相处融洽，最后要追求人与自然的和谐相处，遵循事物发展的客观规律。中华优秀传统文化提倡要建立和谐的思想观念，在社会的人际交往关系准则中贯穿团结合作、互帮互助、安定有序的理念。整个社会呈现出和谐的精神面貌，能够推动经济繁荣发展、个人积极向上。

当今社会在年龄、性别、职业、岗位、知识水平等方面还显露出人与人之间的差别待遇。虽然社会在日益发展和进步，民主、自由思想也逐渐深入人心，但还是会有消极的因素存在，这也构成了如今复杂的人际关系网。中华优秀传统文化的本质、价值、功能和意义有着完善的理论体系，并对和谐社会的构建和形成良好的社会风气具有重要的作用，所以要加强传承中华优秀传统文化，促进形成和谐的社会氛围和稳定的交际关系。为了促进和谐社会的形成，我们急需一种强大的意识形态的凝聚力量，将不同群体紧密联系起来，中华优秀传统文化的社会功能不可忽视，它有助于促进社会的和谐稳定和长治久安，促进社会经济的发展，继承和革新中华民族灿烂的文化。在以和平和发展为主题的当今世界，拥有良好的大国形象已经成为一个国家崛起的重要因素，这种形象和魅力的来源与一个民族的优秀传统文化有着密不可分的关系，当前我国的经济和科技实力在不断地提升，中华优秀传统文化还有很大的发展空间。

（三）增强文化自信，提升国家软实力

美国政治学家萨缪尔·亨廷顿在《文明冲突与世界秩序的重建》一书中提出，未来世界的政治主题将是以文明为博弈主体的全球冲突。文明是文化发展的最高形式。我国的近邻日本历史上曾多次派人来中国学习中华文化。近代以来，日本不断对本民族传统文化进行保护与发展，将民族传统文化上升为一种精神力量，在每一个日本人心中形成强烈的民族自豪感，日本的"和"文化给世界留下了深刻的印象。因此，树立文化自信是十分必要的。文化强则国家强。实现文化自信，就必须做好中华优秀传统文化与时代发展相结合的工作，既要传承传统历史又要立足当下，避免"文化自大"与"文化自卑"。博大精深的中华优秀传统文化是文化自信的"灵魂"，爱国情怀、奋斗精神、革新意识等千百余年所传承的文化理念早已根植于每个中华儿女的心中，构成了中华民族特有的精神世界，并在世世代代的生活实践中，形成了独特的世界观、人生观和价值观，成为影响周边国家的中华文明。

党的十八大以来，习近平总书记提出了要增加文化自信，建设社会主义文化强国，强调"文化自信是更基础、更广泛、更深厚的自信"。文化是一个民族的精神所在，是人们赖以生存的精神食粮，是一个民族最独特的印记，是一个民族持续发展的不竭动力。中华优秀传统文化是中华民族的血液，是中华民族的美丽瑰宝，是实现中华民族伟大复兴的精神动力，是中华儿女的根和魂。首先，从历史进程来看，在中华民族五千多年的历史长河中，中华优秀传统文化记录了中华民族光辉的发展史，而且中华文明从未间断过，这是历史的奇迹，也是世界的奇迹，给中华民族乃至整个世界留下了宝贵的精神财富。其次，从中华优秀传统文

弘扬中华优秀传统文化与中国社会发展研究

化的内容上来看,中华优秀传统文化博大精深,浩如烟海,其中很多思想在今天依然闪耀着真理的光芒。如诗词歌赋、书法艺术、医学典籍、天文历法、农业书籍等,其中蕴含着中华民族广大劳动人民的精神智慧,体现了中华民族最独特的魅力。中华优秀传统文化历经几千年经久不衰,这其中必有其道理。新时代党和国家非常重视中华优秀传统文化的发展,这对于我们增强文化自信、推动文化强国建设具有重大的现实意义。

一个国家的综合国力不仅包括科技、军事、经济、政治等方面,还包括国民素质、文化水平、文明习惯等。一个国家要想真正强大,必须提高国民的素质,开展中华优秀传统文化教育便是提高国民素质、提升综合国力的一种方式。当前,文化在综合国力的竞争中占据重要地位,毫无疑问,中华优秀传统文化成为提升综合国力的重要一方面。由于历史发展、文化传统和风俗习惯的不同,每个国家和民族都有自己独特的文化,中华优秀传统文化是独一无二的,充分展示了国家的民族特色和个性化特征,"不忘历史才能开辟未来,善于继承才能善于创新。优秀传统文化是一个国家、一个民族传承和发展的根本,如果丢掉了,就割断了精神命脉"。我们要不断加强学习和深入理解中华优秀传统文化,充分发挥其在国际上的魅力,展示我国的文化特色。在很多场合、很多次的讲话中,习近平总书记提起:"提高国家文化软实力,要努力展示中华文化独特魅力。"中华优秀传统文化历经几千年的完善和发展,不断地学习外来文化的精髓,取长补短,这种经过历代先贤不断完善继而得以千年传承的中华优秀传统文化,可谓举世无双,它很好地诠释了谦逊、平和、仁义、博爱、公正的泱泱大国形象,逐渐受到世界各国人民的喜爱。在唐朝时,有众多的胡人曾经住在长安,他们在长安经商甚至做官,在人们的日常交往中看到了谦和、关系融洽的场景,心里觉得甚是羡慕,并由衷地发出赞叹。人们创造了源于生活的文化,文化酝酿着与时俱进的精神,中华优秀传统文化作为中华传统文化的重要组成部分,是宣传思想工作、哲学社会科学工作的文化创新战场。

和平与发展仍是当今世界的主题,世界格局多极化、经济全球化是不可逆的趋势。世界各国的经济、文化、政治等方面越发紧密相连,牵一发而动全身。1990年,美国著名政治学者约瑟夫·奈在《外交政策》中首先提出"软实力"概念。"软实力"是一种通过文化与意识形态的感召力而吸引他人的能力,是未来综合国力的重要组成部分。如今,文化软实力已经成为世界各国展现各自影响力的主战场。西方国家凭借自身优势,率先通过影视作品、书籍和文化交流等活动,积极宣传自身文化和价值观,这也成为西方意识形态传播的重要途径。相对于西方国家，中国文化软实力发展起步较晚，但中国在文化软实力的建设发展中一直加快追赶步伐。中华优秀传统文化作为中华民族千百年来的文化血脉和精神力量，曾对世界的发展起到重大的推动作用。新时代，继续传承中华优秀传统文化，有助于提高中华文明的影响力，增强中国文化软实力，向世界各国传达中国思想，发出中国声音，树立中国形象。无论是塞缪尔·亨廷顿提出的文明冲突理论，还是约瑟夫·奈提出的"软实力"概念，无一不彰显西方国家在文化和意识形态领域上的野心。披着文化外衣的意识形态斗争越来越频繁，意识形态领域成为世界各国实力比拼的新战场。互联网的高速发展使得信息的传播速度越来越快。西方某些国家正是利用这一点，大肆打着文化交流、言论自由的口号，企图通过网络来进行新一轮的颜色革命。从之前的"中国威胁论"到近来的"新疆棉花论"，各种抹黑、唱衰中国的不友好言论，通过互联网加速蔓延。中国一次次站在了世界舆论旋涡的中心。

我们要积极弘扬和传承中华优秀传统文化，坚持文化自信，加强文化软实力建设；建立中国主流媒体对外传播的平台，利用网络数字新媒体传播中华优秀传统文化，宣传正确的舆论导向。从而提高新闻舆论的传播力，掌握国际话语权，增强中国的国际影响力，牢牢占据国内思想高地，打赢国外舆论持久战。

（四）提高个人文明素养

加强个人对中华优秀传统文化的学习，能够提高个人文明素养，能够掌握正确的行为规范，促进人与人之间形成和谐的交往关系。因为"礼"是个人自处及人与人之间的相处之道。所谓"礼到人心暖"，在文献典籍中就有记载，如清朝的宰相张英以礼让为先，当家人与邻居产生矛盾时，他写信并附诗劝诫家人，才有了那段令人们歌颂且广为流传的佳话《六尺巷》。中国自古便提倡这种正道直行、大公无私、天下为公的高尚品质。中华优秀传统文化非常注重道德，自古以来就讲天理、公道、良知，故把可以操作的、可以拿来检查的、可以拿来对比的行为规范与道德紧密联系起来。从古至今，中国便注重人的德性的形成和培养，注重"德"在社会发展中的重要作用。《论语》开篇"学而时习之，不亦说乎"，其中"学"与"习"指的就是对于德性的修养和实践。《大学》也对"德"提出了要求："大学之道，在明明德，在亲民，在止于至善。"因此，古代将个体道德的价值标准归结于君子之"德"。这是千百年来世世代代中国人所遵循的价值取向，也是学习中华优秀传统文化所必不可少的部分。

 弘扬中华优秀传统文化与中国社会发展研究

著名教育家蔡元培认为高尚的个人文明素养应该注重德、智、体、美全面发展。其中个人素养通过言谈举止和谈吐风范表现出来，学习文化成为提高个人文明素养的重要方式，同时还可以通过中华优秀传统文化中提倡的内容与自己的言行举止进行对照，不断地反省自己。中华优秀传统文化对个人文明修养的描述还强调在社会交往方面非常注重处理人际关系。个人文明素养强调的是一个完美的人格形象，我们通常说人的整体精神风貌，就是说一个人在处理人际关系时表现出的性格、气质、能力和道德品质。文化素养高的人在日常的人际交往中会让人觉得心旷神怡。

中华优秀传统文化要发挥功能，提升个人文明素养，就必须使个人拥有一颗强大的内心，决不在复杂多变的环境下随波逐流。一方面，一定要坚持自己的信念、信仰和原则，不断学习，勤于思考，审视自己的言行举止，从而不断加强自己的修养。实践是检验真理的唯一标准，在学习的同时还要外化于行。另一方面，中华优秀传统文化为个体成长创造良好的生活环境，这是提升个人文明素养的重要途径，要尊崇礼、安于礼、行于礼，不断将中华优秀传统文化运用到实际生活中，用礼来解决各种矛盾、各种社会问题。

进入 21 世纪以来，随着信息技术的高速发展，中国改革开放程度的不断加深，对外交流越来越频繁，各种文化思潮与价值取向犹如一把双刃剑，稍有不慎，便会对当代青年人造成严重的负面影响。以"德"为中心的中华优秀传统文化的价值取向是抵御这把双刃剑的重要手段。"德"既包含了国家层面上的爱国主义也包含了个人层面上的严于律己，同时，又时时与时代发展潮流结合在一起，以中华优秀传统文化作为底蕴滋养人，以社会主义核心价值观作为时代准则约束人。通过这样的价值取向引导人们自觉抵御不良思潮所带来的负面消极影响。中华优秀传统文化经过几千年的发展，已具备相对完整的体系，它涉及精神、文化、自然、社会等方面，因而对提高个人文明素养具有重要的作用。一个具有高品质、高素养、高学识的人会在日常的行为举止中表现出得体的文化行为，这也是提高个人文明素养的重要体现，一个人思想品德的形成过程，实际上是他们的知、情、信、意、行五个要素均衡发展的过程。文化素养的养成能够使个体在生活、学习和工作中尽善尽美地当好自己的角色，一个具有崇高文化素养的人会常怀着一颗诚敬之心，不会因身份、角色的不同而区别对待他人。所以，大力传承中华优秀传统文化、学习相关的文化是提升自我素养的重要方式。

第三节 中华优秀传统文化的整体风貌

一、中华优秀传统文化的核心思想

中华优秀传统文化之所以长期受到人们的尊崇信仰，根源于其蕴含的深刻且独特的价值理念，这些理念凝聚着中华民族对人类本质的思考，对人与人关系的理解，以及对人类命运的探究，体现了中华民族最深邃的思想与卓绝的智慧，虽然经历漫长历史却越发深入中华民族的灵魂与血脉。这些核心内容从根本上影响了中华民族的思考、选择和行为模式。中国共产党传承发展中华优秀传统文化，就要大力弘扬讲仁爱、重民本、守诚信、崇正义、尚和合、求大同等核心思想理念。中国共产党以当今时代的需要为依据，把核心思想理念以最凝练的形式表达出来，这些概括为学习和掌握中华优秀传统文化明晰了线索和范围，具有很强的现实指导性。

其一，"仁爱"思想是儒家思想的核心范畴，为众德之首。孔子指出"仁"的本质是"爱人"，此外还有善良淳厚、克己复礼、尽己之"忠"与推己之"恕"、人文主义等含义。儒家的仁爱以"孝"为始，从爱亲人到爱大众，终爱万物。新时代，中国共产党无论是在处理内政还是外交事务时，都多次提及仁者爱人、以德立人的思想，以及为政以德、政者正也的思想等内容。"爱人利物之谓仁"集中体现了中国人民深厚的仁爱传统和中国共产党人以人民为中心的价值追求。正是在"仁爱"思想的激励和感召下，黑云压城也不怕，全国人民万众一心，同心同德，奉献爱心。

"仁爱"是中华传统美德的精神之源，是儒家思想的核心理念。儒家认为，仁爱是人的本性，"仁者人也""仁者爱人"。儒家所讲的仁爱精神包括四个方面：一是亲人之爱，是亲人之间的关爱，长辈对于晚辈的慈爱、晚辈对长辈的敬爱、兄弟之间的友爱，是仁爱的基础。二是恻隐之心，孟子认为"仁之端也"就是人的恻隐之心，对他人的同情是本心之仁的开端与萌芽。三是忠恕之德，孔子提倡"己所不欲，勿施于人"，即推己及人，以宽厚仁慈之心待人。四是博爱之仁，强调博施济众的高尚品德和天下为公的广阔胸怀。

其二，"民本"思想以贵民、顺民、惜民、恤民、富民、教民、强民等重要理念，揭示了"人""民"和"人民"的政治之本体。新时代，中国共产党多次引用传统的"重民"论述,反复指出"保障和改善民生没有终点,只有连续不断的新起点",想"民"之所想,急"民"之所急,构建起"民本"的新时代话语坐标。中国共产党之所以能获得人民的拥护,就是因为中国共产党在执政中践行以民为本、重民爱民、惠民利民、安民富民乐民、做人民公仆的思想,始终巩固民生福祉。"人民是党执政的最大底气,也是党执政最深厚的根基……民心是最大的政治……始终把人民安居乐业、安危冷暖放在心上,时刻把群众的困难和诉求记在心里,努力办好各项民生事业",所以中国共产党弘扬中华优秀传统文化中的"民本"思想,以求在执政中更好地为人民服务。

以民为本是我国优良的政治传统,也是社会主义的根本价值理念。所谓民本,就是把民众作为治国理政之根基。民本思想渊源可追溯至夏、商、周时期,《尚书》有云:"民为邦本,本固邦宁。"其后,历代思想家都对民本思想进行过阐发。管仲有言:"政之所兴,在顺民心。"孔子主张"为政以德",施行仁政,"修己以安百姓"。孟子提出"民贵君轻"的思想,主张"得民心者得天下"。荀子承儒家民本思想,提出"君舟民水"之喻,生动地体现了君民关系,主张"立君为民"。在当代,民本思想更加具有现实意义。中国共产党"为人民服务"的宗旨和"立党为公,执政为民"的执政理念,就是对民本思想的继承与发展。

其三,"诚信"是中华民族极其看重的重要理念。以诚为先,主体内在的"诚"外化以至"信"。诚信被视作立足之基、处世之本,与人交往应"言而有信",执政党"取信于民,无信不立"。新时代中国共产党在国际关系、市场经济、党的建设等领域的讲话中都反复强调诚信,中华文化强调"言必信,行必果""人而无信,不知其可也"等。这样的思想和理念,不论过去还是现在,都有其鲜明的民族特色,都有其永不褪色的时代价值。此外,新时代,中国共产党不断加大对老赖的打击力度,依法打击各行各业各类失信行为,树立人民的诚信意识。弘扬以诚待人、讲信修睦等诚信思想,建设一个由诚信政府、诚信企业、诚信家庭构成的诚信社会,这正是"诚信"在新时代的新呈现。

诚信是基本的美德,是做人的基本规范要求。"诚者,天之道也;诚之者,人之道也。"(《礼记·中庸》)汉代思想家董仲舒将"信"与"仁义礼智"并列,组成"五常"。"诚"是儒家思想中个人修养的重要内容,《礼记·大学》中提到"知至而后意诚,意诚而后心正",追求"意诚"的极高精神境界。人无信不立,国无信则衰。诚信不仅是个人应具备的基本品德,更是立国之本。孔子以"民无信不立"回答子贡问政,强调政府取信于民的重要性。

其四,"正义"是判断是非善恶的标准,"义者,宜也","义"字当先、顺

"义"而行是人之正道。从均田制、平均地权、共同富裕到共享发展理念等，都体现了国家领导人不断满足人民对分配、享有、保障等公平的需求。新时代，"义"贯穿于当下倡导的平等、公正等理念，中国共产党多次强调，"正义是最强的力量""公正是法治的生命线。公平正义是我们党追求的一个非常崇高的价值……保护人民权益、伸张正义"。党的十九届四中全会公报则把"健全社会公平正义法治保障制度"作为重要内容，为社会注入正气，维护社会的正义。

崇尚正义是中华民族的精神品格，也是人类文明的基本法则。《荀子·正名》是目前可查到的最早提出"正义"二字的文献："正义而为谓之行。"依道义而行事，就是对道德的践行，崇"正义"就是要尊崇道义，行符合道德原则之事。墨家主张周穷济困、利济苍生的侠义精神，儒家则崇尚重义轻利、天下为公的大义之道。崇尚正义作为一种人格修养之追求，贯穿中华民族发展之始终，最终成为民族之品格。构建稳定、和谐的社会，对正义、公平原则的坚持与坚守，使得正义内化为整个社会共同的价值选择，成为共同的价值导向。

其五，"和合"是中华文化的重要思想。"'和'指的是和谐、和平、中和等，'合'指的是汇合、融合、联合等"，这种价值观追求在一个广泛存在差异性、矛盾性的世界里，实现安定、和谐的局面。新时代，中国共产党多次提及"和合"思想对中国特色社会主义现代化以及世界和平发展的价值。"和合"思想有助于推动新时代中国特色社会主义和谐社会的构建。在内政外交中，中国共产党以"和而不同、求同存异"的思想来处理不同国家、不同文化之间的关系，弘扬亲仁善邻、和衷共济等思想，坚持以"和合"共事，以"和合"谋事，以"和合"成事。

追求和谐不仅是中华民族在处理人际关系时的价值取向和社会的治理目标，也是面对不同民族、不同文化交织碰撞时所秉持的基本理念，更是一种对待万事万物的深层次的思维。中华民族自古以和为贵，从个人层面的家庭和睦、邻里和顺、上下和敬到社会层面的政通人和、协和万邦等，为现代社会治理提供了宝贵的精神资源。

其六，"大同"思想与马克思主义的共产主义理想高度契合。战国时期诸子百家对"大同"的争鸣畅想一直延续至今，人民对社会理想的探索与憧憬从未消散。新时代，中国共产党讲求"大同"，一方面，是讲求中华民族团结、社会友好、共同富裕、国家统一和领土完整。另一方面，则通过中国特色大国外交来讲求国际友好和睦，以"一带一路"为依托，推动构建人类命运共同体，对"世界大同，天下一家"进行现代诠释。弘扬"柔远能迩"的思想，弘扬"大道之行，天下为公"的思想等,有助于增进各国人民之间的理解和情感,以及推动世界各国在政治、经济、文化和生态等领域间的相互促进与融合。

大同社会是中华民族对于社会发展的终极理想,也是共享的发展理念的体现。对于仁爱、诚信、正义、和合的价值理念的追求,最终的落脚点是实现大同社会。《礼记》中就曾勾勒出大同社会的美好蓝图,人人安居乐业,社会自由公正,传达出儒家对理想社会的构想。儒家大同社会的理想与共产主义理想有着相同之处,这也正是中华传统文化与马克思主义的契合之处,这也为马克思主义传入中国,扎根中华民族的大地,实现本土化发展提供了丰沃的文化土壤。

二、中华优秀传统文化的基本走向

中华优秀传统文化并非民族文化随着时间推移简单叠加累积的成果,而是作为一个不断演进的整体,紧密地联系着过去、现在、未来的连续性、流动性的存在,其自身的历史性、民族性、时代性在传承发展过程中形成了辩证统一,并汇聚为前行的趋势,这形成了文化延续的基本走向。

(一)历史上在交流融合中发展繁荣

中华优秀传统文化在中华民族的远古时期孕育而生,传承至今。它始终保持海纳百川的开放胸怀,接纳融合了生活在同一片土地上的诸多少数民族文化,展现出超强的向心力与包容力。从中华民族和中华优秀传统文化的形成过程来看,夏、商、周时期无论从人口分布上还是从国家版图上都远远小于其他朝代,仅仅占据中原一隅。四周环绕着许多武力强悍、文化发展较为落后的民族部落,在这之后,中华民族不断发展壮大过程中还出现过辽、金、蒙古、满族等少数民族的先后兴起,但经过长时间的碰撞、交融,这些部落、民族都逐渐被中华文化的丰富内涵和强大魅力所吸引,接受中华文化的改造并主动融入中华优秀传统文化。战国时期,赵武灵王的胡服骑射就是文化互鉴与融合的鲜明例证。以汉代开始传入的佛教文化为例,佛教传入之初带有明显的外来文化特征,传入中国后,在翻译经书过程中,中华传统文化就自觉地开始了对其的本土化改造,这才使其能在隋唐时期有较大发展,即便如此,佛教仅剩的外来特征最终也在宋朝理学的发展过程中被彻底吸收和融合。由此可见,中华优秀传统文化对异质文化始终保持了高度的融通性。可以说,正是以开放包容的胸怀不断将外来文化柔化、转化、融入自身的体系之中,才使中华优秀传统文化呈现出更加丰富的色彩。

此外,由于四周的天然屏障,中华传统文化在独立、稳定的发展过程中繁荣兴盛，长时期处于周边国家的中心地位，逐渐形成了影响朝鲜半岛、日本列岛、中南半岛和东南亚各地的东亚文化圈。在地域间的文化互动中，中华优秀传统文化得到进一步丰富拓展，同时也由近及远带动了周边国家乃至亚洲文化的发展演化。元朝时期，蒙古族跃马扬鞭、武拓天下，建立了拥有横跨欧亚大陆广大版图的帝国，在实际上开放了自汉代以来中国同西方和北方国家间的沟通，这使指南针、造纸术、印刷术、火药、历法、数学、瓷器、茶叶、丝绸、绘画、园林艺术、经史典籍、文学诗歌等中华优秀传统文化中积淀的最杰出的思想与科技成就更加广泛地向世界传播，为西方哲学思想、文化发展、技术创新注入了新的活力；同时，国外的思想文化、先进科技，如处于世界领先水平的阿拉伯天文学、数学等，也先后进入中国的科技文化领域，促进了中华传统文化在新一轮的博采众长中实现融合发展，出现了《授时历》《几何原本》等新的文化成果。

中华优秀传统文化产生于一定的社会环境之中，形成于人民群众的大众生活中，其所蕴含的道德准则、价值观念都是立足于大众的。中华优秀传统文化能一直延续至今并不是一个自发性的过程，而是一代又一代的中国人不断传承和转化的结果。中华优秀传统文化是历经千年沉淀的古老智慧结晶，它继承了历史发展中的精华，又结合时代的要求不断与时俱进，充满新鲜活力。

（二）近代以来在守正创新中走向复兴

如果以历史的角度来对中华文化进行划分，鸦片战争是中国近代史的开端。古老的中华传统文化与先进的马克思主义思想在历史的长河中相遇，在马克思主义的指导下，古老的中华传统文化开始了与时代紧密结合的创造性转化，去其糟粕，取其精华，最终成为现在我们所要继承和弘扬的中华优秀传统文化。

近代之前，中华民族基本形成了以儒家文化为核心，同时蕴含道家和佛家思想内容，历史悠久、兼容并包、博大精深的传统文化。但由于长时间处于世界文化领先地位，到了封建专制统治晚期，统治者和士大夫由文化自信逐渐转变为夜郎自大，在封闭僵化的文化意识影响下，对内的文化禁锢破坏了本应充满生机的学风，对外明晚期到清代以来实行的闭关政策，使得中国的经济发展尤其是对外贸易逐渐衰退，思想文化、科学技术缺少与世界文化的交流，在故步自封中逐步坠入低谷。经历了鸦片战争的惨痛失败，中国一步步沦为半殖民地半封建社会。在这一个过程中，无数爱国仁人志士一边探索救亡图存的道路，一边反思中国何以积贫积弱至此。于是，近代以来的中国从"三千年未有之大变局"的政治剧变开始，先后经历了农民反抗运动、以"富国强兵"为目标的洋务运动、谋求制度

层面改革的维新变法运动乃至推翻清朝封建统治的辛亥革命,但均未能打通中国摆脱西方帝国主义侵略、独立自主走向现代化发展的道路。因此,"政治的剧变,酿成思想的剧变,又因思想的剧变,致酿成政治上的剧变。前波后波展转推荡"(梁启超《中国近三百年学术史》)。1915年,以《新青年》的诞生为标志,一场由陈独秀、李大钊等新一代知识分子发起的声势浩大、影响深远的新文化运动掀起了反对封建专制及其思想桎梏的启蒙浪潮。1919年5月,在中国大地上爆发了五四运动,它为新的革命力量、革命文化、革命斗争登上历史舞台创造了条件。1921年7月,中国共产党成立后不仅担负起了带领全国人民争取民族独立的革命任务,同时也肩负起了复兴中华优秀传统文化的使命,自觉成为其传承者、弘扬者和建设者,在领导全国进行革命、建设、改革的过程中以科学的马克思主义理论为指导,重视学习和总结历史经验,重视借鉴和运用中华优秀传统文化中的思想精华,不断推动其当代化、现代化。进入新时代,党中央把中华优秀传统文化的传承与发展放在重要的战略位置上,加强优秀传统文化的阐释和弘扬,推动其创新发展和时代转化。在经济全球化浪潮中不断变化的世界局势中,中国倡导构建"人类命运共同体",广泛开展"一带一路"合作,弘扬中华优秀传统文化中和衷共济、众志成城的理念,与世界各国携手抗击新冠肺炎疫情……一系列实践有力地证明,中华优秀传统文化不仅可以为实现中华民族伟大复兴奋斗的目标提供助力,也能为当今时代背景下世界的发展提供智慧和力量。

总之,历经繁荣兴盛,曾在世界展现辉煌成就的中华优秀传统文化,在我党矢志不渝的努力传承弘扬中,在科学指导思想的指引下,经受住了历史变迁的严峻考验,走出了沧桑与低潮。可以预见,作为中华民族的精神之根与思想之魂,它将在新时代,在更加宽广的舞台上彰显出无穷的精神魅力,支撑着中华民族走向现代化,走向复兴。

三、中华优秀传统文化蕴含的传统美德

"道德"指"道"的品性。"道德"不仅存在于大自然中,人类社会也应遵从"道德",人类社会的"道德"表现为遵守的原则。中国传统道德理念名目繁多、内涵丰富。经历了商代"六德"、先秦儒家"四德"、汉代"五常"、宋元"八德"的发展,而现当代学者更从忠、孝、和等方面总结中国传统道德的核心理念。拿其中具有代表性的几个理念来说,"仁"是儒家思想最核心的范畴,儒家的"仁"体现了对个人与他人的人格、生命的尊重和关怀。"义者,宜也"(《礼记·中庸》)指适宜、合宜、恰到好处。儒家对"义"的解释主要在道德层面,提倡"见利思

义""舍生取义",其顺承于天应民之急,体现了古人对公平、正义的追求。"忠,敬也,尽心曰忠。"(《说文解字》)先秦儒家的忠是以维护国家、民族利益为前提的忠,但在发展的过程中出现了"愚忠"的行为。在今天,继承发展"忠"的思想,应摒弃其封建落后的一面,将其积极意义与爱国、爱民族联系起来,坚定人们的爱国主义之情。"信"常表示诚信,包括"以信立身"和"以信待人"两大方面。"以信立身"是诚于自己的内心,是自我修养的完善;"以信待人"是对他人的承诺要言出必行。这些优秀的道德理念虽已十分久远,但它流淌在中国人的血液中,其合理部分对于今天提升个人品德、促进社会和谐仍发挥着重要作用。

中华传统美德渗透在人们日常生活和社会实践的具体过程中,不论是遵循的素养德行,还是在核心思想理念中展现的道德品质及涵盖的方方面面内容,都可以纳入中华传统美德之列。例如,"和而不同、求同存异"的处事美德,"孝悌友恭、谦敬勤俭"的家风美德,"崇德向善、见贤思齐"的社会美德,"精忠报国、毁家纾难"的国家美德,"天人合一、万物齐一"的生态美德,"苟日新,日日新,又日新"的创新美德,等等。这些中华传统美德涵盖了方方面面,具有鲜明特色和宝贵价值,不断强化人们对中华优秀传统文化的礼敬与认同,成为中国精神的重要构成与丰厚渊源,培育了华夏儿女独特的文化心理与精神品格,铸就了中华民族的浩然正气。新时代,中国共产党经常借助中华传统美德的一些观念来阐明党的方针政策。"要继承和弘扬我国人民在长期实践中培育和形成的传统美德,坚持马克思主义道德观,坚持社会主义道德观",需要指出,这并非简单的回溯,而是以"创造性转化、创新性发展"为方针原则,凝练中华传统美德之精华,使之与新形势、新任务的要求相适应。习近平总书记在考察历史文化名城曲阜时曾指出"国无德不兴,人无德不立"。在家风建设方面,论述了关于新时代传承良好家风家训的目标和任务,弘扬"尊老爱幼、妻贤夫安、母慈子孝、兄友弟恭、耕读传家、勤俭持家、知书达礼、遵纪守法,家和万事兴等中华民族传统家庭美德",发挥其"育人"功能,为新时代的家风建设指引方向。在对共产党员的道德要求方面,中国共产党把"修身"立德与全面从严治党、新形势下的党员修养有机结合起来,赋予"修身"立德新的时代形式与内容——"严以修身",进而提高党员干部的党性修养,并从"君子慎独,正心诚意"中汲取养分,时刻以"慎独"约束党员干部的行为和道德养成。在社会主义核心价值观方面,"继承和发扬中华优秀传统文化和传统美德……积极引导人们讲道德、尊道德、守道德,追求高尚的道德理想,不断夯实中国特色社会主义的思想道德基础"。要使其真正地被人们内化于心、外化于行,就要不断在实践中感知、领悟中华传统美

德。尤其是新时代的青少年要以中华传统美德、史诗典故、英雄人物和时代楷模为"体",学习并传承优秀道德品格,"明大德、守公德、严私德",注重榜样引领道德风范,自觉抵制不良思想文化。中国共产党关于中华传统美德的论述充分彰显了中华传统美德的现实价值,为新时代美德塑造提供了实践指南。

中华传统美德的形成和发展贯穿了整个中华民族的诞生、发展的历史长河,历经时间很久,长达几千年。时间久造就了内容的庞大,所以后人在整理传统美德的内容时,总是会整理那些最具代表性的最有影响力的传统美德,并且选取一个角度来分门别类地归纳。例如,习近平总书记就从仁爱理念、民本思想、诚信美德、正义观、和的精神、大同世界六个方面总结了我国传统文化的主要内容。我们可以分析阐述其中蕴含的传统美德。例如,有的人从社会生活的领域来分,从个人到家庭再到社会然后是世界;有的人从经济、政治、文化、生态等领域来分;有的人根据具体德目,把传统美德分为十八德、十德等。此外,还有人认为"仁义礼智信"是传统核心价值观,把传统美德的主要内容分为仁义礼智信五大德目。

"仁义礼智信"是由董仲舒概括而来的,也可以称之为"五常",被认为是处理人与人之间关系的道德规范。在董仲舒去世后,经过了接近两百年的时间,在白虎观会议上,"仁义礼智信"被正式确立下来,成为历朝历代的统治者管理人民的工具和道德教化的根本内容,把"仁义礼智信"上升到传统道德的核心价值观层面。"仁义礼智信"的统摄、总领地位决定了它的作用,即可以促进整个社会道德的进步,为人们的道德修炼提供内容上的指导,也就是给人们做人做事指引了方向。尽管中华传统美德还有很多其他的德目,但是这些德目都体现了"仁义礼智信"的内涵,抑或是其内涵的延伸以及属于外延的部分。所以,我们认为中华传统美德的主要内容,即我国传统核心价值观当属"仁义礼智信"五常,是有其合理的成分的。

众所周知,三纲五常是我国封建社会的最高统治者用来统治百姓的伦理规范,在百姓之间广为流传,其影响力不亚于当今的社会主义核心价值观。而且,"仁义礼智信"是一个道德体系,囊括了大多数德目的内涵,在其他的德目中也有体现,而且是不可或缺的。例如,关于"勇"这个德目,如果没有五常的规范,那就成了莽夫之勇,是缺乏智慧的勇,并不是美德。例如,忠恕之道就是"仁"的延伸,只有爱人之心,才能做到以己度人、宽容他人。例如,谦让体现了"礼"的道德规范。谦让就是礼让,"礼"中蕴含了"谦"的内涵,"让"是"礼"的外在表现,等等。"忠""勇""孝"三个德目与"仁义礼智信"息息相关,像"廉""耻"这种德目,看似与五常没有关联,但也间接地表达了五常的内涵,是可以通过其他德目作为桥梁来理解分析的。比如,"耻"。常言道"知耻近乎勇",可以通过"勇"来理解"耻"与五常的关系。总而言之,"仁义礼智信"可以被认为是中华传统美德的精神统领,我们可以从中领悟传统美德的核心理念。

(一) 修身美德,加强品德修养

1. 诚实守信

第一,诚实是真诚、真心、不欺骗,待人接物遵循自己的内心,是一种真实的品质。中国古代思想家对诚都有各自的见解,孟子曰:"诚者,天之道也;思诚者,人之道也。"孟子认为诚是自然界的道理,思考诚也是做人的基本道理,强调诚是人修身之根本。古人一直以诚作为美德,它是社会最基本的道德规范,也是自身修养的准则。第二,《左传》记载:"信,德之固也。"古人重视信的作用,将它视为巩固德行的条件。"信"作为传统社会五常之一,一直是人们遵守的基本道德要求。第三,诚信最早产生于春秋战国时期,孔子的"仁"学包含诚信的品德,孟子提出诚是天下大道,儒家早期思想家重视和宣扬诚信,后来的继承者继续弘扬诚信。古语有云"人而无信,不知其可也""言必信,行必果"。诚实守信是做人的基本准则,也一直是古代社会道德行为的基础,更是古人追求的最高道德境界。

2. 自强不息

自强不息出自《周易》:"天行健,君子以自强不息。"古人发现天体运行过程周而复始、永不停息,根据天体运行的规律以及运行状态,刚健具有力量而且永不停歇,进而延伸出有志向的人意志坚定且有自强不息的品格。道德高尚的君子以坚毅、坚强的精神来激励自己完成既定目标,代表人们做事的态度和品质。儒家思想家荀子在《劝学》中论述:"骐骥一跃,不能十步;驽马十驾,功在不舍。"引导人们在困难面前不低头,坚守初心,坚定信念,从而达到理想目标。中华民族依靠坚韧不拔、永不言弃的品质,创造出灿烂悠久的华夏文明。中华民族在古代抵御匈奴、近代抵御西方列强、现代抗日战争、中华人民共和国成立初期解决温饱、新时代脱贫攻坚战中都秉持着中华民族特有的韧劲和不服输的精神。自强不息是中华民族传统道德的重要规范,代表华夏儿女崇高的道德品质,也是中华民族贯彻古今的传统美德。自强是一种坚持不懈、勇往直前、积极进取、永不懈怠的精神状态,它对于一个人的成长具有巨大的鼓励和推动作用,是

中华民族几千年熔铸成的民族精神。"自强不息"的"息"是停止的意思,"自强不息"就是要求自强这种人生格局、人生态度永不停息,这就要求人们要不断创新,不断创造出新的成就。"自强不息"作为一种积极的人生态度,其目标是修炼道德、成就事业。人作为万物之灵,把人同动物区别开来的并不是人吃的食物味道更香甜、营养更丰富,而是人在脱离动物界的过程中大大地拓展和升华了自己的精神世界。人们在享受由大自然提供的和由自己创造的物质成果的同时,更享受着一般动物无法享受的精神生活。当人们面对困难和挫折时,如果没有坚强的意志、不息的精神,就可能产生畏难情绪,想打退堂鼓,半途而废。一个自强不息的人不应该灰心丧气、自暴自弃,要相信自己的力量,要勇敢地面对困难,勇往直前,做生活的强者。

3. 慎独自省

慎独自省是个人品德修养的最高境界,也是古今圣贤追求的崇高道德修养。一方面,慎独就是在个人独处时谨慎小心,后延伸为在没有他人监督时,严格要求自己,遵守道德准则,控制私欲,能够坚守自己的底线和原则。慎独是一种道德追求,在无他人的情况下表现出善的一面,更加强调自我的自觉与自律,做人原则始终如一。另一方面,自省是个人对自我的审视和反思,反思自我的缺点,并加以改正。曾子曰:"吾日三省吾身:为人谋而不忠乎?与朋友交而不信乎?传不习乎?"古代圣贤每天多次反省自己,包括对待他人、朋友、学习等,以实现自身的道德修养。人非圣贤,孰能无过?人难免会犯错误,自省就是通过自身反省及时改正,完善个人道德修养。慎独自省是中华民族传统的修身之道,是完善个人道德修养必须遵守的传统美德,要求我们严于律己,从自身出发树立正确的道德标准和道德选择。

(二)家庭美德,注重家风家教

1. 仁爱孝悌

儒家思想的核心是"仁",孔子认为"仁者爱人"。仁爱是中华传统美德的源头,有"与人为善""出入相友,守望相助"的教导,更有"四海之内皆兄弟"的豪情。墨子提倡无差别的爱,主张"天下之人皆相爱";韩愈提出"博爱之谓仁";朱熹认为"爱之理,心之德",在《礼记·中庸》中指出"成己,仁也",即自我完善是仁。这些都体现出仁爱思想。仁内在包含克己思想、孝悌思想以及温、良、恭、俭、让思想。"克己复礼为仁"体现克己思想。"弟子入则孝,出则悌,谨而信,泛爱众,而亲仁"体现孝悌思想。"巧言令色,鲜矣仁"讲求君子并非巧言令色者,而是"唯仁者能好人,能恶人"。孔子的仁爱思想是儒家思想核心,构成了中华传统美德的重要内容。古人十分重视孝道,孝是道德教化的源头,是道德素质最重要的部分。子曰:"夫孝,始于事亲,中于事君,终于立身。"孝道是从孝敬父母开始的,然后才能效力于君主,最后才能有所成就,意在强调孝敬父母是立世最基本的品德。在封建社会,传统孝道体现在"君为臣纲,父为子纲,夫为妻纲",更有元代编录的孝子行孝的故事集《二十四孝》。"悌"是兄弟姐妹相互尊重、爱护,亲人之间的相处准则是血缘社会最重要的道德。"孝弟也者,其为仁之本与。"古代将孝悌作为圣贤的标准,孝敬父母、与兄弟友爱是做人的基本道理。孟子曰:"尧舜之道,孝悌而已矣。"孟子意在强调有所成就之人在行为处事以及做人方面,只是遵守了最简单的孝悌。"老吾老以及人之老,幼吾幼以及人之幼"告诫人们践行尊老爱幼的美德。仁爱、孝悌作为儒家伦理思想的核心,是中华民族生存和发展的根基,也是千百年来中国社会维系家庭关系的道德准则。

2. 勤劳节俭

我国疆土辽阔、土地肥沃、气候宜人,自古就是农业和人口大国,由此产生了中华农耕文明,中华民族也形成了勤劳节俭的美德。古人有"民生在勤,勤则不匮"的教导,告诫人们勤劳的人就能丰衣足食。勤劳是辛勤劳动之意,是人们对待生活、工作的一种优秀品质,要求人们积极参加劳动,依靠自身劳动创造美好的生活。古代四大发明是中国人民依靠辛勤的双手创造出来的不朽文明,是中华民族勤劳的最好印证。节俭是人们的一种生活习惯,是一种有目的、有规划的生活和消费方式。《左传》庄公二十四年记载御孙谏曰:"俭,德之共也;侈,恶之大也。"强调节俭是大德,是生活中最重要的品质和要求。更有唐代诗人李商隐"历览前贤国与家,成由勤俭破由奢"的告诫。古人认为,勤俭是"治家之本,和顺齐家之本"。治家乃齐家的前提,勤俭为和睦的基础。勤,即勤劳,它反映了人类为自身的生存和发展而与自然界做斗争的一种自强不息的精神;俭,即节俭,它体现了人类对自然资源和劳动成果的珍视。

(三)社会美德,培养家国情怀

1. 精忠报国

自古以来,"忠"都是我国的传统美德,中国传统的封建制度以"忠"作为最高的道德标准。《左传》记载:"忠,德之正也。"强调只有具备忠的品质,德行才能端正。古代精忠报国是建立在封建君主制基础之上的,建立军功是报效国

家的主要途径，忠君爱国强调政治层面的道德，"三纲"之一君为臣纲就是强调忠于君主。后儒家思想进一步强化"忠"的概念，自古"忠孝两难全"，报效国家与孝敬父母不能同时兼顾，孝敬父母要以服从国家利益为前提。精忠报国自古就是人们传扬的优秀美德，主要表现为对国家忠诚的爱国主义，在国家民族危亡之际不惜牺牲自己的生命。

2. 天下为公

"大道之行也，天下为公。选贤与能，讲信修睦。"（《礼记》）意在强调人们只有将天下作为公共的，才能实现和睦相处。"天下为公"即以天下的兴衰为己任，与国家、民族共命运，为了国家和民族的兴盛奉献自己全部力量。孟子认为，"国"与"天下"并不相等，"国"是有边界的，"天下"是没有边界的，且以民众的好恶为准，认为"民为贵，社稷次之，君为轻"。到了汉武帝时期，董仲舒在继承先秦儒家相关理念的基础上，认为"天下为公"只是为帮助其论证"君权神授"，认为君主的权力是上天授予的，皇帝受到"天"的监督，顺应自然法则，并开始"渴求"在实际意义上的"家天下"等同于"公天下"。在中国古代封建统治下，封建君王认为"普天之下，莫非王土"，认为"天下"是自己统治下的全部领土。宋代范仲淹的"先天下之忧而忧，后天下之乐而乐"、陆游的"王师北定中原日，家祭无忘告乃翁"等诗句，都表达出对国家安危的忧思情怀；明末顾炎武的"天下兴亡，匹夫有责"，体现了国家兴亡的个人责任感；近代林则徐的"苟利国家生死以，岂因祸福避趋之"，体现出为了国家的存亡奉献个人全部。当下，天下为公的最高表现是个人利益坚决服从国家、社会整体利益。天下为公的传统美德塑造了中华民族的高尚品质，培育了民族精神，激励中国人民为了国家富强、民族振兴奋斗不息。

3. 廉洁敬业

廉洁即清廉洁净，正直清白，不贪不占，古代多用于从政者，后也指一般人所具有的道德品质。廉洁在古代就是重要的道德规范，孟子曰："可以取，可以无取，取伤廉。"教导人们要廉洁。廉洁是人们对待权力、钱财的正确取向，是历朝历代所倡导的优秀美德，是中华民族的共同价值准则。敬在古代具有严肃认真之意，子曰："道千乘之国，敬事而信，节用而爱人，使民以时。"孔子告诫人们做事情要严谨认真。敬业是指热爱自己的事业，认真对待工作，树立远大的职业追求，更强调做人、做事的道理，强调个人的责任心，当代人将其发展为"工匠"精神。如"大禹三过家门而不入""诸葛亮的《出师表》彰显使命和责任"。廉洁敬业一是对自己的行为严格要求，二是督促他人在工作岗位上规范行为。

（四）处事美德，构建和谐社会

1. 谦让礼貌

"谦"指为人处事低调、不自满，正确认识自己的才能，尊重和虚心向他人学习的品德。古人更有"满招损，谦受益"的告诫，也是为人处事的道德要求。《左传》记载："卑让，德之基也。"强调谦让是德行的基础。谦让具有谦逊、善待、宽容他人之意，以谦让的姿态避免冲突和化解矛盾，更是一种道德规范。"礼"在中国伦理道德生活中占据重要地位，是五常（仁义礼智信）之一、八德（孝悌忠信礼义廉耻）之一、四维（礼义廉耻）之首。古代道德标准都有礼的规范。"礼"原指封建社会的典章制度，代表尊卑等级秩序，后指对待长辈或他人讲礼貌。"礼"是人际交往中行为规范及衡量个人修养品德的标尺。中国自古重视"礼"的教育，春秋末期，诸侯国逐渐发展壮大，礼乐制度遭到破坏，社会秩序混乱，孔子希望通过恢复西周的礼乐制度，指导人们的社会生活，维持社会稳定。子曰："不学礼，无以立。"孔子告诫人们要懂得等级秩序、遵守规范礼节，才能在社会上立足。谦让礼貌在中国古代社会具有很高的地位，是中华传统美德重要组成部分，强调在待人接物过程中，个人的言行以及行为符合礼仪规范。当前，谦让礼貌已经成为中国人民的象征，成为中华民族国际形象和品质特性的标志，是社会主义精神文明建设的重要内容。

2. 宽厚笃行

宽厚即待人不严苛，有宽宏大量、大度之意。《周易·文言》中说："君子学以聚之，问以辩之，宽以居之，仁以行之。"意在强调君子要胸怀宽仁之心。《周易》中盛赞大地的品德"坤厚载物，德合无疆"。厚实的土地孕育和承载着世上万物，大地品德深厚无比，接着以此来隐喻君子的品德，"君子以厚德载物"，君子应该像大地一样包容万物、胸怀宽广。中国古代的宽厚之道更多的是理解、宽容、尊重、善待他人，有"宰相肚里能撑船"的至理名言，也有"成大事者必不拘小节"的教导。宽厚更有严于律己、宽容待人的表达，子曰："己所不欲，勿施于人。"孔子告诫人们自己不想做的事，不要强加给别人。笃行具有踏实做事、目标坚定之意，强调做到"知行合一"。《礼记》记载："儒有博学而不穷，笃行而不倦。"告诫人们要将知识与实践相结合。宽厚笃行作为中国传统的价值规范美德，自古以来一直都是中华民族为人处世的正确做法，代表中华民族包容和实干的精神。

3. 以和为贵

《论语》中最早出现"礼之用，和为贵。先王之道，斯为美。小大由之，有所不行"。《论语》不仅教导人们如何立身处世，同时它也教导统治者如何治国理政，时至今日，它在处理人际关系和树立个人行为准则方面还发挥着重要作用。中华传统文化中的"以贵为和"的思想理念从古至今都备受社会生活与政治生活领域的关注。"和"代表了古人对美好的、理想的生活的向往之情，也显示出他们对和谐社会的渴望与追求。"以和为贵"的思想不仅对国家有要求，同时对个人也具有一定的约束力。道家认为，阴阳的矛盾运动决定了宇宙万物的出现。老子主张阴阳调和一气，庄子也认为阴阳"两者交通成和而物生焉"。道家强调事物具有对立性，而且在一定条件下可以互相转化。因此，在看待问题的时候一定要把握住事物的对立面中的和谐、平衡。儒家强调人际关系，注重和谐；而道家重视一个人在为人处事时要以和为贵，这就是两者之间的差别。可以说无论是儒家还是道家，在解释"以和为贵"中的"和"上没有优劣之分，只有角度的不同。"和"是一种处事原则，具有和谐、和睦、协调、融洽等多重含义，既包括人与自然之间的共存关系，也包括人与人之间的关系。一方面，以和为贵、重视和谐是古代先哲的经验总结，是处理各种社会关系的准则，是传统文化的精神之一。中国古代以儒家为代表的思想家倡导人与自然、人与人、人与社会、个人自身的和谐发展，对后世历代社会的和谐起指导作用。另一方面，古代的"和"不是无差别的统一，而是有差异的和谐，追求等级社会的安定。虽然儒家的和谐思想是建立封建君主制度之上的，为了维护封建等级制度，但对社会的和谐稳定以及提高平民的道德修养起重要作用。

4. 重义轻利

义利之辨是道德哲学的基本问题，也是中国传统伦理道德不衰的争论。义利观是古代社会对于道义、利益的主张和观点，体现传统社会对待义利的优良道德品质，表现为传统道德伦理社会的价值取向。"义"指道义，是为人处事基本的道德准则；"利"指利益、功利，是与义对立的道德价值取向。《淮南子》中记载："故君子惧失义，小人惧失利。"强调君子能够理性对待个人利益。在古代传统道德社会，儒家义利观是主流意识形态，倡导先义后利、重义轻利。子曰："富与贵，是人之所欲也，不以其道得之，不处也。"孔子告诫人们，君子要通过正当途径获得财富。又曰："君子有九思：视思明，听思聪，色思温，貌思恭，言思忠，事思敬，疑思问，忿思难，见得思义。"强调君子遇见利益时会思考是否符合道德利益。因此，儒家义利价值观要求我们理性对待个人利益，"君子爱财，取之有道"。重义轻利思想是中华民族的道德价值准则，促进了中华文明的进步，为我国诚信市场建设、社会主义和谐社会建设、当代社会的反腐倡廉提供了道德价值标准。

四、中华优秀传统文化蕴含的人文精神

人文精神主要体现在"以人为本"。早在《尚书》中就有这样的记载："惟天地万物父母，惟人万物之灵。"在天地万物之间，人居于核心地位。此后，诸子百家也都围绕人提出了各自不同的观点，儒家提倡仁爱，道家追求自由，法家提出兼爱。中华优秀传统文化以人作为一切的出发点，以人为本，将人的修身道德养成作为根本目标。先是"修身"，之后才是"齐家，治国，平天下"，而在治国之道上同样也提出了"水能载舟，亦能覆舟"的观点。这些都构成了中华优秀传统文化中以人为本的重要内核。

在新时代，中华优秀传统文化中以人为本的理念依然具有鲜明的时代价值。不论是抗击新冠肺炎疫情所传达的人民至上、生命至上的理念，还是全面建成小康社会，完成脱贫攻坚战，都充分体现出中华民族千百年来的文化中所强调的以人为本的人文精神对于中国社会发展的影响。从本质上看，这是有生命的个体"人"在社会发展进程中呈现出的具有同向性、正面性的精神纽带。从历史上看，国人对民族历史、地理文化、重要人物和科学技术等的知晓与认同程度，同步反馈于自身的价值取向，特别强调，这是集思想和情感于一体的多元价值取向，融于法律、文学、哲学、宗教、艺术、教育等多个领域。近代以来，社会变迁的同时夹带着种种问题，新旧文化的差异既表现为宏观的演变，又细分到各领域、各阶层。尤其是改革开放后经济社会的转型，社会加重物化，贪腐、奢靡之风渐行，利己主义、历史虚无主义沉渣泛起，不同群体的人文精神在量和质上有着不同程度的变化，凝聚社会价值共识的热情并不稳定，主流意识形态受到严峻挑战。因此，要从现实社会的问题出发，着眼于整个中华民族精神的凝聚与振兴，大力挖掘并弘扬中华人文精神。新时代，以"逐梦精神"为引领的中华民族伟大复兴中国梦体现了中国人民自强不息的精气神。在粮食安全方面，借助中华人文精神中"俭约自守、力戒奢华、中和泰和"的生活理念，来倡导"厉行节约、反对浪费"的社会风尚。习近平总书记数次发表重要讲话，强调"不论我们国家发展到什么水平，不论人民生活改善到什么地步，艰苦奋斗、勤俭节约的思想永远不能丢"。党员干部带头，动员全社会践行"光盘行动"，做到节约环保。同时，以"克勤克俭、戒奢以俭"的价值理念杜绝"舌尖上的浪费"。在医学人文方面，

中国共产党大力弘扬新时代"敬佑生命、以人为本、健康至上、大医精诚、止于至善"的医学人文精神,"大道不孤,大爱无疆……秉承'天下一家'的理念",发起人道主义行动,诠释"一方有难、八方支援"的助人精神。在国际交往方面,新时代中国共产党向世界表述"苟非吾之所有,虽一毫而莫取"的君子之道,以人类命运共同体和"一带一路"倡议"源自中国,服务世界"的世界大同思想理念,强调合力打造高质量世界经济,关键是要弘扬伙伴精神,求同存异,共谋发展。

五、中华优秀传统文化蕴含的哲学思想

一般来说,哲学是一种文化的核心。以下主要从哲学的基本问题,即世界观、价值观、思维方式这三个方面对中国传统哲学中的精华进行阐述。

在世界观上,中国传统哲学有着区别于宗教神学的唯物主义传统。从天地万物的起源来看,古代哲人对何为万物始源问题的回答虽名称不同,但均是物质的形态。如道家认为"道"乃万物之始,认为"道"是独立世间的客观存在,是构成天地万物共同本质的东西。宋明理学家中,张载、王夫之认为"气"是物质的本源,"气"即使脱离了人的环境,也是在世界上存活着的。此外,还有"太极""五行"生成万物说等,都认为我们生活的世界是以物态的形式存在的。在世界处于何种状态的问题上,中国传统哲学认为世界总是处于变动中。如庄子认为,物质的产生,或急或缓,总处于变化中。总的来说,中国哲学对于世界的认识虽然还是朴素的、直观的,但与宗教神学中认为神创造万物的世界观来说无疑是一种进步的思想,在唯物主义哲学的发展过程中也起着重要作用。

在价值观上,儒家主张道德至上论,以"崇德重义"为价值观念,其最高的价值标准是"和谐",即充分发挥道德的作用来达到人、己、物、我的和谐。在先秦儒家的价值观里,在强调重德、重义的同时也会给予利与力一定的地位,但是在后来的发展中,越来越认为有义、有德时,容不得利和力的存在,形成重义轻利、崇德贱力的片面看法。而法家崇尚竞争,讲究法治,彻底否定道德的价值,其价值学说与儒家完全对立。墨家的价值观念比较全面,认为义与利、力与德相统一,但在论述时是站在小生产者的立场上,因而其学说也失之偏颇。自汉武帝上台后,在所有思想观念中起支配作用的是儒家理念,从而更加强调义与德的重要性。在今天,继承中国传统哲学中的价值观,应做理性的分析,吸取各家的精华,只有站在马克思主义的立场上,将义与利、力与德相统一,将追求和谐理念与发扬斗争精神相协调,才能形成正确的价值观。

在思维方式上，中国传统哲学"重和谐、重整体、重直觉、重关系、重实用"。重和谐指追求世间万物和平相处。重整体是强调从大局去看待世间万物。重直觉有体道、尽心、体物三种方式。老庄主张直接感觉客观万物本源的道，带有神秘主义色彩。而孟子、程颢、陆九渊是反求于内心，强调自省的作用。程颐、朱熹主张"即物而穷其理"的方法，即通过对事物的观察、辨析，形成顿悟式的直觉。重关系是指世间万物是普遍联系、相互作用的。重实用是指中国古代哲学家研究的问题都与现实生活有关，注重实用性。在中国传统哲学这几大思考方法的影响下，中国古代社会实现了长期的稳定发展，在农业、医学等应用科学上取得了显著的成就，这五大思维方式对于今天建设和谐社会、加强顶层设计以及推动科学技术发展具有一定的意义。但中国传统思维方式中也有忽视矛盾斗争性、缺少理论体系构建和逻辑论证推理的缺陷。由此可见，中国传统思维方式也包含一定的局限性，我们应客观地看待其优缺点，取其合理内核。

第四节　中华优秀传统文化对世界的影响

我国文化在国际上传播的时间悠久。比如"丝绸之路""玄奘取经""郑和下西洋"等，这些在历史上都是极具影响力的文化传播活动，让中华优秀传统文化在世界舞台上绽放光芒。如今，随着经济全球化的不断深入发展以及中国国际地位的提高，中国文化以自己独特的优势开始在国际上广泛传播并且赢得越来越多国家和民族的认同，对人类文明进步做出愈来愈大的贡献。

孔子学院在国际上的发展，就以更加正规的方式讲好中国故事，传播中国力量，成为中国文化传播的先行军，将中国文化更加系统有序地推向国际。习近平总书记2014年在APEC会议上提出的"一带一路"倡议，逐步成为中华文化传播的重要载体，以跨文化传播为代表的文化信息传播已经成为经济合作的基础和共识，借助古丝绸之路的历史，我们逐步打破曾经的文化壁垒和语言交往障碍，各国之间更加深入了解彼此的文化，增强了文化认同，推动了文化传播，同时也积极地推动了中华文化走出国门、走向世界。在"一带一路"倡议要求下，中国与沿线国家开展了更为深刻、更为广泛的联系，在文化交流、学术往来、人才合作等方面为沿线国家提供了更好的交流平台。文化年、艺术节、电影节等丰富多彩的形式更好地展示了各国的文化特色，加强了不同国家之间文化特色的了解。"一带一路"也是我国弘扬传统文化、塑造国际形象的举措。

现如今汉语日渐国际化,成为联合国规定的六种工作语言之一,学习汉语的人也越来越多,汉语在国际上地位的提高以及被认同,足以体现中国文化被国际的认可,汉语国际影响力的提高对于促进中国文化在国际上的传播以及中国在国际上的话语体系构建有重大的推动作用。我国同时也借助文化产品将中国文化推向世界,创新文化产品并且融入鲜明的中国元素,提升文化产品的吸引力和创造力,创造出与国外艺术品相媲美的文化产品,提高文化产品的市场竞争力,这对于中国文化在国际上传播发挥着不可或缺的作用。传统文化的全球传播不仅仅是简单的介绍,而是与全球治理实践紧密结合起来,是在破解全球治理中的重大现实问题和在探索人类文明未来发展方向的过程中传播的。

21世纪以来,随着经济全球化和世界多极化的发展,世界各国之间在政治、经济、文化、生态领域相互渗透,相互依存,在许多方面取得重大成就的同时,诸多全球性问题也随之而来,对各国的发展都形成了巨大的挑战,中国自然也摆脱不了被卷进其中的命运。例如贫富两极分化,既包括世界范围内各国各地区之间的贫富分化,也包括各国内部的贫富分化,这是导致社会不安定的重大问题;再如全球性的生态问题,资源衰竭、人口膨胀、气候变暖、生物多样性锐减等问题,大多源于资本主义生产方式的扩张,资本逐利的本性使得人类为了获得更多的经济利益,不惜以牺牲环境为代价,终将导致涸泽而渔、自毁人类家园的恶果。再如国际恐怖主义愈演愈烈,强权政治、霸权主义现象明显,当今世界各民族、阶级、宗教之间各种复杂矛盾层出不穷,这一系列世界性难题都成为中国乃至全球亟待解决的重要问题之一。

优秀传统文化中孕育的一些巧思与智慧,对于我们当今世界所面临的难题具有宝贵的参考价值和借鉴意义。面对世界性贫富分化问题,传统文化中蕴含着的"公平、均富、正义"等思想,可以为缓解贫富矛盾提供有益的借鉴;面对全球性生态问题,中华优秀传统文化强调人与自然和谐共生,无论是儒家的"天人合一",还是道家的"道法自然",抑或是佛家的"万物平等",都对正确处理人与自然的关系、树立可持续发展理念具有非常重要的启发;面对国际恐怖主义和霸权主义、强权政治,中华优秀传统文化中的和合思想为解决这些问题提供了智慧,如强调"和为贵"。世界各国是命运共同体,要相互尊重、和平共处、合作共赢,各个国家应在一种崭新的、稳定的、和谐的国际社会秩序中共同得以发展,打造国际社会和谐发展新局面。

当前,经济全球化势不可挡,世界各国之间在经济、政治以及文化等方面的交往日益密切。众所周知,经济全球化是一把双刃剑,它促进了世界各国的文明交往、带动了各国经济的发展，一系列的问题也随之而来，例如：国际性生态环境恶化、世界经济发展不平衡、文明冲突、国际贸易壁垒、和平与安全问题等。解决这些难题可以借鉴前人经验。如"天人合一"的生态理念、"和而不同"的包容之道等，这些都有望为解决人类所面临的世界难题贡献智慧。

习近平总书记在国际系列讲话中多次提到"国虽大，好战必亡"的交往理念，强调"亲仁善邻、协和万邦是中华文明一贯的处世之道"。与别国和平共处是中国长久以来一直追求的交往原则。国家间的合作和交往的前提和基础是共同利益，习近平总书记在传统义利观的指导下，强调要坚持正确的义利观，构建命运与共的全球伙伴关系。面对不同文明间的冲突与碰撞，习近平总书记发扬传统文化"美人之美，美美与共"的包容精神，认为"我们应该以海纳百川的宽广胸怀打破文化交往的壁垒，以兼收并蓄的态度汲取其他文明的养分，促进亚洲文明在交流互鉴中共同前进"。不同文明之间和谐相处，就要坚持"和而不同"的精神。面对世界性的生态环境问题，习近平总书记指出："人类是命运共同体，保护生态环境是全球面临的共同挑战和共同责任。"倡导全世界各族人民都要参与到环境治理工作中，坚持"天人合一""人与自然和谐共生"的生态理念，为全球治理提出中国智慧和中国方案。

中华优秀传统文化虽然产生于中华民族，但不能仅仅局限于中国，一个封闭的文明是没有活力可言的，"文明互鉴而发展"，要深入挖掘和利用中华优秀传统文化的精华，结合时代背景，创造性地对其进行加工，使中华优秀民族文化契合世界历史发展的舞台，成为有效解决人类所面临的问题的钥匙。

第二章 中华优秀传统文化的发展现状

本章共三节，主要介绍中华优秀传统文化的发展现状。前两节分别介绍中华优秀传统文化在国内和国外的发展概况，第三节介绍中华优秀传统文化传承面临的机遇与挑战。

第一节 中华优秀传统文化在国内的发展概况

中华优秀传统文化的生成和发展是一个具有悠久历史的发展过程，它记录着中华民族的历史，塑造着中华民族的性格和精神，体现着中华民族的世界观、历史观和人生观，凝聚着中国人民的共同理想，是中华民族五千多年文明历史发展的强大精神动力。传统文化对于保存中华民族特性，对于中华民族生生不息、社会稳定团结、文明延续和发展起着不可或缺的作用。

一、中华优秀传统文化的创造性转化和创新性发展

在这个大发展、大变革、大调整的时代，以马克思主义为指导，继承和发扬光大中华优秀传统文化中富有价值的哲学思想、人文精神、教化思想、道德理念，与马克思主义相融合相衔接、与现实实践和时代要求相结合，就是当今时代必然的选择。创造性转化，就是为"那些至今仍有借鉴价值的内涵和陈旧的表现""赋予其新的时代内涵和现代表达形式"；创新性发展，就是"对中华优秀传统文化的内涵加以补充、拓展、完善"。当然，这种"转化"和"发展"，都必须参照当今时代的新特点、新要求，从唯物史观出发，从中国人民当下的伟大实践出发，这就为发扬光大中华优秀传统文化提供了根本指引。对待中华优秀传统文化必须坚持"创造性转化和创新性发展（下称"双创"）"原则。

首先，坚守基本文化立场是进行"双创"的前提，有助于我们在意识形态

和精神文化方面始终保持"独立性"。对于这一点,习近平总书记的论述中讲得很清楚,强调中华优秀传统文化始终是我们在世界各民族文化相互激荡中的立脚点。中华民族要在未来历史长河中继续行稳致远,必须培"根"固"本",使中华民族保持自己的文化底色。但同时要保持开放的心态,虚心向其他文化学习,在学习过程中不能机械地照搬照抄,而应结合时代条件,在汲取其他民族文化长处的同时变革创新中华优秀传统文化,把中华优秀传统文化发扬光大。

其次,传统文化精华有利于提高民族素质,有利于国家治理。对普通个人而言,中华优秀传统文化中的各种思想精华对社会成员树立正确的"三观"很有益处,可以为人们的立身处世提供基本的精神指导。对政治家而言,可以为治国理政提供有益启示,习近平总书记的这些论述清楚明白地指出了,中华优秀传统文化是中国特色社会主义制度和文化的深厚基础,发挥着社会主义国家治国理政的智库功能。如《尚书》中"民惟邦本"的传统思想与习近平总书记的"以人民为中心"思想、《诗经》中"民亦劳止,汔可小康"的思想与"决胜全面建成小康社会"的思想、张载《西铭》中"天人合一""民胞物与"的思想观念与"绿水青山就是金山银山"的论断、《墨子》中"兼相爱、交相利"的思想与"互利互惠、合作共赢"的外交关系原则等,这些治国理政的重大决策和方略,都是习近平总书记对传统文化精华进行"双创"的经典案例,透露着中华文化自古及今的基因延续,诠释着中华优秀传统文化的时代价值。

最后,中华优秀传统文化有利于世界和平与发展。和平与发展是时代的主题,习近平总书记指出,我们的传统文化中爱好和平的思想今天依然是中国处理国际关系的基本理念。在中华文化与其他民族文化的交流交往历史上,中华优秀传统文化以其"和"与"合"等理念作为目标原则处理和协调社会关系、国与国的关系等,取得了巨大成功,使得中华文化不断辐射传播,形成了包括日本、朝鲜、韩国、越南、新加坡等国在内的"中国文化圈"或叫作"儒家文化圈",中华传统文化曾深深影响了这些国家的历史进程。今天,中国在建设社会主义现代化强国过程中,仍然坚持走和平崛起之路,努力避免"修昔底德陷阱",并且中国也希望世界各国都走和平发展道路。当代人类也面临着发展不平衡性更加突出、贫富差距不断扩大、物欲追求日益贪婪、个人主义甚嚣尘上、社会诚信消减消失、伦理道德失常失范、生态环境污染恶化等许多共同难题,这些矛盾和问题如果处理不当,就一定会危害人类最可宝贵的和平,没有和平,发展也将成为空谈。而中华优秀传统文化中的"和""合"等思想理念不啻解决当代人类面临的难题的思想"钥匙",在各国友好相处、平等参与全球治理、共谋和平与发展等

方面，必定能为全球治理提供中国智慧、中国方案。坚持"双创"，是实现这一目标的前提条件。

二、中国特色社会主义文化是传统文化的当代形态

首先，中国特色社会主义道路是由中华民族的历史传统、文化积淀和特殊国情铸就的。现实是历史的延续，离开中国历史，尤其是离开中国共产党发展的历史、离开新中国史、离开中国改革开放史、离开社会主义发展史，就无法理解中国道路的合理性。科学社会主义同任何新的学说一样，必须首先从已有的思想材料出发，尽管它的根深深扎在物质的经济的事实中。可以说，社会主义中国是中华民族五千多年历史的当代形态。中国是一个古老的国家，属于"旧邦"，但自从中华人民共和国成立之后，中国的社会形态发生了质的变化。在社会主义的新中国，中国共产党作为执政党肩负着新的历史使命，肩负着中华民族伟大复兴的历史责任，这可谓"新命"。中华民族的伟大复兴内在地包含着中华文化的复兴，但是，这种复兴又不是复古。习近平总书记在党的十九大报告中指出："中国特色社会主义文化，源自于中华民族五千多年文明历史所孕育的中华优秀传统文化，熔铸于党领导人民在革命、建设、改革中创造的革命文化和社会主义先进文化，植根于中国特色社会主义伟大实践。"这就使中国特色社会主义文化与中华传统文化的关系问题成为当代的热点问题。探究中华优秀传统文化的现代转化和创新发展问题，是要从根本上解决"我是谁？从哪来？向哪去？"的文化主体性问题。

社会存在决定社会意识，而不是社会意识决定社会存在，这是历史唯物主义解释社会历史的一条基本理论。强调和坚持这一理论实质上关系着对"双创"问题的理解，即我们是站在当下中国特色社会主义的立场关照传统文化，而不是以传统文化来裁剪当下文化，更不是回到过去。中国共产党要完成"新命"，必须坚持以马克思主义为指导的中国特色社会主义先进文化，同时保持中华民族的文化传统。如果文化失去民族性，所谓社会主义先进文化建设也将成为空中楼阁。正如毛泽东所说的，"我们信奉马克思主义是正确的思想方法，这并不意味着我们忽视中国文化遗产。中国历史留给我们的东西中有很多好东西，这是千真万确的。我们必须把这些遗产变为自己的东西"。这实质上也是强调，马克思主义要想中国化、大众化，必须与中华传统文化有机结合，才能落地生根和得到人民群众的心理认同。中国社会的最大特点，最能表现中国和中华民族特质的就是中华传统文化，中华传统文化是对中国社会存在最稳定的真实反映。所以，中华传统

第二章 中华优秀传统文化的发展现状

文化就是中国社会实际的有机组成部分，不理解中华传统文化，也无法全面把握中国社会的真实状况。实际上，改革开放以来，中国社会发展目标和发展理念的表达，诸如全面建设小康社会、坚持以人民为中心、构建社会主义和谐社会，以及世界层面的和谐世界、人类命运共同体理念等，都体现着中华传统文化的"小康社会""君轻民贵""大同世界""和而不同"的传统精髓，闪耀着中华文明的光辉。

其次，中国特色社会主义文化是中华传统文化的当代发展和创新。中国特色社会主义文化，简单来说，就是符合中国国情特色的、具有社会主义意识形态属性的观念上层建筑，是相对于经济、政治而言的全部精神活动及其物质产品中包含的精神因素的意识形态形式。习近平总书记针对中国特色社会主义文化，一方面从正面指出，文化就是"人化"，其功能在于养人心志、育人情操，"让人们在持续的以文化人中提升素养"。可见，他着重从精神领域理解和把握"文化"的基本内涵，同时不言而喻的是，这里的人指的是社会主义中国的全体社会成员，心志、情操指的是社会主义和共产主义理想信念、道德品质。另一方面是侧面表述，如在"五位一体"总体布局的论述中，把文化与经济、政治、社会、生态等明确并列，从侧面限定了习近平新时代中国特色社会主义思想中的"文化"概念的外延，也限定了这一"文化"所特有的中国特色社会主义性质。在党的十九大报告中，习近平总书记对新时代文化的源流结构进行了完整而经典的概括，进而对中国特色社会主义文化做出了科学界定，也指明了文化建设的原则和发展方向。

社会主义制度的建立使中国社会形态发生了根本性的变化，这是同中国长达两千多年的封建制度相比较而言的。社会主义制度是对封建制度的彻底否定，是社会形态的根本变革。很显然，要实现社会形态的变革，就需要革命的理论加以引导。以儒家为主导的中华传统文化的主旨是维护既有社会秩序，防止礼崩乐坏，阻止革命的发生。尤其是中国近代以来面临内忧外患、亡国灭种之危险，以倡导"仁"和"合"为特征的以儒家文化为主导的传统文化对现实的解释和改变显得苍白无力，已经不合时宜。社会制度的危机注定了以儒学为主的传统文化的危机。

中国共产党对于中华民族的首要的历史贡献就是使中国人民站了起来，实现了社会形态的革命性变革。完成这一革命行动的理论指导只能是作为革命理论的马克思主义，是马克思主义的革命理论照亮了处于危亡之际的中国，为中国共产党人找到了解决问题的世界观和方法论，这条道路就是无产阶级革命和

阶级斗争。这样的一种斗争文化、革命文化，与中国的传统文化有着本质的不同，从而形成了敢于斗争、敢于坚持的社会主义革命文化，并实现了对传统文化的超越。

在中国共产党领导下，通过社会主义革命建立了新中国。新中国成立后，中国共产党用百余年的探索，建立起了中国特色社会主义道路自信、理论自信、制度自信和文化自信。应当说，是马克思主义指导中国人民走出了民族存亡的绝境，也是以马克思主义基本理论和方法为遵循才逐步理清社会主义初级阶段的基本矛盾，找到建设中国特色社会主义的道路。所以，建设中国特色社会主义，必须以马克思主义为指导。在中国特色社会主义进入新时代，在世界经历百年未有之大变局，在推进中华民族伟大复兴的时代背景下，一方面要保持敢于斗争、敢于坚持的革命传统；另一方面，中国的不断崛起也要求我们要以马克思主义为指导，发掘优秀传统文化资源，继承优秀传统文化，正确处理马克思主义与中华优秀传统文化的关系，如此才能在更大程度上保证中华民族文化的创造性和主体性，进一步筑牢文化自信的根基。

经济基础决定上层建筑。中国特色社会主义制度的建立要求与之相一致的上层建筑，因此，在当代建设中国先进文化，就是建设中国特色社会主义文化。从上层建筑对经济基础的反作用，或从文化的相对独立性意义上看，任何文化的发展都有历史继承性，是历史继承性和创新性的统一，这也是文化发展的基本规律。因此，无论从历史还是从现实需要的双重角度考量，中国特色社会主义制度的蓬勃发展是继承传统、不断创新的结果。要实现中华民族伟大复兴的历史重任，继续推进我国的社会主义现代化强国建设，就必须保持高昂的开拓进取和与时俱进的精神，就要坚持继承传统和发扬传统。同时还要积极借鉴世界其他国家文化发展的积极成果，即要立足于新时代，继承传统，面向世界，以"双创"为手段，去推进中国特色社会主义文化的繁荣发展。

三、中国式现代化新道路丰富优秀传统文化

中国式现代化新道路涵盖广泛，既吸收借鉴了中国革命和建设的有用经验，又能与时俱进创新性发展；既内含经济、政治、文化、社会、生态，又将"人"性一以贯之。

（一）民本思想

从治国理政思想和战略决策整体分析，中国式现代化新道路都体现出"以人

为本",政治与文化表现尤为明显。政治上,中国式现代化新道路始终代表最广大人民的根本利益。这实质上是与中国式现代化新道路在文化上坚持以人民为中心是相契合的。古代先哲就已经表示出对"人"的尊敬,正所谓"天地之间,人最为贵"。

(二)共富思想

经济上,中国式现代化新道路体现为坚持社会主义市场经济体制,走共同富裕的道路。中国古代先贤的政治理论试图在解决民生疾苦的同时建立富足的社会。孔子主张统治者应该爱民、慧民,国家才能安定。《广弘明集》中记载:"夫国以民为本,本固则邦宁。"古代先哲的政治理想不仅对于民本格外看重,更着力构建全民富足的"小康社会"。可见,"天下共富"的社会愿景由来已久,且是古代先哲追求的理想。

(三)和合思想

社会层面,中国式现代化新道路强调社会全面进步,共建人类命运共同体。在当前各国联系更为紧密的前提下,社会全面进步与各国间的和平稳定发展息息相关。在数次国际讲话中,习近平总书记也多次提到了中华民族崇尚"和为贵"的理念,走中国特色社会主义和平发展之路。《汉书》强调了人主和德与百姓和合。当然两者之间是辩证联系的,人主和德,百姓才能和合,两者相辅相成,共同促进"天地和"。这体现了中华传统文化中共赢共生的"和实生物"之道。只有走中国特色社会主义发展道路,厚德载物、和而不同,才能够真正做到"人类命运"休戚与共,建立人类命运共同体。以和为贵不应仅单纯地倡导"和合"观念,更应辅以与之相配的制度。和合思想既体现了在中华传统文化熏陶下国人相互尊重、包容互补的民族个性,又体现了我们能够推己及人、兼济天下的平等理念。

(四)公平正义

从现代化建设整体来看,中国式现代化新道路更加凸显公平正义。但是谈到中国社会,我们往往会想到"熟人社会"这个专有名词。中外很多学者认为中国是一个熟人社会、世俗社会,缺乏法治观念,实则不然。在《关于费尔巴哈的提纲》中,马克思曾经谈到一个著名命题,即"人的本质是一切社会关系的总和"。中国这种群居性的社会形态是与我国历史文化息息相关的。自"家天下"的王权

国家出现，血缘、亲缘、地缘成为维系人与人关系的重要衡量标准，所以我国民众历来看重祖先崇拜，时至今日仍观念浓厚。在传统社会中所孕育出的敬天法祖文化特质对于我们中国式现代化新道路的建设影响是双向的。一方面传统文化的影响给予我们民族归属感和荣誉感，使全体中华儿女勠力同心、共创未来；另一方面也造成了西方社会对于我们的误解，认为我们重礼略法，实则不然。管子倡导治理国家在法，不仅强调立法的重要性，更强调法治得以实施的重要性。《管子·法法》在论述要用法律手段执行国家的法令制度之外，更加详细地阐述了如何用法，简言之有两点：一是"赏罚有名"，即在执行法令过程中，赏罚一定要信实坚决，严厉惩恶，嘉奖善举；二是"法令无上"，无上的法令既出则不可随意更改，即便是君主也不能破坏。这样就赋予了法令无上的权威，成为全民的规范，这也就最大限度地维持了正义。由此可见，我国古代便有相对完备的法治体系。

（五）创新思维

中国式现代化新道路更加凸显新时代现代化发展道路"新"的表现。而"新"字不仅仅是名词的内涵呈现，更是动词的实践路径，即中国式现代化新道路的各方面发展需要创新，这也是其不断发展的根本动力。习近平总书记指导我们运用一种思维方法，即"守正创新"，这是在当代中国实践的基础上萌发的时代要求。创新思维的培养，不仅是对中华优秀传统文化的继承，更是不断发掘传统文化中的时代价值的体现。事物发展到极点，就应该发生变化，只有这样，事物才能够不断发展。我国古代传统文化中所折射出的朴素唯物主义思想已具备前瞻性，这与马克思主义哲学中事物的运动、变化和发展规律也有相通之处。我国自古就有的创新意识，是中国人民始终做到与时俱进、一往无前的精神动力，也是支撑国人敢闯敢干、敢为人先的强大精神力量。

四、社会主义核心价值观中的优秀传统文化

世界上任何一个民族和国家都有根植于本民族传统文化之中的核心价值观。社会主义核心价值观集中体现了国家的奋斗目标、社会的价值追求和个人的道德规范，契合当代中国发展要求，是全国人民的价值共识，它之所以能成为凝聚全体力量建设社会主义现代化的精神纽带，其根本原因是它从中华优秀传统文化中获得了宝贵的价值积淀和精神滋养，因此，二者之间存在着千丝万缕的联系。

第二章 中华优秀传统文化的发展现状

"富强"一词的意思是人民富起来，国家才能强盛。在中国历史上曾经出现过三大盛世，这些繁荣时期的共同特点较为鲜明，概括来说就是君主贤明、爱民如子、社会稳定、人口增长、经济繁荣。盛世的繁荣景象和取得的辉煌成就至今仍被人津津乐道。只有国家富足强盛，人民才能安居乐业，这既是推动中华民族历史不断向前发展的物质动力，也是历代中华儿女为之努力奋斗的神圣使命。

"民主"在中华传统文化中主要体现为古代的"民本"。"民本"源于《尚书》所说："民为邦本，本固邦宁。"《尚书》之后，《周易》《老子》《孟子》等对"以民为本"的思想都有提及，西汉的贾谊、唐太宗以及北宋的朱熹等都曾对其有过论述。在我国古代政治实践中，为约束君主的权力，让他们励精图治，视天下为己任，还提出过"国以民为本"的政治理念。中国古代的民主情怀和民主精神体现了中华传统文化所包含的"德""仁""大同"等思想精髓，被历朝历代不断继承和发展，逐渐成为推动古代社会向前发展的文化条件和精神动力，是中华传统文化发展历史长河中最闪耀、最有价值的部分之一。

"文明"在优秀传统文化中有着教化和修养的意思，这与今天我们所提倡的物质文明与精神文明是一脉相承的。正是在文明教化之下，民众的个人素养才能提高，进而优化社会秩序，促进国家和民族发展。中华民族能生生不息、绵延五千多年，在于其一直坚守"文明"这一核心价值，不断创造优秀传统文化和文明成果，促使本民族不断积极向善。

"和谐"是中国人从古至今崇尚和追求的精神特质。面对社会构建，《尚书》中描述了"协和万邦"的理想状态。中华民族把和谐这一价值取向和行为方式贯穿于个人修养、治国理政、社会构建、万物发展等方方面面，在长期的历史实践中逐渐形成了重和谐、重整体的共生共存价值取向。

"平等"在浩瀚的中华优秀传统文化典籍中是一个神圣的词汇，因为在我国古代阶级社会中从未实现过真正意义上的平等。虽然中国古代社会十分讲究纲常伦理，但对平等观念的渴望一直深深地扎根在中国封建社会文化里，千百年来，古代思想家从未停止过对平等的追求与探索。

"公正"作为一种美德在中国古代社会中备受推崇。《礼记》中有"大道之行也，天下为公"的记载，老子在《道德经》中提到"以正治国"，唐代名相姚崇认为"心苟至公，人将大同"。中国古代社会著名的思想家和政治家认为，"公正"是治世良方，"公正"历来被看作中华传统文化的精髓，同时也是社会发展的基础和动力。

"法治"是一种依法治国的观念，是政治文明达到一定历史阶段的重要标志。在中华优秀传统文化典籍中对法治的论述比比皆是。《管子》中提到："私情行而公法毁"，《韩非子》中也曾说："一民之轨，莫如法。"在我国历史发展中，每朝每代都有自己的法律，唐律对东南亚各国的封建立法产生了深远的影响。荀子认为，要按照礼法来规范人们之间的行为；韩非子提出了"法不阿贵"的法律平等思想；孟子则认为，治国理政既需要法治观念的引导，也需要法律制度的约束。虽然在中国古代君主专制的社会里，这些优秀的法治观念最终没有得到落实，但也充分表明了古代先贤思想的卓越，是值得我们继承的文化瑰宝。

"爱国"是中华民族的精神内核。氏族部落时期，人们在共同生产生活的基础上共同保卫自己繁衍生息的土地。秦始皇统一天下后，历朝历代都非常重视国家统一。"捐躯赴国难，视死忽如归"，爱国思想激励着一代代爱国志士用他们杀身成仁、凛然赴死、宁折不弯的民族气节与操守，为国家独立、民族自由和人民幸福抛头颅、洒热血。中国人从小就接受这些爱国故事和名言的熏陶，爱国主义情怀深深地扎根在每一个人的心中。2020年，新冠肺炎疫情爆发，众多医护人员、解放军战士和志愿者冲到前线，这充分诠释了爱国主义精神。

"敬业"是中华民族的传统美德，它属于道德范畴。"敬业"一词最早出现在《礼记》中。自古以来，我们的先辈不惧风雨，不畏艰难，用自己勤劳的双手建设出美丽富饶的家园，在这一过程中涌现出来的名人警句，比如"神农尝百草"、诸葛亮"鞠躬尽瘁，死而后已"等，都反映了古人面对事业坚韧不拔的态度，是值得我们当代人继承和发扬的生存方式、道德品质和价值标准。

"诚信"是中国古代重要的伦理范畴。这两个字在春秋以前多表示对鬼神的虔诚，后来儒家提倡把"信"从宗教中摆脱出来，划归到伦理道德范畴。"诚"和"信"最初都是分开使用的，春秋时期管仲才将二者连用。中华民族历来恪守着诚信这一传统美德，使它成为经世致用的道德规范。

"友善"是基于中华民族的生存环境和生存伦理而形成的一个重要的道德范畴，意指友好、善良、善意，是社会和谐的道德基础。老子说过"上善若水"，孟子说过"仁者爱人"，孟子也说过"爱人者，人恒爱之；敬人者，人恒敬之"，这些是今天我们所说的"友善"思想的源泉。由此可见，中华民族非常重视友善的品质和力量，也正因为我们的先祖拥有宽广的胸怀和气度，才使中华文明生生不息、绵延至今。

第二节 中华优秀传统文化在国外的发展概况

一、中国崛起吸引大批受众

改革开放以来，在中国共产党的领导下，中国进行了市场经济体制改革，设立了经济特区和自贸区，不断扩大对外开放，融入经济全球化的轨道，推动了世界经济发展。目前，中国已成为世界第二大经济体，取得了举世瞩目的成就，中国对世界的贡献力，全世界有目共睹。

进入新时代以来，中国提倡构建人类命运共同体，建设"一带一路"，主办了"一带一路"高峰合作论坛、经贸合作论坛、金砖五国会议、博鳌亚洲论坛、上海合作组织峰会等一系列主场外交活动，中华优秀传统文化的一些理念、元素和标识在主场外交活动中也得到了充分展示，依托媒体机构对外传播中国文化、中国元素，为世界提供了中国方案、中国智慧。世界各国对中国的关注程度逐渐增强，给中华优秀传统文化带来崭新的发展机遇和广阔前景。随着中国崛起，中华优秀传统文化在国外广泛兴起，掀起了"中国热""中国风"的潮流，吸引着更多的国外受众群体给予中国更多的关注和了解。不同文化、不同民族跨越国家的文化交融，是建构国际之间互信互通关系，开展国际交流、文化交流的直接体现。从文化的层面理解，中国崛起能够促进不同文化、不同民族之间相互学习、对话交流，展示中国文化魅力，传播中国文化元素，让更多的国外受众群体学习、了解中华文化，增进他们对中国制度、经济发展、传统文化的认知度和认同感。从外交的角度理解，中国和平崛起，能够建设新型国际政治关系，深化与世界各国的信任合作，树立中国负责任的良好的国际形象。从对外传播的意义理解，中华优秀传统文化真正走了出去，并得到了积极的传播，国外受众对中国文化以及文化产品的需求增多，对中国文化的认知程度逐渐深化。

如今，文化对外开放交流也逐渐上升到国家战略层面，在政策上制定了很多优惠政策和交流项目，通过举办主题鲜明、丰富多彩、受欢迎的中外文化交流活动，向世界展示中国文化的魅力，同时塑造提升了中国国家形象，吸引了更多的国外受众群体去学习和传播中华优秀传统文化。

二、中华优秀传统文化的国际影响力日渐增强

回顾历史，中华民族在经历了从"站起来"到"富起来"的质的飞跃后，物

质生产领域所取得的成绩已经得到全世界的广泛认可。那么，在未来走向"强起来"的过程中，如何积极推动中华优秀传统文化"走出去"成为中国共产党在建设社会主义现代化强国、实现中华民族伟大复兴过程中关注的重点。时至新时代，中国共产党也更具国际视野，在坚持并发展中国特色社会主义文化发展道路过程中更加注重将中国智慧、中国价值和中国方案传递出去，这也在一定程度上提升了中华优秀传统文化的国际影响力。

一方面，中外文化交流活动越加频繁深入，中华民族开放包容的大国形象日益深入人心。中华民族自古以来就有开展文化交流的传统，无论是张骞出使西域、鉴真东渡、郑和下西洋，还是日韩选派遣唐使、马可·波罗来华游历、利玛窦来华讲学，都在一定程度上促进了中外文化之间的交流对话，增进了古代中国与世界各国之间的认识了解。新中国成立后，积极开展中外文化交流的传统仍在延续，孔子学院的相继建立、"中国文化年"在欧美各国的系列活动、中华优秀传统文化典籍外译和出版项目的实施等，都反映出中国共产党在推动文化"走出去"上所做的努力。时至新时代，中华民族越是走近世界舞台的中央，提高国家文化软实力、加强中外文化交流、展现全面立体的大国形象越是成为新时代坚持中国特色社会主义文化发展道路的重中之重。基于此，党的十八大之后，中外文化交流合作变得更加频繁而深入，博大精深的中华优秀传统文化不仅吸引了世界各国人民的目光，而且积极地吸收和借鉴人类文明的一切优秀成果为我所用。据此，中国开放包容、兼收并蓄的大国形象在中外文化交流互鉴中逐渐确立起来。时至今日，我国在促进中外文化交流合作方面已经践行多年，取得了颇为显著的成效：以文化和旅游双多边交流合作机制为抓手，截至2017年，中国已与157个国家签署了文化合作协定；"欢乐春节"活动树立起了文化品牌形象，2019年更是在133个国家和地区的396座城市开展近1500场活动，其覆盖面、关注度和影响力都有了大幅提升；依托"一带一路"建设开展文化交流，成立丝绸之路国际博物馆联盟、国际图书馆联盟、美术馆联盟等文化机构联盟。

另一方面，中外文化贸易往来与日俱增，中华优秀传统文化在国际社会上的竞争力有所提升。当中国稳居世界第二大经济体地位时，与全球贸易第一大输出国身份不相符的是，中国的文化产品和文化服务正处于严重的贸易逆差中。之所以产生这种情况，与我国文化产业发展起步晚、发展慢、产值低、规模小有着密切的关系。而在不断扩大的对外开放过程中，人们对文化产品和文化服务的巨大需求要通过文化进口来加以满足，这也在一定程度上加剧了贸易逆差，严重影响着中华优秀传统文化在国际舞台上的竞争力。时至新时代，以习近平同志为核心的党中央坚持走中国特色社会主义文化发展道路,在全面深化文化体制改革、创新发展文化产业的同时,积极开展中外文化交流合作,助推中国的文化产品和文化服务走出国门、走向世界。经过持续努力,中国对外文化贸易逆差的窘境终于得到扭转,并连续多年保持顺差,据商务部的统计数据,2019年我国的文化贸易保持平稳快速发展,贸易顺差883.2亿美元,规模扩大6.8%。随着更多高质量的文化产品和文化服务进入世界舞台,中华优秀传统文化的竞争力、吸引力和影响力也随之扩大,世人对中国文化、中国人民和中华民族的理解和认知也发生了深刻的转变。以影视剧行业为例,近年来众多热播剧走出国门:《延禧攻略》在越南热播、《扶摇》登陆新加坡、马来西亚和泰国的电视、现代剧《媳妇儿的美好时代》和《小别离》分别在非洲和蒙古国广受喜爱、《大江大河》《鸡毛飞上天》《最美的青春》更成为2018年戛纳电视节的重点推荐项目。这些剧目受到多国民众的喜爱,不仅展示出社会主义先进文化发展成果的竞争优势,同时也意味着中华优秀传统文化的独特魅力正在逐步受到世人的普遍认可。

第三节 中华优秀传统文化传承面临的机遇与挑战

一、中华优秀传统文化传承取得的成就

新时代,我国积极推动中华优秀传统文化"走出去",在实践中也逐渐优化了新时代中国的国家形象。

其一,传统文化市场扩大。喜爱传统文化的群体扩大,人们开始打造文化产品市场,文化市场呈现出空前繁荣的景象。从历史发展进程上看,以前主要依靠物态文化来推广传统文化,比如利用中国的瓷器、丝绸等来吸引国内外群体的目光。但如今随着技术和文化需求的改变,传统文化艺术在海内外大放异彩。比如利用戏曲、舞蹈、文学、电影等形式全面弘扬传统文化,依据受众群体需求不断提高的情况,传统文化产品和作品也不断地丰富,中华优秀传统文化的弘扬扩大了文化市场。

其二,传统文化的开发和保护。中华文明历史悠久,有着丰富的文化资源和历史遗址。我们不能让古遗址被遗忘,我们也不能因过度的开发而使古文化失去灵气。传统文化的开发和保护过程要合二为一,既实现保护中的社会效益,又实现开发中的经济效益。既能在开发过程中实现经济创收,促进GDP的增长;又

能激励到访的游客了解中华优秀传统文化。比如长城、莫高窟、丽江古城的申遗成功,这都是进一步在挖掘和弘扬我们的传统文化,在无形中散发我国传统文化的魅力。

其三,传统文化艺术活动丰富。为满足精神生活的需求,相继开展了多种多样的文艺演出和文艺节目。近年来随着中华文化散发的独特魅力,越来越多人喜欢上中国话,有人认为穿汉服也是一种美,"国学热"渐渐兴起。在此背景下,为了更好地传承中华优秀传统文化,举办了多种多样的文艺节目,比如《舌尖上的中国》《中国诗词大会》等。新节目改变了以往枯燥乏味的故事模式,而是采用竞赛式的对决形式进行擂台争霸赛。这样的形式深受年轻人的喜欢,中华传统文化借此走进大众视野,散发出它独有的魅力。这不仅是竞争下的较量,而且也是对传统文化的继承。

二、中华优秀传统文化传承面临的机遇

(一)主流意识形态领导权建设需要

主流意识形态领导权建设以其主导性、先进性等特征成为一项具有战略性地位的重要工程,然而,其发展并非一帆风顺的,各种社会思潮的不断涌现导致其一元性地位受到了极大的冲击,传统的宣传方式致使其内容的说服力与吸引力尚待提高。在新时代背景下,面对这样的境遇,主流意识形态领导权在构建与发展的过程中,可从中华优秀传统文化中汲取精神养分,使其更符合民众的心理预期。

主流意识形态领导权的主导性需要借助中华优秀传统文化筑牢其根基。中华优秀传统文化所传递的价值观与主流意识形态所倡导的价值取向基本走向一致,两者都是为了推动中国特色社会主义事业的持续性发展。中华优秀传统文化在其漫长的历史发展过程中逐步形成了以儒家学说为代表的传统思想,而其中所蕴含的诸多思想都与主流意识形态领导权建设不谋而合。主流意识形态领导权的权威性注定其离不开官方组织的宣传与引导,如若这其中的度掌控不好,使得民众产生索然无味之感,便容易造成主流意识形态领导权的权威性的消解与削弱。因此,主流意识形态领导权在构建与发展的过程中,需从传统文化儒学认同中吸收有益的经验与方法论思想,提高民众对主流意识形态领导权的认同。

同时,主流意识形态领导权的先进性也需要中华优秀传统文化为其注入生命力。主流意识形态领导权的先进性可以激励广大民众不懈奋斗,为实现自己的

第二章　中华优秀传统文化的发展现状

人生价值而努力奋进。中华优秀传统文化中与此相关的古文、诗词、人物故事颇丰，这也在一定程度上为推动主流意识形态领导权的先进性发展注入了新鲜活力，为提高文化引领、增强文化自信、提升主流意识形态话语权地位贡献了独特价值。为更好地推动中华优秀传统文化创新性发展，需重点把握其与主流意识形态领导权的关系，借主流意识形态领导权的发展推动中华优秀传统文化的发展。

中国共产党历来重视中华优秀传统文化的传承与发展，当前新形势下对传统文化的重视为理论创作者提出了新要求和新思路。把弘扬优秀传统文化与当前社会主义先进文化建设有机结合起来，为中华优秀传统文化发展提供了广阔空间，为中华优秀传统文化发展提供了新的历史机遇。

为了进一步确保弘扬中华优秀传统文化工程的畅通性和实效性，党中央把这一工作常抓不懈，《关于实施中华优秀传统文化传承发展工程的意见》强调"实施中华优秀传统文化传承发展工程，是建设社会主义文化强国的重大战略任务"。这一文件出台为中华优秀传统文化创造性转化、创新性发展指明了方向，明确了任务和实践路径。党和国家结合新时代国家建设发展的目标把传承弘扬中华优秀传统文化上升到国家战略高度，成为实现中华民族伟大复兴过程中文化支撑的一部分。马克思主义认为，"每一历史时代主要的经济生产方式和交换方式以及必然由此产生的社会结构，是该时代政治的和精神的历史所赖以确立的基础"。就文化发展而言，中华优秀传统文化在不同的历史时期发挥着应有的价值，推动着中华民族劈风斩浪，不断远航，展现了中华民族的智慧和勇气。文化是一定时期社会政治、经济发展的集中反映，中国特色社会主义文化植根于中华优秀传统文化，在社会主义现代化建设中展现了强大的文化优势，引领了文化发展的方向。

（二）新时代主要矛盾转化需要

中国特色社会主义进入新时代，中华民族经历了从站起来、富起来到强起来的伟大转变时刻。中国已成为世界第二大经济体，人民对生活质量的要求发生了改变，在满足物质生活需要的同时开始追求更高的精神文化生活。文化自信、精神信仰是人民生活质量提高的重要组成部分。这一精神文化品质的需求为优秀传统文化转化发展带来了新的机遇。中华优秀传统文化源于现实生活，汇聚了人民智慧，反映了人民需求。中华优秀传统文化以满足人民群众的精神文化需要为根本宗旨，为社会主义现代化建设提供精神支撑。

党的十九大以来，中国特色社会主义进入新时代，我国社会主要矛盾已经

转化为"人民日益增长的美好生活需要和不平衡不充分的发展之间的矛盾"。这一历史性转变自有其深刻的历史依据与理论依据,过往的经历与实践为准确判断新时代的矛盾转化提供了历史依据,马克思主义的科学论断也为其提供了理论依据。改革开放至今已四十余载,在此期间,我国在经济上的突飞猛进使得社会生产力得到了极大的提升,人民群众的物质生活质量也不同于往日,无论是衣食住行方面,还是休闲娱乐方面,其消费需求都发生了巨大的变化,物质的极大丰富也使得人民群众对于精神文化的需求日益多样化、具体化。因而,人民对美好生活的向往便与日俱增,面对此种现状,中华优秀传统文化需把握住这一历史性机遇不断实现自身的跨越式发展。

中华优秀传统文化能够为新时代人民群众的美好生活需要提供充足的动力支撑,这是推动其自身发展的重要条件。美好生活的具体内容涉及方方面面,其中不容忽视的一面便是对精神文化的追求,这也同样符合马斯洛需要层次理论的内容。无论是品读的书籍,还是欣赏的音乐,抑或是休闲时所观看的电视剧、电影,人民群众对其质量都有了更高的要求。然而,当前的文艺作品良莠不齐,在文艺创作中将中华优秀传统文化的精华注入其中,便是提升其内涵与思想深度的重要途径之一。为此,在新时代社会矛盾转化的关键时期,秉持客观的态度对待传统文化,对仍有时代价值的传统文化加以改造,为其注入新鲜活力,扩大影响力,能够最大程度地发挥中华优秀传统文化的时代魅力。

中华优秀传统文化服务于社会主义现代化建设,不是全盘拿来,而是要在创造性转化、创新性发展过程中,与国家"五位一体"发展紧密联系起来,使中华优秀传统文化服务于社会主义"两个一百年"奋斗目标建设,服务于人民对更高精神文化的需求。中华优秀传统文化作为宝贵的精神财富,为今天人们追求更高的精神文化生活提供了良好的文化底蕴,这些精神或物质资源也与人民追求的生活品位高度契合。一方面,随着物质生活条件的提高,人们有精力去学习和践行中华优秀传统文化,丰富自己的业余生活,通过学习书法、高雅艺术、传统技艺等文化国粹,来提高自身的生活品位。近年来,全国旅游业尤其是具有浓厚文化气息的旅游景点越来越受到人们的青睐,物质文化或非物质文化逐渐受到人们的普遍关注,这些旅游景点文化品质的提高逐渐改变了人们的生活方式,提高了人们的生活品位。另一方面,随着生活节奏的加快,在一定程度上唤起人们对休闲生活方式的集体向往,使人们有兴趣、有条件去认知、接受优秀传统文化,体验传统生活的休闲雅居,感悟优秀传统文化的魅力,从追求快节奏的生活逐渐转向追求简约极致的慢节奏生活。

第二章　中华优秀传统文化的发展现状

随着现代化进程的加快、物质生活水平的提高，人们对现代精神文化需求有了更高的要求，开始对优秀民族文化有了新的认识。在新时代，推动中华优秀传统文化创造性转化与创新性发展不仅能满足人民群众的精神文化需求，而且也能创造优秀传统文化自身发展的历史机遇。

（三）新时代公民道德建设需要

道德建设自古以来便是一个不断追求、不断探讨的话题，历朝历代的文人墨客总是在用不同的叙述方式来阐明自己的道德信念，时至今日新时代的到来，公民道德建设依然处于一个十分重要的位置。中华传统美德作为中华优秀传统文化中的重要组成部分，对于推动公民道德建设有着无与伦比的独特价值；公民道德建设的迫切要求也为中华优秀传统文化的发展提供了良好的机遇。

公民道德建设需要以中华优秀传统文化作为其源源不断的力量源泉。中华优秀传统文化中所蕴含的诸多传统美德，如自强不息、尊老爱幼、精忠报国等，都在以不同的视角阐明思想道德准则，为广大民众树立了一个道德规范。尽管目前我国的思想道德建设已经取得了极大的成就，但依然存在一些道德缺失现象，理想信念的缺失、功利主义的盛行、社会责任感的淡化都是一些典型表现。为此，面对这样的现状，以中华传统美德为重要表现形式的中华优秀传统文化亟须发挥自身独特的思想价值。此外，公民道德建设的发展也反过来促进中华优秀传统文化的创新性发展。由于时代的局限性，即便是曾经具有独特价值的中华传统美德，也不可避免地带有些许的不适应性，新时代公民道德建设的发展需要便潜移默化地影响了中华传统美德的内涵，使其更加适应当前的社会条件。唯有如此，才能让中华优秀传统文化深入每个民众心中，成为广大民众心中的道德法则与理想信念，发挥其润物细无声的教化作用。在新时代背景之下，推动中华优秀传统文化的创新性发展，需努力抓住这一重要机遇，将中华优秀传统文化之中所潜藏的丰富道德资源充分挖掘出来，如此一来，才能让古代仁人志士的优良品德深深植根于人们心中，进而在这样的双向促进中推动中华优秀传统文化的发展。

中华优秀传统文化传承与弘扬需要全体国民自觉地将其融入生产生活实践中，自觉增强中华优秀传统文化的实践思维养成，在践行中不断提高对中华优秀传统文化高度的自觉与认同。中华优秀传统文化中蕴含的"反求诸己""克己守静"及"精益求精"的实践智慧，修身养性的价值理念以及追求完美至极的品格理念，在社会主义现代化建设中结合新时代要求转化为科学精神、工匠精神和奋斗精神。人是群体性动物，人的活动离不开生产实践过程，人们正是在生产、生

活交往中将人文精神与传统美德凝聚升华为一定层面的精神信仰。在社会主义现代化建设过程中，中华优秀传统文化为人的价值观养成和人格塑造提供了良好的道德规范，这些道德规范在日常生活中融入生活实践，做到内化于心、外化于行，增强了人们的文化自觉与认同。中华民族有许多传统佳节习俗，我们可以充分发掘传统习俗文化的科学价值与人文价值，积极引导人们深刻体会传统历法、节气等所蕴含的农业文化底蕴。我们也可以阐明传统中医、养生等所蕴含的现代科学意义，在日常生活中自觉地把传统习俗与现代生活相融合，增强中华文化践行的自觉性与认同性。

在日常生活中注重文化实践养成，增强文化自觉性，也必将形成高度的文化认同。文化认同是一个民族长期在同一地域生活所形成的对本民族文化标识特质的感同身受，是对基本价值观的普遍认同，也是凝聚民族文化的基础。中华优秀传统文化是中华民族的共同血脉，是滋养中国人的肥沃土壤，是中华儿女达成共识、恪守规范、形成文化认同的根基所在。在社会主义现代化建设中，文化认同源于民族心理，是对社会主义现代化实践的亲身体验，让我们在历史观、国家观、民族观、政治观上不断增进文化认同。在日常生活中注重对优秀传统文化的学习，自觉传承优秀传统文化，不断扩大辐射面，让广大人民群众在生活中体会优秀传统文化的魅力，提高对优秀民族文化的认同。

总之，文化自觉与文化认同是在日常生活实践中养成的，伴随人的一生。只有具备高度的文化自觉和文化认同，才能在社会主义文化强国建设中增强自信，更好地传承与弘扬中华优秀传统文化。

三、中华优秀传统文化传承面临的挑战

（一）现代化进程的冲击

现代化是人类社会历史发展的必然过程。中华优秀传统文化面临的现代化冲击主要是指，在我国高速现代化建设以适应世界发展的过程中，工业化的快速发展极大地提升了我国的经济效益，但与此同时在现代化进程中产生的现代价值理念却冲击着人们对于传统道德理念的信仰，使得人们对民族文化产生自卑感。除此之外，还有现代城镇化建设对文化遗产的破坏以及现代科技带来的负面影响都影响着中华优秀传统文化的传承发展。

文化自卑是一个民族群体蔑视、质疑甚至不承认自身文化有任何价值的心态。近代以来，中国命运多舛，遭受到了西方列强的入侵。这虽然在一定程度上

第二章 中华优秀传统文化的发展现状

让中国被迫开始进入现代化，但中华传统文化却在此过程中遭受西方近代文化的强烈冲击，中华民族对抗帝国主义屡屡失败的现实让人们开始认识到了我们在科技和文化上的落后与不足，唯我独尊的文化优越感从此一落千丈，由此而来的文化自卑心理愈加严重。

从废科举到新文化运动，曾经作为中国人安身立命根本的中国文化尤其是儒家文化逐渐失去其在教育、政治中的崇高地位，最终被放逐到现代中国文化格局的边缘。面对西方近代文化的入侵、中华传统文化的飘零，中国人失去了在精神、伦理领域的信仰和支撑。而在当时民族危亡、国人急于寻求救国之路的历史背景下，以伦理道德为特征的中华传统文化被国人在功能坐标中判定是对富国强兵无用的，从而将传统文化贬得一无是处。物质文化是精神文化的凝聚和体现，一旦破坏一时间是难以修复的，因而是中华民族十分爱惜的珍贵宝藏。中国历来重视考古工作，重视对物质文化遗产的保护。但中国也像其他发展中国家一样，在大力发展城市化以实现现代化目标的过程中，文化遗产正面临被破坏的危险。这不仅造成历史文化遗产的毁灭和城市特色的消失，同时也波及中华优秀传统文化传承发展的整体效果。城市化进程对文化遗产的破坏主要有以下两个表现：一是过度开发，造成文化遗产的永久性毁灭。过度开发是伴随着旅游业的蓬勃发展开始出现的，经常发生在古村落开发中。近年来，新农村建设蒸蒸日上，许多村落试图通过发展旅游业来拉动当地的经济增长。不可否认，旅游业的发展确实对农村经济发展起着促进作用，但不合理的开发也会对文化遗产造成负面影响。为了满足旅游者的需求，古村落会招商引资，大量商户的入驻造成古村落商业化气息严重，导致古村落的历史厚重感难以保存。另外为了追求更多的利益，许多古村落也不限制旅游者的人数，无视古遗址的承受压力，最终导致古遗址遭受更多的人为破坏。过度开发同时也会出现在城市建设中。城市要发展，难免会拆除那些失去使用价值的历史古建筑。但一些城市为改造旧城区和房地产开发，完全不考虑对历史建筑的保护，历史建筑一夜之间被推倒，导致历史文化名城韵味不再，失去了历史的原味。二是千篇一律的规划，造成文化遗产失去个性。在我国城市现代化飞速发展的过程中，"孪生"的高楼大厦拔地而起，这虽然反映了我国基础设施建设的成就，但也暴露出我国城市化建设中存在着"千城一面"的问题。这个问题不仅存在于旧城改造中，也存在于新城建设里。当下的城市建设往往为了追求速度和效率，而忽视对城市历史变迁和历史特色的深入调研，在不了解历史传统的情况下就开始建设。比如将城市中的古建筑一律刷成白色，虽然看上去很整齐，但也让古建筑失去了本身的历史沧桑感和自身的特色。再比如现在

的一些仿古建筑，设计方案也是千篇一律，让人难以体会一个城市的历史底蕴。中华文化的精气神凝聚在中国建筑中，中国的建筑不是一座冰冷的房屋，而是具有温度的文化精神的彰显。而现在，全国各地的住宅似乎都是一个样，这不仅让古建筑失去了自身的个性，同时也让中华文化的精气神在现代城市建设中荡然无存。

（二）来自互联网的威胁

随着第四次科技革命以及新媒体技术的深入发展，互联网对人们的认知模式、思维方式以及价值观念的形成、变化产生重要影响。其中一个重要方面就是某些个人或群体利用网络鼓动颠覆国家现有政权、唆使宗教极端势力、鼓吹民族分裂主义、策动暴力恐怖事件、散布不健康材料、挑动人身攻击、倒卖非法物品等。这些网络非法行为极大威胁了我国的政治安全与文化安全，关系到我们能否顺利实现第二个百年奋斗目标和民族伟大复兴。

正是基于这一事实，某些不法之徒妄图将互联网变为新时代中国实现民族复兴道路上的最大变量；也正是鉴于网络安全的现实处境，网络与信息安全是我们在维护社会稳定、实现文化自信历史使命的过程中正在面临的巨大挑战。对此我们坚决不能束手坐视、袖手旁观，让这些不法言行大行其道，必须对其进行必要的治理、遏制和打击。因为网络领域的安全挑战不仅仅涉及技术竞争，更为重要的是关涉到理念交锋、话语权博弈。在新时代背景下，互联网已经发展为促进国家科技进步、经济发展的重要引擎，已经成为维护国家安全的关键领地、新兴国家与守成国家博弈的新战场，更是不同意识形态进行交锋和搏斗的最前沿。

可以说，我们是否能够顶得住互联网这一全新战场和斗争前沿上的各种挑战，对于新时代中国的政治安全、文化安全等诸多问题会产生重要影响。例如：互联网领域是目前我们有效推动宣传思想工作的重要阵地；管控好、利用好互联网这一前沿领域，是我们能够在新时代背景下掌握新闻舆论主动权的关键。这个阵地我们必须去主动占领和团结，而不是被别人教唆和拉拢。在互联网安全这一重大挑战面前，习近平总书记将其视为关系到中华民族生死存亡的大问题，从而体现出强烈的忧患意识和前瞻意识。他认为，管控好互联网、利用好新媒体是我们执政能力的重要体现。在新媒体技术不断发展、互联网影响急剧增大的今天，中华优秀传统文化的传承必须重视网络意识形态安全。对此，我们在重视和发挥网络平台不可替代的价值的同时，必须线上与线下齐抓共管，让两个领域在凝神聚力的过程中共同发力，形成网上、网下同心圆的理想态势。

第二章　中华优秀传统文化的发展现状

我们必须本着实现新时代文化自信历史使命的态度，坚持用法治思维来管理和掌控虚拟世界，杜绝反动、消极、不良的思想的传播，并把社会主义核心价值观融入其中，努力打造充满正理、正气和正道的网络环境。这就对我们的互联网思维和能力提出了更高的要求。在新时代，虚拟空间也不是法外之地，中华优秀传统文化的传承与发展有赖于我们国家对互联网的管控能力，这其中的关键是导向，只有守好舆论的新阵地，才能全面对抗西方一些不良社会思想思潮的侵蚀。只有如此，我们才能传扬好中国话语、叙述好中国故事，让一个更加真实、丰富、饱满的中国形象展现在世人面前；只有如此，我们才能更好地通过网上网下同心圆来凝聚广大人民团结奋斗的精神合力；也只有如此，我们才能将互联网这一最大变量转化为实现文化自信使命的最大增量。由"最大变量"到"最大增量"的转变体现了机遇与挑战并存的道理：我们在面临互联网安全这一巨大挑战的同时，它也为我们在新时代传承中华优秀传统文化创造了千载难逢的机遇。

第三章　中华优秀传统文化与文化自信

本章共三节，主要介绍中华优秀传统文化与文化自信。第一节介绍中华优秀传统文化与文化自信的关系，第二节介绍中华优秀传统文化自信构建的理论和现实意义，第三节介绍用中华优秀传统文化培育文化自信的实现路径。

第一节　中华优秀传统文化与文化自信的关系

一、文化自信

（一）文化自信的概念

将"自信"一词拆分来看，发现"自"与"信"在我国古文中出现的频率高，而且内涵丰富。白居易《琵琶行》的"自言本是京城女，家在虾蟆陵下住"中的"自"是指自己，《礼记·中庸》中"君子之道，淡而不厌，简尔文，温而理，知远之近，知风之自，知微之显，可与入德矣"的"自"表示开始、源头，《韩非子·五蠹》中"重罚不用，而民自治"的"自"表示自然而然的意思，《论语》中"有朋自远方来，不亦乐乎？"的"自"则表示从的意思。《词源》对"自"归纳出了七种不同的用法，在不同的语境中"自"可以表达自己、开始、自然、从、因为、虽、假如等不同的含义。"信"在古文中的运用也非常多样，例如王安石的"自古驱民在信诚，一言为重百金轻"中的"信"是指诚实、遵守诺言，白居易的"低眉信手续续弹，说尽心中无限事"中的"信"是指任意、任由，《出师表》中"愿陛下亲之信之，则汉室之隆，可计日而待也"的"信"是指信任、相信，李璟的"青鸟不传云外信，丁香空结雨中愁"中的"信"则是指消息。《词源》对"信"做出了"诚实、不欺，信从、信任，的确，任意，符契，使者，消

第三章 中华优秀传统文化与文化自信

息,再宿"八种解释。从我们生活中对"自信"一词的运用来看,"自信"是自己和相信、信任的结合,它采用了"自"中自己的含义和"信"中信任的含义。《旧唐书·卢承庆传》中"朕今信卿,卿何不自信也?"的"自信"就是指自己信任自己,毛泽东化用《庄子·逍遥游》中的"鹏之徙于南冥也,水击三千里",写出了"自信人生二百年,会当击流三千里"的豪迈诗句,这里的"自信"也是指对自己高度信任的状态。

从词源可以看出,自信表示一种自己相信自己、信任自己的精神状态。作为一种精神心理现象,与自卑相对立而存在。如今心理学、哲学等领域对"自信"的研究非常活跃,车丽萍认为:"自信是一个具有复杂层次结构的心理构成物,是个体对自己的积极肯定和确认程度,是对自身能力、价值等做出客观、正向认知与评价的一种稳定性格特征。"毕重增、黄希庭认为:"自信是以客观理性为基础的主观性自我结构,它表达了个体对自我的确认,饱含肯定的情感与之相对应的行为倾向,其核心是个体对自己的判断和能力的确信、有信心。"郎佩娟认为自信是一种心理特征,"是指人充分相信并坚信自己认识的正确性和行为选择的合理性"。陈金龙认为自信"是一种积极、健康的心理状态,相信自己的力量而一往无前,不为任何困难所惧,不为任何干扰所惑,把全部精力集中到所追求的目标上"。张泽强认为自信是"对自己所做各种准备的感性评估并在自我评价上持积极态度,深信自己一定能做成某件事,实现所追求的目标,亦即自己相信自己"。上述学者虽然对"自信"的界定不同,但帮助我们从不同角度深化了对自信的认识。第一,自信的主体应该是指人自身,而不是其他对象,理解自信的含义时需要把自信和他信区分开来。第二,自信的客体应该是人的能力、价值等内容,即主体对自己的能力和价值高度肯定和认可,认为自己有能力完成某件事情。第三,自信是人们对自己的价值和能力高度肯定时呈现出来的一种精神状态,当一个人自信时,会持有"我行、我可以、我能够"等积极的肯定的心理特征,反之则会呈现"我不行、我不可以、我不能够"等消极的否定的心理特征。

综上所述,自信是指个体对自己能力和价值呈现出高度认可的积极心理状态。准确理解自信的内涵,要把握以下特点。第一,自信具有实践性,自信并非与生俱来的,而是在实践过程中不断树立和培养的,表明培育自信的过程要注意实践环节。第二,自信具有层次性,一方面自信可以是单个人对自己的自信,也可以是群体对自己的自信;另一方面自信可以是对某一个内容的自信,也可以是对全部内容的自信。表明自信的培育要重视层次性,遵循从少到多、从部分到整体的渐进式规律。第三，自信具有可变性，即人们能从不自信变成自信，也能从自信变成不自信，表明自信培育的过程必须持续不断地进行。

我们要坚持文化自信，不是实现文化和自信的简单相加，"文化自信是更基础、更广泛、更深厚的自信，是更基本、更深沉、更持久的力量"。文化自信的丢失，不利于文化在世界中的繁荣和发展。文化自信是一个国家、民族和政党对自身文化价值的充分认同，以及对自身文化生命力的坚定信念。所以中国共产党、人民群众等都是文化交流过程中的主体力量。文化自信是一个动态的发展过程，是在发展的过程中不断克服文化心态的波动，因此产生的一种积极健康的文化心态。这说明，文化自信既是文化主体对所拥有的各种形态文化的充分肯定，也是对文化在发展的过程中所具有的强大生命力和创造力的期待与实践。

从概念上讲，一个民族群体认可并积极践行民族文化的价值理念即"文化自信"。把握文化自信，需要从三个方面入手。首先，从文化自信的主体来看，由于文化本质上是处于一定社会形态中的人在实践中所创造的产物，因而文化自信的主体一定是人。那么具体指什么样的人？这里主要指包含集体和个人在内的，拥护我国团结统一、拥护我国开创伟大事业的广大人民群众。其次，从文化自信的客体来看，包括中国特色社会主义文化的所有组成部分。最后，从主客体之间的关系来看，只有通过实践，我们才能逐渐认识自身的民族文化、掌握文化发展的顺序和法则，推动客体的完善，同时主体也会在主客体互动中获得情感的体验。在当前，坚持文化自信就要将其扎根于社会主义现代化建设中。

（二）文化自信的来源

从时间维度来看，文化自信是主体对历史文化长河的展望、凝视和反思。英国哲学家维特根斯坦在《文化与价值》中写道："我也许正确地说过：早期的文化将变成一堆瓦砾，最后变成一堆灰土，但精神将萦绕着灰土。"历史变迁使人们的生活方式、风俗习惯、价值理念悄然改变，但在变动之中又能总结出许多不变的精神财富，诸如爱国主义、自强不息等思想品格。文化自信不是否定传统也不能凝固传统，而是秉承历史唯物主义和辩证唯物主义的文化观，在回望过去、聚焦现在、展望未来的基础上对中华优秀传统文化、革命文化和社会主义先进文化始终保持最初的热爱和发自内心的尊重。

首先，文化自信离不开中华优秀传统文化。优秀传统文化蕴含着巨大的精神力量，但是随着西方文化的不断冲击，道德水平出现了下滑现象，人们在社会上越来越追求功利，奉献精神渐行渐远，个人主义盛行。这些都对我国的传统文化带来了挑战，所以我们要重视中华优秀传统文化，要加大力度对其价值进行挖掘，让它"活"起来，继续在新时代贡献力量；要赋予优秀传统文化新的表达方式，让中华优秀传统文化在新时代的今天依旧独树一帜，更具光芒。

其次，文化自信离不开革命文化。在中华民族生死存亡之际革命文化兴起，革命文化成为我们党和人民群众在争取国家独立和民族解放的过程中有力的思想武器。这能够激励着人们在艰难困苦面前昂扬斗志，也鼓舞着一代又一代人始终坚持革命使命。所以在新时代的今天，文化自信的发展仍离不开革命文化，仍离不开勇于担当、敢为天下先的开拓创新精神，仍离不开甘于奉献、舍生取义的大无畏精神，仍离不开团结友爱的革命集体主义精神。这些都为文化自信的培育提供强大的精神力量，革命文化是培育文化自信的精神资源。在当今的发展过程中也要继续坚持弘扬革命精神，做一件事不能忘了我们是为了什么，又将要走向哪里，只有有了目标，并矢志不渝地坚持，才会越走越远。在百年未有之变局的新时期，我们仍离不开革命文化，离不开对革命精神的学习。

最后，文化自信离不开社会主义先进文化。文化正在不断地完善，社会主义先进文化就是中华优秀文化在当代的具体体现。社会主义先进文化是人民的文化，社会主义先进文化一直秉承着为人民服务的宗旨，以人民需要为需求，不断满足人民的精神生活需要；社会主义先进文化又是开放的文化，不断注重与其他文化的交流，我们在文化交流过程中不能盲目地排斥他国文化，而是应该积极主张文明多样性的发展。既吸收世界先进文化促进我国文化的发展，又要将我国的文化积极推向世界，让文化在不断交流过程中完善自我。社会主义先进文化就是在中西方的交流过程中扩大了文化发展的视野，不断促进了文化的繁荣，更好地满足了人们的文化需求，促进了世界文化多样性的发展。我们也将在社会主义先进文化的引领下，继续开辟新道路，创造新奇迹，为世界贡献新智慧，注入新活力。

（三）文化自信与其他"三个自信"的辩证关系

第一，道路自信是根本，决定命运和前途。一旦误入歧途，就是前功尽弃、功亏一篑。因此，中国特色社会主义道路的成功开辟和不断发展明确显示了当初我们共产党人选择的正确性，也就是我们道路自信的根本所在。它既不同于封闭僵化的老路（必须坚持和推进改革开放），也异质于改旗易帜的邪路（绝对不能依附西方国家的发展模式）。我们的道路之所以能够彰显出强大的必然性、优势性和道义性，就在于我们通过这条道路创造了成就和奇迹（实践基础），还在于

这条道路符合我们的国情和历史传统（文化渊源）。这就告诉我们，道路选择其实也是一种文化选择，因为任何一条发展道路的形成和坚守必须以某种特定的文化为前提，而中国特色社会主义道路是中华民族悠久文明传承的结果。正是基于这一现实逻辑，我们完全有理由相信，既然中华民族在以往的历史和当今社会主义现代化建设中取得了令人瞩目的成就，那么我们应该而且必须坚持这条道路不动摇。"我们走出了这样一条道路，并且取得了成功"，这是我们如今能够坚定道路自信的底气所在。鞋子是否合脚，穿上才知道；发展道路合不合适，生于斯、长于斯的人民最有发言权。

第二，理论自信，特指在我国，对当前中国特色社会主义理论体系的自信（2007年，党的十七大提出了"中国特色社会主义理论体系"这一概念），这其中，内在逻辑地包括了对之前的实践成果——毛泽东思想的自信。理论自信占据十分重要的地位，起着思想引领和行动指南的巨大作用。"主义"就如同一面旗帜，只有树立起这面旗帜，人们才会有明确的所趋所赴。因此，我们在改革开放的过程中必须充分重视理论的价值，不断提升我们的理论自信与战略定力。但是，一种理论在一个国家中的接受程度往往取决于其是否能够有效解决紧迫问题、满足现实需要。显然，我们的理论自信是有来源的：它源于经典作家基本理论的科学性与当代性，源于在马克思主义指引下我们逐步实现了"站起来""富起来"以及"强起来"的巨大飞跃。只有始终坚定对马克思主义的充分自信，中华民族才能拥有定力、立稳根基，才能行稳致远、走向复兴。这是百年党史的一条重要经验（百年党史的主题主线就是不懈奋斗史、理论探索史和自身建设史）。中国特色社会主义的成就，彰显了马克思主义的科学性；文化自信的提升、文化使命的实现，得力于我们对马克思主义的坚定理论自信与不断创新。因此，理论自信与文化自信之间存在着紧密的关联。一方面，中国哲学社会科学拥有的鲜明的特色、风格、气派是自身实力的表征，也是自信的一种有力彰显。而文化自信与理论自信提升和增强的一个共同方面就是，务必结合我国国情继续推动和实现马克思主义在21世纪的发展创新，力争在马克思主义领域逐步形成自己的学术和话语体系。另一方面，没有理论自信，文化发展就会缺乏理论根基，就会坠入盲目的"标新立异"；没有理论创新，文化自信就容易止于守成、囿于教条。因此，文化自信从根本上就内在地包含了理论自信的要求。我们党之所以能够在百年征程中历经艰难、无往不胜，其重要方面就是我们始终能够不断推进理论创新，从而坚定理论自信，进而用来正确指导社会实践。这是我们党和国家任何时候都不能放弃的。

第三章　中华优秀传统文化与文化自信

第三，制度自信（党的十八大会议上首次明确提出了"中国特色社会主义制度"这一重要概念），彰显了我们党和人民对中国特色社会主义制度的生命力、优越性的充分肯定。一种制度能否获得公信力、展现生命力，就在于它是否能够在推动经济社会发展、满足人民现实需要等方面发挥实效。只有如此，人们才会有获得感和认同感，这种制度才会有强大的向心力与凝聚力。任何一种社会制度的孕育、建立甚至博弈，都有某种文化作为其强大的依托，都体现着一定的理想追求和价值目标。正是某种文化追求和价值观念决定了这种制度的底色与性质。从这个角度来看，制度就是一个社会的核心价值观（其决定了文化的性质和发展方向）的鲜明体现与具体样态。一旦其中的价值观的支撑和滋养缺位，制度的建立和发挥就成为无本之木，当然也就无从谈起实现国家治理体系和治理能力现代化这一改革总目标。毋庸置疑，既然中国特色社会主义源于我们的历史积淀、文化传统，那么我们的制度的建立和完善就必须遵循"内生演化"的逻辑，而不能脱离文化实际去幻想所谓的"飞来峰"。

第四，文化自信是其他"三个自信"的题中之义。马克思主义与中国化马克思主义理论体系，作为中国共产党的思想与智慧源泉，带领中国广大人民群众走上了社会主义的康庄大道，制定了各项制度和法律规章。一以贯之地贯穿与体现在道路、理论、制度之中的是马克思主义和中国化马克思主义的立场、观点、方法以及核心价值观与社会理想。而这些因素正是社会主义文化的内核与精髓所在。所以对道路、理论和制度的自信，本身就是文化自信，或者说，文化自信始终渗透和贯穿于其他三个自信之中。其一，道路自信是党和人民对选择社会主义作为国家根本发展路径的自信。中国人民在考虑社会实际的基础上选择了马克思主义与中国共产党，选择了马克思主义的科学与革命体系，选择了新民主主义革命、社会主义革命和建设的道路。因为马克思主义理论是文化的主导性意识形态，所以，这个选择，相对于文化来讲，也就是历史和人民选择了马克思主义文化观，选择了建立在这一文化观基础上的文化道路。中国社会在建设进程中所取得的巨大成功，就是中国道路的巨大成功，就是中国人民道路自信的底气所在。文化自信当然也是道路自信的题中之义。其二，马克思主义理论体系和中国化马克思主义理论体系本身就是文化的重要组成部分，是内核，是精髓。习近平总书记指出，文化的核心职能是"养人心志、育人情操"，即马克思主义理论重在培养人们为社会主义、共产主义奋斗之志，用马克思主义的理论品格培养人们为社会奉献的高尚情操。所以，理论化、科学化的马克思主义与中国化马克思主义理论体系本身就是典型的哲学社会科学文化形式。其三，由马克思主义指导建立的

中国特色社会主义制度体系和法律体系，当然体现和贯穿着马克思主义理论的思想理念、道德追求、理想信念等文化精髓。优良的制度产生于相应的观念，制度的有效落实则更需要观念的推动。因此，贯穿于制度体系的内在文化力量，才是社会主义制度优势能够彰显、社会主义社会不断前进的根源。例如人民代表大会制度就体现了"人民群众是历史的创造者"的唯物史观哲学原理和"人人平等"的道德诉求以及"自由人的联合体"的社会理想，这些理念正是社会主义文化所内蕴的核心理念与原则。进而可以说，这些制度在一定程度上向我们展示了社会主义制度自身的优越性。我们在坚定对这一制度信心的基础上，采用先进的理念和思想不断完善这一制度，才能保证社会主义事业各种体制机制的成功运行。

总而言之，正如《中国共产党章程》中指出的，我们之所以能够在改革开放以来取得历史性进步、获得历史性成就，根本原因就在于我们始终坚持和发展"四个自信"共存共生的中国特色社会主义。中国特色社会主义是百年以来我们党领导人民长期探索、接力奋斗所取得的根本成就。在中国特色社会主义这一体系当中，道路是载体与旗帜，理论是领航与指南，制度是依托与保障，文化是基础与支撑。我们将成功的道路经验凝结为理论，进而用科学的理论指引道路；将前进道路上的有效方针上升为我们的制度；将蕴含在道路、理论和制度中的理想信念、价值追求凝集为文化。因此，道路自信、理论自信、制度自信和文化自信这四者相互依存、彼此印证，统一于中国特色社会主义伟大实践。

二、中华优秀传统文化与文化自信的内在关联

中国敢说文化自信，究其根本原因就是我们拥有悠久的文化底蕴，我们传承了长久以来的优秀文化。文化的延续、文化的健康成长，都得益于我们对文化有着满满的信心。

（一）文化自信是传承发展中华优秀传统文化的航标

鸦片战争以来，如何对待传统文化的问题始终困扰着中国人，也有部分国人认为我国的古代文化是迂腐的、迷信的，是不值得传承下去的，从而走向历史虚无。另一些人则坚持文化复古，甚至企图用儒学取代马克思主义，提出以儒治国。无论是虚无还是复古，无疑都是不可取的。文化自信理念的提出，不仅回答了要不要传承中华传统文化的问题，同时也回答了传承什么样的传统文化的问题，它是大海上的航标，为迷失的巨轮指引了方向。

在要不要传承中华传统文化的问题上，文化自信的提出有利于化解"传统"

第三章　中华优秀传统文化与文化自信

与"现代"的紧张，召唤中华传统文化在当代的回归。回顾我们民族文化的生长脉络，经历了自信、自卑再到如今重新建立起自信态度的过程。明中期以前，中国是经济大国同时也是文化大国，史书典籍、绘画艺术、诗词歌赋，不仅在中国文化史上写下了动人的诗篇，同时也在东亚文化圈乃至全球文化发展史上绘上了美妙绝伦的画作。可以说，在近代以前，中华民族对于自身文化是怀有足够的信念的。但是，自鸦片战争中国遭到西方列强的入侵后，西方文化的繁荣发展无疑给了当时人们以巨大打击，处于生死存亡中的人们开始怀疑自身的文化理念，并对其感到自卑，尤其是在"五四"新文化运动前后表现得愈加强烈。"五四"新文化运动作为一场社会启蒙运动，其拥抱"新"文化、批判"旧"文化的理念对于解放思想的积极意义必然无可厚非。但在"五四"时期一些文化激进主义者所提出的以"打倒孔家店"为中心的"全盘反传统"的论断是将"传统"与"现代"对立起来，这完全否定了传统文化具有现代转化的能力，对于传统文化产生了巨大的伤害。虽然，今天中国已经不同往日，经济实力大幅跃升，但在文化方面，历史遗留的文化自卑心态仍然存在，阻碍了中华传统文化的内在价值在当代的发挥。而文化自信命题的提出恰恰是对中华传统文化价值的肯定与确信，是对"传统－现代"二分的超越，有利于让中华传统文化重回当代社会价值体系，为当代社会的发展提供源源不断的方法与智慧，让人们都能在遵循规则的前提下实现和平相处。

在传承什么样的传统文化的问题上，文化自信有助于正确看待我国古代思想文化的两面性，传承发展其中的优秀部分。文化自信要求对民族文化有科学的认知，自然而然地包含着对传统文化的理性判断、辩证取舍。一种思想受其产生环境的影响，必然存在一些缺陷。我国古代思想文化也是如此，它经过上千年的生长发育，盘根错节、错综复杂，必然是精华与糟粕并存。其中，既有类似于关怀劳苦大众、尊敬父母老人、诚信待人做事等优秀的思想理念，但也存在安土重迁、封建迷信等传统陋习。传承中华传统文化对于民族发展来说本是一件好事，但在此过程中还是有一部分人没有认识到中华传统文化的两面性，把提倡封建迷信、陈规陋习当作传承中华传统文化，这不利于民众科学认识中华传统文化。只有树立文化自信的意识，才有利于理性、全面地看待我们的历史文化遗产，保留合理之处，摒弃不合时宜的地方。

（二）中华优秀传统文化是文化自信的"根"与"魂"

五千多年悠久历史为中华民族留下了宝贵的财富，浩繁的典籍、婉转的戏

曲、恢宏的建筑、奥妙的医学、巧妙的科技、多样的民俗都是几千年历史财富中的惊鸿一瞥，其中最能反映中华儿女精神面貌和气质品格的当属中华优秀传统文化中的精神文化，它是中华民族在世界舞台上脱颖而出的文化密码。习近平强调："中华优秀传统文化是中华民族的精神命脉，是涵养社会主义核心价值观的重要源泉，也是我们在世界文化激荡中站稳脚跟的坚实根基。"中华优秀传统文化是文化自信的重要源头，对革命文化和社会主义先进文化产生重要影响，理应作为文化自信培育的基础内容。

第一，中华优秀传统文化是中华民族的"根"与"魂"，它不仅承载着先辈的智慧，更是滋养当代中国人精神世界、提振当代中国人精神力量的不竭动力。诞生于农耕文明的中华优秀传统文化具有悠久的历史，虽然它诞生的时代背景与社会主义新时代具有千差万别，但它对人们生活方式、思维习惯、价值追求等方面具有深刻的影响，蕴藏着解决人类面临的难题的重要启示，焕发出超越时空的思想魅力。为此，习近平总书记强调："优秀传统文化是一个国家、一个民族传承和发展的根本，如果丢掉了，就割断了精神命脉。"作为文化自信培育的基础内容，中华优秀传统文化自信培育旨在培育对象把握好中华优秀传统文化的源与流，并在此基础上逐渐提高对中华优秀传统文化的知识认同、情感认同、价值认同和行为认同，自觉将中华民族热爱劳动、勤劳勇敢、艰苦奋斗、崇德向善、尊师重教等优良品质发扬光大。继承和弘扬中华优秀传统文化必须使其与当代文化相适应、与现代社会相协调，并与社会主义核心价值观有机结合起来。

第二，中华优秀传统文化是中国特色社会主义植根的沃土，是中国特色社会主义道路、理论、制度和文化确立的依据，具有涵养社会主义核心价值观的重要作用。中华优秀传统文化是一个庞大的文化体系，它蕴含着"仁爱""尚和""大同"等处世哲学，承载着"先天下之忧而忧，后天下之乐而乐"的爱国情怀，彰显着"以和为贵，和而不同"的相处之道，传达着"吾将上下而求索"的求索精神，流露着"富贵不能淫，贫贱不能移，威武不能屈"的浩然正气。此外，"己所不欲，勿施于人"的道德规范，"言必信，行必果"的行为规范，"吾日三省吾身"的修养方法都是其重要构成。从中华优秀传统文化与中国特色社会主义的关系来看，"独特的文化传统，独特的历史命运，独特的基本国情，注定了我们必然要走适合自己特点的发展道路"，中国特色社会主义道路、理论、制度和文化都是在中华优秀传统文化的根脉上做出的选择。

第三，中华优秀传统文化是世界文化史上的耀眼成果，它不仅是世界读懂中国的重要窗口，更为人类和平与发展提供了重要指引。中华优秀传统文化源远流长、博大精深，对世界的文化发展产生过深远影响，可以说，古老的中国在很长一段时间里是人类文明的中心之一。著名学者李约瑟认为："在中古世纪中国人在科学和技术方面已经取得不少成就，而上古时代中国的哲学可以和希腊哲学并驾齐驱。在三四百年以前，中国的文化和生活水平也许远远地超过西欧；只是由于现代科学的兴起以及随之而来的一切影响，才改变了这种局面。"这足以证明中华优秀传统文化在世界历史的重要影响，只是到近代才逐渐式微。当前，我国已经开启了从大国走向强国的历史阶段，依然面临许多质疑与挑战。曾提出"北京共识"的美国学者乔舒亚·库珀·雷默在《中国形象：外国学者眼里的中国》一书中尖锐地指出："国家形象问题是中国当前最棘手的战略难题……在某种意义上将决定中国改革发展的前途和命运。"在新冠肺炎疫情全球肆虐时，一些西方政客利用新冠肺炎疫情不遗余力地诋毁中国国家形象，为中华民族复兴之路带来了许多挑战，似乎佐证了该观点。因此，面对"中国威胁论"等不实论调，必须高度重视中华优秀传统文化自信培育，将中华优秀传统文化所蕴含的"仁爱""大同""尚和"思想传递出去，为世界的和平与发展贡献一份力量。

第二节 中华优秀传统文化自信构建的理论和现实意义

中国共产党由无到有，党员数量由少到多，历经了百年沧桑。回顾中国共产党奋斗史，始终不断以新思维引领新文化，又以充分的文化自信唤起民族觉醒。为了更好地坚持独具中国特色的文化自信，习近平总书记提出的文化自信思想以马克思主义为直接指导，更是对建党百年以来我党的各时代领导人关于文化方面思想的继承和发展。

一、中华优秀传统文化自信构建的理论意义

（一）丰富和发展了马克思主义文化理论

习近平总书记强调："时代变化和我国发展的广度和深度远远超出了马克思主义经典作家当时的想象。同时，我国社会主义只有几十年实践、还处在初级阶段，事业越发展新情况新问题就越多，也就越需要我们在实践上大胆探索、在理论上不断突破。"习近平文化自信思想是对马克思主义的继续沿用，也是对马克思主义信仰的再次坚定。马克思主义是党的立命之本，"马克思主义中国化"的

理论最早是由毛泽东提出的。在此之后，中国共产党人便将马克思主义的普遍理论与中国的自身情况进行科学判定又不断改革，在理论与现实的无数次碰撞中逐渐建构了中国特色社会主义体系。每一代马克思主义的实践者都应当为马克思主义注入时代血液，使马克思主义不断丰富，习近平文化自信思想就此应时而生，这是马克思主义与中国实际珠联璧合而产生的又一极具中国特色的正确理论成果。

在全世界范围内，中国是对马克思主义思想最为推崇的国家之一，与其他社会主义国家相比，地大物博且幅员辽阔是中国区别于他国的最本质特征。建党至今我们始终奉行走马克思主义道路，时至今日一如既往从未发生丝毫改变，可以直言不讳地说，我们是马克思主义最忠实的守护者。建党百年来，中国领域的人文变化在物换星移中可谓翻天覆地，我国若想在新时代的文化建设领域取得更大的成就，那么坚持马克思主义理论是必由之路。习近平文化自信思想就是在中国化的马克思主义中孕育出来的，中国化的马克思主义又是由中国历史文化创造性地转化而来的，习近平总书记提出的文化自信可以让我们在这纷繁复杂的花花世界里以辩证的态度赢得文化建设的丰硕果实。自文化自信正式亮相，全党对文化自信指导文化建设坚定了信心，并在马克思主义的理论指导下思索中国文化建设的方向问题，促进马克思主义文化理论在中国现今社会的新发展，使得马克思主义在文化方向上更加深入、更加接地气。马克思主义文化理论思想具有科学性和人民性，只有群众支持的理论思想才是基础稳固的科学思想，坚定习近平文化自信思想可以带动全国人民真正体会社会主义中国的道路是从实践到理论逐渐摸索的，是由科学的理论体系进化而来的，是一条切实可行的康庄大道。习近平文化自信思想是马克思主义最切合中国实际的文化论断，该思想随着实践的发展而创新，并开拓了新时代中国文化发展的新道路，使得人民大众有底气去建设社会主义文化，在更广泛的空间发展社会主义新文化，显示了新时代中国共产党人的最新智慧成果，为我国建设社会主义文化强国提供了切实、有效、可行的理论依据，更丰富了马克思主义文化理论。

（二）为马克思主义中国化提供精神支撑

马克思主义的优势得以发挥是建立在和中国的具体情况结合的基础上的，马克思主义和我国的传统文化有效结合是文化发展的需求，也是实现中国梦的本质要求，并且是历史发展的必然。促进中国特色社会主义文化新发展，马克思主义在这个过程中发挥了关键作用，推动了传统文化的创造性发展，使传统文化在新时代焕发生机。马克思主义在中国能取得突破性发展，其中最重要的原因是马克思主义同中国实际的深刻结合，也包括同中华优秀传统文化的深刻结合。其一，马克思主义进入中国，能够在吸收中华优秀传统文化的过程中进行创新，为中华优秀传统文化注入新元素，激活优秀基因；其二，中华优秀传统文化涵盖了较为朴素的唯物主义辩证法思想等，为马克思主义的发展提供文化基础，也是中国特色社会主义发展的文化底蕴。历史和现实均表明，我国要继续坚持马克思主义的指导并且要创新发展，促进中华优秀传统文化的发展取得良好成效。

马克思主义作为文化自信的理论根据，不论处于何时何地，均必须保持其指导地位。一旦背离马克思主义，我党就必然会失去精神支柱。中华优秀传统文化是社会主义中国化的重要文化载体，为马克思主义中国化的发展提供精神支撑，例如根据中华优秀传统文化的包容精神可知，明确提出"和而不同"意味着必须主动接纳外来思想和事物，并允许其存在和发展，接受各种文化价值观，允许各种文明的碰撞交流，并且在包容的前提下形成和谐统一。包容精神也是马克思主义科学理论的核心内容，有非常多的理论来源，并且涵盖了各种知识体系，关系到事物的发展及人类活动。此外，要确保理论的先进性，马克思主义就要积极主动地吸收各种文明的成果，促进社会主义文化有序发展。

（三）拓展了中国特色社会主义文化理论

党的第十七大首次提出了文化强国的目标，在新时代我党更给予文化建设前所未有的重视，并明确提出了坚持四个自信的原则，在党的十九大中将"文化自信"与道路自信、理论自信、制度自信一道写入党章，这是党对文化自信的最高礼遇。

在党的十九大报告中，习近平总书记高屋建瓴地指出了中国特色社会主义文化建设的指导思想、坚守的立场、服务的对象以及发展的方法。不仅提出了社会主义文化发展的新理念和新内容，同时也进一步丰富了和发展了中国共产党人的文化思想，夯实了中国特色社会主义文化理论。习近平新时代中国特色社会主义文化主要具有三个特征：一是继续沿用先前的社会主义文化政治立场——坚持马克思主义为理论指导，二是明确了文化导向——社会主义核心价值观，三是强调了实现中华民族伟大复兴的方法——文化建设。这三个特征有着深远的政治含义，文化与政治相融汇，文化与人民相协调，文化与政治互为发展。这就要求中国特色社会主义具有强大的文化基础，文化自信作为文化建设的精神指引在这期间将起到重大的作用。

我们一方面要满足人民对美好生活的需要，另一方面我们要大踏步向着文化强国行列迈进。迈进文化强国的行列需要文化内容的广博，这体现在需要有牢固的理论基础。首先，文化自信本身就是站在无数马克思主义的经典著作上的，而经过多年与中国实际的结合又有了许多"人化"的调整，所以文化自信的提出首先就源于前人的文化基础。其次，文化自信是中国共产党人在经过岁月的蹉跎后，在无数次文化建设的实践与调整中获得的最新文化指引，这种指引植根于实践又饱含对未来的憧憬。文化自信的指引是新时代中国特色社会主义文化建设的重大理论基础，夯实了中国特色社会主义文化理论。

二、中华优秀传统文化自信构建的现实意义

（一）有助于抵御非马克思主义文化思潮侵袭

改革开放以来，中国综合国力进一步增强，国际地位进一步提高，中国逐步成为世界强国。当前，中国正在不断努力全面建设小康社会。我们坚持，中国文化的自信离不开马克思主义。只有坚持发展马克思主义，才能保持文化的本质，永远保持其生命力。马克思主义是国家的灵魂，是党的建设的基础，是中国特色社会主义事业重生的引擎。只有坚持马克思主义的基本信念，我们才能对自己充满信心，在更新的道路上继续前行。不了解马克思主义的基本原理，就不可能了解具有中国文化特色的社会主义理论知识体系。习近平总书记强调：在我们的工作中，要高度重视和纠正马克思主义边缘化现象，坚定理论文化信念。我们党的斗争必须以马克思主义理论为基础，动摇了马克思主义的领导地位，也将破坏马克思主义生存的最根本的理论基石。要加强马克思主义发展理论基础教育，引导全社会特别是党员学习和真正运用马克思主义，凝聚民族思想感情、凝聚民族力量。今天，中国继承了五千多年的中华优秀传统文化。从历史的角度看，中国特色社会主义的发展对于抵抗西方资本主义国家具有重要意义。全国各族人民要不断探索弘扬优秀传统文化，用优秀传统文化培育文化自信。马克思主义理论是新时代中国文化建设的思想，习近平总书记对马克思主义理论的精髓进行了深刻解读，确立了马克思主义文化自信理论，并有效地加以识别。

（二）有助于提升中华文化软实力

文化理论的自信是一种创造性的精神力量。首先，中华民族文化旅游产业遍及全球，凝聚了中华民族的智慧。近年来，许多中国影视作品在国外放映，许多

第三章　中华优秀传统文化与文化自信

优秀作品吸引了众多外国朋友。这些产品具有中华民族文化发展的元素，能体现中国人民的智慧。它们主要体现了中国经济和文化对国际市场的信心。

其次，中国文化已经得到西方朋友的认可，所以有必要推广中国文化。在中国，人们开始意识到在生活中弘扬中华优秀传统文化的重要性，这普遍体现在建筑设计风格、生活学习习惯、文化娱乐、服装设计等方面。随着经济建设和社会主义教育的联网，国际学生在中国随处可见。中国的孔子学院也作为"一带一路"倡议的一部分出现在西方国家和地区。

再次，中国文化旅游产业的快速发展极大地促进了产业结构的转型和现代化。素质文化教育研究领域从传统的社会主义经济信息化管理模式向创新型经济模式和服务型经济体系转变，取得了显著成效。中国文化在国外的竞争力稳步提升，文化产品在国际舞台上的影响力明显增强。长期以来，文化软实力与中华民族的发展与独立自主的和平外交政策息息相关。近年来，文化软实力全面、多层次、立体推进中国特色文化强国外交，为我国社会主义文化营造了良好的外部市场环境。提升文化软实力对塑造中国形象、发展对外经济文化交流、增强国际话语权具有积极作用。今天，中国的"一带一路"倡议呼吁人们将民族文化与世界其他地区联系起来，与其他国家合作，架起人类文化与命运的桥梁，推动世界和人类的发展。在经济全球化背景下，文化呈现多元化趋势。新兴和发展中国家的快速增长将日益改变国际力量对比，中国将把文化理论应用到国际贸易实践中，中华民族必须提高国际实力，话语权进一步增强了文化软实力。我国文化旅游产业对国际市场具有非常重要的影响，为世界和平与发展做出了新的重要贡献。艺术工作者要让国外加深对中国文化的了解，增加对中华传统文化的欣赏。中国客观公正地承认中国在西方社会的国家形象，为了艺术创作的蓬勃发展，我们将中国整体的国家形象进行了调节，将汉字恰当地植入了强大的媒体中。中国电影的形象改变了过去西方人对中国的虚幻和客观印象。比如，《战狼2》创造了国产电影的票房奇迹，16天票房突破40亿元。这部电影传达了爱国主义情感，呼吁和平的理念赢得了观众的心。这部电影的成功体现了我国文化软实力的提升，并且以一种微妙的方式得到了西方人的认可。

（三）有助于中华儿女树立文化自信

中华人民共和国成立70多年来，中国共产党带领中国人民艰苦奋斗，稳步崛起。我们要充分发挥文学艺术的潜移默化作用，强调社会主义核心价值观和具有世界意义的中华文化精神，展示体现中国的发展进步和美好生活的文化成果，

进一步增强中华文化的影响力。对于中华民族来说，文化自信的基因源自中华优秀传统文化。习近平总书记强调，文化是一个民族的精神家园，树立文化自信直接关系到国力建设。实现中国梦，既要大力加强文化建设，又要提高中国特色社会主义文化意识，对美丽的传统文化充满信心。在五千多年的历史发展中，大多数爱国者充分展现和传播了爱国主义和民族精神。必须说，中华民族之所以能取得今天的辉煌成就，是因为对民族文化精神的坚定信心。在如今国际经济形势瞬息万变的背景下，要振兴中华，不仅需要保持优秀的民族传统文化精神，更重要的是对民族文化要有信心。中华文明延续了五千多年，代代相传，今天依然在世界文化之林中熠熠生辉。例如，《流浪地球》是中国第一部真正意义上的硬科幻电影，值得中国人骄傲，但中国人真正需要记住的是它背后的文化自信。首先，弘扬民族感情，弘扬中国价值观。漫游地球工程展现了中国古代不屈不挠的精神。摆脱了逃离地球的思想，继承了愚公移山、精卫填海等传统文化精神来保卫自己的家园。其次，宣传人类命运共同体思想，反映了一个大国的责任。人类建立了以中国为代表的全人类联合政府，抵制灾害，宣传人类未来共同体的社会理念，极大地提高了国人的自信和爱国的热情。这部电影进一步促进了中国文化的发展。

（四）为世界文化的良好发展提供中国方案

在对外开放深入及民族伟大复兴的推动过程中，我国也不断地在世界舞台上占有一席之地，并且在处理国际事务中发挥了关键作用。中华民族在历史上都以文明著称，并且能够在世界文化碰撞中占有一席之地，这依赖的并非经济、军事力量，关键是有优秀的传统文化，并且以优秀的传统文化立国兴邦，这是中华民族能够长远发展的关键。现阶段，中华优秀传统文化对于民族复兴、国际秩序的约束、世界和平和人类命运共同体的发展都具有十分重要的意义。一直以来，中华民族传统文化强调讲仁义、守诚信、求大同，在文化创新中贯彻落实人类命运共同体的观念，坚持"一带一路"倡议的实施，开发和宣传现下我国的文化名片，提高我国在国际舞台上的话语权。文明的中国向世界展现的并非霸权主义，而是"和谐世界""和平发展""合作共赢"的逻辑和生动实践。在世界抗击新冠肺炎疫情的2020年，中国为世界其他国家提供了物质和人力上的资助，以盼世界更早地迎来新的和平安定的发展。中国是世界上最大的发展中国家，拥有14亿多国民，社会主义现代化规划的完成能够推动世界历史整体进步与繁荣。另外，对于坚持和谐世界理念，弘扬国际关系中的民主、和睦、协作、共赢精神，构建人类命运共同体有着十分重要的价值。

国家之间文化差异的形成是由多方面的因素造成的。因为国家之间没有长期的交流和融合，一些国家处于孤立状态，在这种情况下，需要不断地融合和交流来缩小民族文化之间的差距，促进文化繁荣和文明的发展。各国之间的文明交流不仅要满足本国经济发展的实际需要，更要注重合作，取长补短。每个国家都必须对文化发展及其文化个性保持长期的自信态度。信仰对人类非常重要，对社会文化的发展非常重要。在文化领域，我们也必须认识到社会文化的差异。只有认识到我们与其他国家之间的差异，我们才能找到解决这些问题的方法。当今世界正在发生什么？我们国家应该怎么做？对于这个问题的解决，习近平总书记提出了中国方案：采取措施，构建人类共同发展的未来共同体，实现互利共赢的合作。我们可以与世界各国人民合作，共同解决人类历史和文化产业发展的问题。总之，文化自信是一种精神力量。增强文化自信，要继承中华传统文化的优秀基因，发扬红色革命精神，培育和践行社会主义核心价值观。

第三节 用中华优秀传统文化培育文化自信的实现路径

一、中华优秀传统文化自信培育的具体要素

中华优秀传统文化作为中华民族几千年来沉淀的文化财富，它已经演化为中华民族的文化基因，深刻影响着中华儿女的思想和行为。古老的精神文明财富不仅是辉煌历史的宝贵结晶，更应该成为新时代的精神食粮，为此，习近平总书记指出："要系统梳理传统文化资源，让收藏在禁宫里的文物、陈列在广阔大地上的遗产、书写在古籍里的文字都活起来。"总体来看，中华优秀传统文化自信培育由以下具体要素构成。

第一，热爱劳动、尊重劳动成果是中华民族的优良传统，中华优秀传统文化自信培育要将中华民族热爱劳动、勤劳勇敢、艰苦奋斗等精神发扬光大，为新时代劳动教育提供借鉴。中华民族是勤劳的民族，白居易在《观刈麦》中写到"田家少闲月，五月人倍忙。夜来南风起，小麦覆陇黄"，将农忙时节描绘得十分生动。中国古人不仅通过诗歌表达对劳动的尊重、推崇，更自觉将劳动精神作为认识世界、改造世界的精神动力。在古代社会，面对恶劣的自然条件，中国古人不仅没有退缩，反而用辛苦劳作不断改善生存环境，愚公移山、精卫填海等神话故事都是对中国古人勤劳勇敢、艰苦奋斗、自强不息精神的诠释。然而，中华优秀

传统文化中爱劳动、肯吃苦的奋斗精神在新时代没有被很好地发扬光大。近年来一些青少年中出现了不珍惜劳动成果、不想劳动、不会劳动的现象，劳动的独特育人价值在一定程度上被忽视，劳动教育正被淡化、弱化。这种状况不仅影响立德树人根本任务的实现，而且与新时代对培养担当民族复兴大任的时代新人的要求不相适应。因此，中华优秀传统文化自信培育要在全社会高度重视勤劳勇敢、艰苦奋斗、自强不息等精神，使劳动最光荣成为一种良好的社会风气。

第二，古老的中国产生了孔子、孟子、老子等闻名遐迩的思想家，这些先贤创立的学说对中华民族产生了深远影响。中华优秀传统文化自信培育既要增强人们对古代先贤的认识，又要让人们领略这些古老哲学思想的魅力，使仁爱精神、尚和精神等古老文化焕发时代光彩。在古代，中国先后出现了儒家、道家、法家、墨家、经学、理学等学术派别，这些学术流派对人们的思想和行为产生了深刻影响。其中儒家学派崇尚仁礼，注重对人们道德修养的塑造；以老子和庄子为代表的道家学派崇尚清静无为，其典型观点是"天人合一"和"无为而治"；以韩非子为代表的法家学派崇尚法制，主张"以法为教"，极力推行社会改革，要求实施严格的法律制度；以墨子为代表的墨家学派，其主要观点是"兼爱""非攻"，提倡人们相互友爱；以董仲舒为代表的两汉经学吸收了儒家思想，从"天人感应"出发提出三纲五常等社会规范。除上述学派外，还有阴阳家、纵横家等派别也颇有建树，其中一些观点值得我们深入挖掘。中华优秀传统文化自信培育就是要讲清楚这些古老文化的精华，使之为新时代中国特色社会主义建设服务。

第三，丰富的道德思想像夜空中闪耀的星，规范着人们的思想和行为，中华优秀传统文化自信培育要在全社会弘扬这些优良的传统美德，使崇德向善成为社会追求。中国古人推崇仁义礼智信，讲究礼义廉耻，并将忠、孝、节、义作为为人处世的行为准则，提出了"自省""慎独"等具体的修身养性方法。同时，义利关系是中国古人高度重视并有所建树的问题领域，在义与利发生冲突时，我国古人强调"不义而富且贵，于我如浮云"，做出了重义轻利的行为选择。在人际交往中崇尚君子之交淡如水，认为"以势交者，势倾则绝；以利交者，利穷则散。故君子不与也"。中国古人对自身所设置的道德标准非常高，对内按照君子人格塑造，对外按照仁者形象塑造。这些道德修养准则对新时代公民道德建设具有非常重要的意义。

第四，中华民族是富有智慧的民族，在世界科技文化史上留下许多光辉灿烂的科技成果，我们不仅要增强全社会对古代科技成果的了解，还要使中华民族的创新精神弘扬开来。除了举世闻名的四大发明，我国古人在建筑、水利、天文、数学、医学等领域也贡献卓著，都江堰、勾股定理、《神农本草经》、二十四节气都是很好的例证。中华民族能够创造出如此灿烂的科技成果，主要源自两大精神动因：一是中华民族富有创新意识，推崇"苟日新，日日新，又日新"的精神，使中国古人能用动态的眼光看待社会的发展变迁，尤其是当生存与发展面临困境时，中华儿女便会积极思索寻找新的发展出路；二是中华民族富有奋斗精神，是勤劳勇敢的民族，也正是在这种精神的激励下才能不断探索自然规律，创造出丰富的科技成果。在几千年历史中形成的科技成果是中华民族优秀科技思想的智慧结晶，充分展现了中华民族敢于创造、勇于创新的科技思想。

二、中华优秀传统文化培育文化自信的路径

（一）走进生活，接受实践检验

任何价值理念必须通过社会实践才能转化为真正的价值力量。传统文化的创新性发展决不能停留在观念层面的阐释和演绎，而必须通过社会实践将这种价值理念转变为当代社会的精神要素，通过核心价值观的价值引领，将这种精神要素转化为能够在社会现实中发挥作用的精神力量，并且在现实实践中接受检验和磨合，从而不断循环往进以至无穷。作为一种"力量"意味着某种精神文化通过现实的人，在现实的社会生活中实实在在地发挥作用，影响着社会实践的发展，而不是停留在理论上的逻辑论证。正是在这个意义上，这种精神力量不能脱离现实的人和物质载体而单独存在。如在新冠肺炎疫情防控过程中，中华民族平时隐而不显的顾全大局的民族精神就凝聚成了一股强大而可贵的现实力量。

有学者从文化哲学的角度指出，当代中国需要走向深层次的文化启蒙，从而"触及传统文化的根基和寓所——传统日常生活世界"。马克思主义的实践性品格天然地要求当代中国的文化传承创新必须在日常生活批判的过程中走进社会生活、接受实践检验。也就是说，中华优秀传统文化当中的价值理念、传统美德、生活智慧、精神气度和气质神韵，只有融入现代中国人的日常生产生活之中，并且成为当代中国人生存方式的有机构成部分，才有可能在与现代社会的适应和协调的过程中重新发酵与成熟。这是激活中华传统文化生命力，使其顺利转化为中华文化传统，从而实现真正传承的根本路径。

事实胜于雄辩，实践最有权威。文化自信，必须坚持以人民为中心，从"落细落小落实"上下功夫。人民群众既是历史创造的主体，同时又是历史成果的获

得者，中国共产党带领人民群众进行社会主义伟大建设，既是为了人民，也要依靠人民。增强人民文化自信，才能形成磅礴的中国力量。在实践中培育文化自信，就是要坚持"以人民为中心"，引导人们在自己的生产生活实践中不断增强文化自信。只有大力推动社会主义经济建设，在满足人民日益增长的物质生活需要的同时，为其他各项社会主义事业创造雄厚的物质基础，才能有助于各项社会主义事业抓住时代机遇，获得长足发展。这样才能切实增强人民对国家、对民族的认同与热爱，增强人民的文化自信、文化定力。这就要求在党的领导下，加快推进国家治理体系和治理能力现代化，不断增强国家综合实力；这就要求各层次、各领域、各行业、各部门都要守好阵地，做好本职工作，并在党的领导下，通力合作、密切协同、深化改革、奋力开拓，不断把社会主义事业全方位推上新高度，不断开拓新境界；这就要求全体社会成员从我做起、从现在做起，践行理想信念、践行社会主义核心价值观，在生产生活实践中展现文化自信和价值观自信。唯其如此，才能积累起雄厚的物质财富的资本，为精神财富的创造积累、为文化自信筑起牢固的"地基"。

（二）走入人心，重塑精神家园

文化存在具有多样性和立体性的特征，存在"表层型文化"和"深层型文化"之区分：前者是指那些鲜明的、可以通过物质载体而呈现的文化，后者是指那些虽积淀于人的心理结构、潜藏于人的观念世界，但对人产生重要影响和约束且难以被人自觉把握的文化。正是试图通过对"深层型文化"的解释而阐明中国文化的独特性这一目的，李泽厚提出了基于"文化—心理结构"的"积淀论"。比如他将中国儒家文化理解为一套已经渗透和融入中国人的思想观念、行为习惯、社会风俗、精神信仰、思维方式、情感状态之中的文化思想体系。儒家文化已经"自觉或不自觉地成为人们处理各种事务、关系和生活的指导原则和基本方针，亦即构成了这个民族的某种共同的心理状态和性格特征。值得重视的是，它由思想理论已沉淀和转化为一种历史的文化—心理结构"。基于这一认识框架，李泽厚认为道德伦理的传承既不是任何具体内容的传承，更不是道德名词或伦理概念的传承，而是人类文化心理结构的传承。这一思想对于我们通过"走入人心"推动传统文化创新性发展颇具启发性。

问题的关键在于如何"走入人心"。比如在古代，普通的老百姓可能看不懂四书五经百家经典，但是经典中的核心内容通过格言、谚语以及道德规范、风俗习惯等方式融入了老百姓的日常生活之中，成为约定俗成、习以为常、不需要加

第三章 中华优秀传统文化与文化自信

以强调的、潜意识的行为，任何违背这些道德的行为都会受到社会舆论的指责和自身良心的谴责。最终逐渐化入了民族的血脉之中，并凝结为一种民族精神。在当代中国，通过"走入人心"推动传统文化创新性发展可以从以下几个方面着手：一是通过理想信念建设。理想信念属于"深层型文化"的核心和灵魂，是指导人们进行文化选择和价值判断的深层依据，是决定人们思想和行为的精神支柱。同时，理想信念承载着中华文化的精华，蕴含着文化中最为深层次的内容，凝结着最为深刻的精神传统与价值追求。经过创造性转化的传统文化资源，必然在当代中国人的理想塑造和信念培育的过程之中彰显其时代性特征，为传统文化的创新发展提供动力。比如中华传统文化中"大同"世界的理想追求，在当代中国人民追求全面建成小康社会的承诺中、追求"中国梦"的理想中、推进"共享发展"的实践中、打造人类命运共同体的倡导中，不断被赋予新的时代内涵，从而融入当代中国人的精神世界之中。二是通过价值理念培育。价值观自信是文化自信的砥柱与硬核。习近平总书记指出，核心价值观承载着一个民族、一个国家的精神追求，是最持久、最深层的力量。社会主义核心价值观是当代中国价值观念的高度概括和精练表达，必须在继续凝练社会主义核心价值观的过程中重新检视中华传统文化。破解当代中国人面临的精神困境和价值观迷茫，迫切需要重建与中国特色社会主义现代化建设相拱卫、与当代中国人的精神需求相适应、与中国五年多年的传统文化相承续的价值体系。社会主义核心价值体系只有与中华传统的价值体系进行对接，从而成为涵养社会主义核心价值观的源泉，才能成为有"根"的东西。在这一过程中，综合审视中华传统文化的时代精神，发掘其对提升当代人精神境界的积极因素，以之凝聚实现社会主义现代化的力量，从而重新建立中国人的精神秩序，探寻现代中国人安身立命之本或寻求失落的意义世界。党的十九届四中全会也明确了"坚持以社会主义核心价值观引领文化建设制度"的基本文化创制原则。三是通过道德伦理建设。道德作为文化形态和文化发展的一种重要力量，不仅能为社会发展提供秩序治理的应然取向和精神动力，也能为公民个体提供价值准则和精神归属。中华传统文化是以人伦关系为本位的，形成了中华民族特有的"文化习性"或者"深层结构"，这种"习性"或"结构"作为一种不以人的主观意志为转移的客观存在，内在地决定了民族制度和文化秩序。因此，中国文化被认为是特别重视伦理道德的文化价值取向的，使得中国人总是习惯于用道德的眼光和标准审视和评判一切，注重通过内心的自觉来"克己复礼"。因此，传统文化资源通过各种渠道的涵养，必须融入当代中国人对人伦价值、精神境界、国民性格、风俗习惯、心理素质、价值观念、理想人格的追求

之中，才能真正建立属于中国人的精神家园。如何运用好中华传统文化资源中富于整合和教化的力量，是当代中国知识分子义不容辞的时代使命。

加强文化自信，要在党的领导下，以哲学社会科学工作者和宣传思想工作者为主力军，积极构建和发展完善中国特色哲学社会科学的学科体系、学术体系、话语体系；以马克思主义的立场、观点和方法系统挖掘和解读中华民族五千多年的文明历史，转化思想精华；系统整理和制度化弘扬传统文化并积极与当今时代精神相融合；在改革开放的实践中同步凝练与积极创新社会主义先进文化。宣传舆论工作在做好党的大政方针宣讲宣传工作的同时，要积极宣传优秀传统文化；文艺工作者要坚持以人民为中心，加强文艺对中华优秀传统文化内涵及文化精神的传播和渲染，唱响社会主义先进文化主旋律，理直气壮弘扬正能量，等等。要充分利用当前"富起来"的良好经济条件，加强公共文化服务基础设施建设，扩充资源储备，切实实现全国城乡全覆盖；在满足人民基本文化需要、保障人民文化权益基础上，努力通过政策引导、经济扶持等手段，提高那些文化科技基础最薄弱、最落后的广大地区的经济水平和人民的知识水平，因为只有在物质生活和精神生活双重获得感、幸福感提升的基础上，人们的文化自信才能持久坚定。就改革推进文化产业而言，最主要的就是要在党的领导和政府主导下，处理好政府和市场"两只手"的关系：如果政府的"手"伸得短且力道弱，市场经济强烈的趋利本能就会在文化产业中占主导，文化产业的方向就会"跑偏"，"载道"功能就会出故障；但政府的"手"伸得过长且力道过强，就会伤害到文化市场的生机活力和文化产业主体的积极性。这两者之间要建立起合理高效的平衡，实现社会效益和经济效益的完美统一。

（三）走向世界，加强交流互鉴

中华优秀传统文化如何在清晰的自我理解和自我阐释的基础上"走向世界"？

第一，中华优秀传统文化"走向世界"不是强行进行文化灌输，而是基于"和而不同"的交流对话。在中国思想史上，"和而不同"的文化立场贯穿于文明交流融合的整个过程，是中国文化数千年绵延至今而没有中断的基因密码。"和而不同"有一个现实的基础和理论的预设，就是文化是多样的，文明是多彩的。即各个文明都是平等、独立而自成体系的，多彩多样的文明共同构成了世界文明共同体。只有以相互平等为前提、以相互尊重为基础的文明交流，才可能实现人类文明的创新性发展。即便古代中国在对待文化的态度上一再强调"和而不同"，用平等和尊重的态度对待差异，但是，由于交通和地理因素的限制，纵观整个中华文化历史发展的脉络,虽然存在着少数时期的外族文化大融合和与海外异国的文化沟通,但总的来说,我国传统文化的成长和发展一直处在一个相对密闭的封建社会环境中。经历了春秋战国诸子百家文化的大争鸣,走过了汉唐盛世文化的多元和包容,到了清朝,由于"闭关锁国"政策的提出,使得传统文化和外界的交流被严重阻隔,在西方工业革命如火如荼进行着的同时,腐朽的清朝统治者仍然沉醉在天朝大国的陈年旧梦中,这一问题导致近代中国文化发展的缓慢和影响力的式微,导致一系列类似于文化自卑现象的发生。对于当代中国文化而言,试图用儒家文明的价值理念去代替其他的文明理念几乎是不可能的。面对当今的世界,我们今天只能在交流互鉴中展示中国文化的独特魅力,让不同文化在自觉自愿的基础上自主选择。

第二,中华优秀传统文化"走向世界"不是表层的文化交流,而是深层次的价值观交流。这种价值观交流既是内在文化理念的深层次对话,又是价值理念的隐形博弈,只有在对话与博弈的辩证统一中才能真正将中华文化推向世界。在这个意义上,中华优秀传统文化在走向世界的过程中就会焕发出新的生命力,很有可能激发出新的价值意蕴;同时,世界不同文化也会在中华文化当中得到启发,从而产生新的文化。比如,"己所不欲,勿施于人"的恕道之所以能被世界绝大多数人所服膺和认同,并成为写入联合国总部大楼的"黄金道德法则",必然经历了复杂的交流互鉴的过程。首先,通过对"己所不欲,勿施于人"抽象精神的提炼、前提界限的澄清和思想内容的转化,使其成为融入时代精神的思想资源。其次,经过创造性转化的"己所不欲,勿施于人"还需要在中西文化差异的背景下"再度转译",成为西方人可以理解的意义存在,在这个意义上的"己所不欲,勿施于人"才是真正与西方文化交锋的意义存在。在这一过程中,"己所不欲,勿施于人"实际上已经与西方文化产生了深度的交锋、碰撞和融合,而成为一种具有更强的生命活力、具备更强的空间适应性的文化存在。这种新的文化存在还会反馈回中国文化母体之中,并产生新的文化影响力。这样一来,"己所不欲,勿施于人"在新一轮的转化创新中重新走进当代中国人的日常生活,走入当代中国人的精神世界,并最终融入当代中国的文化体系之中。

第四章 中华优秀传统文化的现代传承与弘扬

本章共三节，主要介绍中华优秀传统文化的现代传承与弘扬。第一节介绍中华优秀传统文化与中国先进文化的关系，第二节介绍中华优秀传统文化与社会主义先进文化建设，第三节介绍中华优秀传统文化与现代社会生活。

第一节 中华优秀传统文化与中国先进文化的关系

一、先进文化的概念

2002年，党的十六大报告对"先进文化"进行了完整而准确的界定。多数学者认为，在这一科学界定中，"以马克思主义为指导"和"民族的、科学的、大众的社会主义文化"标志着先进文化对革命文化的一脉相承；而培养"四有"公民、坚持"三个面向"，则代表了党的十一届三中全会以来，我们党对社会主义文化及建设方略的深刻总结与展望。但也有学者认为："革命文化和社会主义先进文化都是中国共产党领导人民在中国革命和社会主义建设的伟大实践中创造的先进文化。"也有学者把这两种文化统而论之，并与优秀传统文化对举。

本书认为，在这个问题上有两点需要提出。一是尽管革命文化、先进文化一脉相承，但习近平总书记既然把"革命文化"与"先进文化"并举，应该是着眼于两者的相异之处，今天，革命显然已经不是时代主题。二是认为"革命文化和社会主义先进文化都是先进文化"的观点其实也是不错的，如果对"革命文化"和"先进文化"加上各自的时代性限定，则就都是各自时代的"先进文化"；而且革命文化需要继续传承，说明它并没有过时，仍然适应当今时代，自然，它也仍然具有先进性。所以上述两种看似矛盾的说法，其实是统一的。但是，在多数情况下，以1956年我国完成"三大改造"为标志，我们把党团结带领人民在社会主义建设时期尤其是改革开放以来所形成的文化形态、文化形式和文化标识,称为社会主义先进文化。最主要的理由就在于党的十六大关于先进文化做出的权威性界定中,"四有"和"三个面向"的限定性解释具有鲜明的时代针对性。

具体来说,社会主义先进文化就是中国特色社会主义文化接受世界大潮洗礼和时代风云熏陶,以理论、学术、舆论、文艺、影视等多姿多彩的文化样式反映社会主义建设与改革开放时代的经济、政治、社会状况,并积极反作用于所有这些领域的文化。先进文化引领着社会的精神风尚,指引着社会建设的发展方向,塑造着人民的"三观"以及民族观、国家观等,也在世界上塑造着国家形象。其主要内容包括以马克思主义意识形态为主导的所有文化形态和文化形式,蕴含着中国精神和中国价值。

二、中华优秀传统文化与中国先进文化的关系

社会主义制度建立以来,中国经济规模以极快的速度增长,社会格局发生了巨大变化。改革开放以来,社会主义先进文化随着时代的发展不断继承创新,社会主义先进文化是以为人民服务为原则,发展民族的大众的科学的文化,不仅是面向民族和国家的更是面向世界的先进文化。将马克思主义文化的基本内涵融入人们的精神世界并建立情感联系,已成为新时代文化自信的重要组成部分。马克思主义文化固有的科学指引、前瞻性、顺应时代和兼容并包的特性都体现了它的价值追求,并为建设一个强大的文化国家树立了鲜明的旗帜。社会主义先进文化的弘扬是以社会主义核心价值观为内核的重要体现。马克思主义文化吸收了人类文明在社会发展中的成就,并具有国家、社会和公民的价值。马克思主义文化提供了遵循文化自信心的基本思想,体现了社会主义的基本性质和要求。因此培育并树立以社会主义核心价值观为指导思想参与文化创作实践进而影响人们的世界观、人生观和价值观,是新时代中国特色社会主义文化创新性地发展的重要前提,是思想基础和精神动力,也是促进社会完善建设的精神指导力量。通过这种先进文化的指引,有助于建立中国特色的文化自信。

改革开放以来,在党的领导下,我国人民一直致力于寻求文化方面的创新发展。中共十八大进一步明确了中国特色社会主义制度的内涵并为指导文化体制的改革提出更加具体的规划和举措。2014年,党中央通过的《深化文化体制改革实施方案》中确立了中国特色社会主义文化体制更加成熟发展的具体目标。习近平总书记在改革开放40周年讲话中指出要深入建设发展文化强国战略。

从历史继承发展的渊源来看，中华优秀传统文化是伴随中华民族在历史进程中进行批判式继承与发展而形成的思想理念与价值观。中华优秀传统文化是以中华民族发展所蕴含的民族精神为基础的，中华优秀传统文化的显著性特质就是思想性。社会主义先进文化是将传统文化、革命文化融入时代精神中从而实现民族的创新发展，因而社会主义先进文化的显著性特质是时代性。社会主义先进文化的来源最根本的就是中华优秀传统文化，复兴我国传统文化是弘扬先进文化的重要方面，传统文化的深厚累积可以为中华民族伟大复兴提供强有力的精神支撑，这种精神支撑足以助力新时代的中国从文化大国的行列跃进文化强国的行列，进而实现中华民族的伟大复兴。

先进文化是对传统文化精华的继承和弘扬。中国共产党始终身兼传承弘扬中华优秀传统文化和马克思主义文化的重任。革命文化诞生于中国人民的革命实践中，是中国共产党人把马克思主义与传统文化有机结合而催生出的文化新形态，它就是当时的"先进文化"；而"社会主义先进文化"正是对这一革命时期"先进文化"的天然继承，是结合变化了的时代条件的创新成果，所以当然也是对优秀传统文化的传承与弘扬。今天我们对中华优秀传统文化的"双创"，其本质就是要结合新时代的要求，对传统文化精华进行再创造，使之成为新时代先进文化的有机组成部分。

数千年传统文化所积淀流传下来的哲学理念、人文精神、道德关怀等精神性文明成果，在当今是新时代进行道德建设、风尚培育的重要资源。例如，传统文化所注重的"扶危济困""不患寡而患不均"，对于我们今天如何理解和实现"共同富裕"有着重要的借鉴意义；"位卑未敢忘忧国""先天下之忧而忧"是"爱国"精神的直接来源；"言必信，行必果""人而无信，不知其可也"，这与"诚信"是相契合的；"仁者爱人""与人为善"与社会主义核心价值观中的"友善"也是一脉相承的。这些文化理念潜移默化地影响着中国人的价值观念、思维模式和行为方式，因而是培育和弘扬社会主义先进文化的宝贵资源。

第二节　中华优秀传统文化与社会主义先进文化建设

一、社会主义先进文化的建设要求

先进文化，就是中国特色社会主义文化的"生长锥"。在新时代，以习近平

第四章 中华优秀传统文化的现代传承与弘扬

总书记为核心的党中央创造性地提出中国梦、新发展理念、构建人类命运共同体、中国精神、中国价值、中国智慧等思想和理念，以及在改革开放不断深入、中华民族从"富起来"向"强起来"跨越式发展的背景下，从人民大众中涌现出来的劳模精神、企业家精神、科学家精神等，极大地丰富和发展着先进文化。其中坚持中国共产党的领导、以马克思主义为指导、以人民为中心、坚定理想信念、弘扬中国精神和中国价值、在实践中不断创新发展等，既是先进文化的标识，也是发展和建设先进文化的要求。

（一）坚持党的领导

中国共产党领导是中国特色社会主义最本质的特征，是中国特色社会主义制度的最大优势，这是中华民族和中国人民在革命、建设和改革过程中得出的最宝贵的实践经验。党是领导一切的，无论在何时候都要把党的领导贯彻落实到社会主义现代化强国建设的方方面面。这一点体现在文化建设领域就是要将中国共产党作为文化建设实践的领导核心。而对于中国共产党而言，繁荣兴盛中华文化、建设社会主义文化强国，是其作为执政党必须担负的文化使命。回顾中国特色社会主义文化发展道路从探索、形成到发展的一系列过程，无论是在近代文化论争中明晰要构建民族的、科学的、大众的新文化，还是在文化发展出现偏离正轨时拨乱反正，抑或是在预防和抵御外来文化的渗透及冲击时，中国共产党都发挥着至关重要的领导作用，是当之无愧的领导主体。纵观近代以来的中华文化发展史，中国共产党在实现文化自觉、提振文化自信中都发挥了至关重要的作用。那么，在面对新时代所赋予的更加复杂的文化发展环境、更加艰巨的文化发展任务时，中国共产党依然有信心也有能力在推动先进文化与时俱进、重塑全民族精神家园、建设社会主义文化强国上持续提供领导力量、科学方法和目标导向。

中国共产党在我国历史长河的发展和改革中不断实现自我革新与发展并保持强大活力，引导并维护广大人民的根本利益，引领国家切实发展中国特色社会主义先进文化。习近平总书记在一些重大会议上一再强调中国共产党在进行各方面的领导工作时，必须遵循正确意识形态的引导，必须坚持基本的原则不动摇，加大对党的优秀理论和政策的宣传，在社会主流媒体中加强对党的宣传教育工作，通过主流媒体舆论的导向性和感染力凝聚中国人民实际的文化需求，并在党的领导下将人民文化需求同将社会主义先进文化转化为人民精神力量相结合，不断进行文化建设，充实群众的文化生活，依据目前的时代特点进行相关的文化工作。

从根本上和长远发展上来说,党是服务于人民的,党的根本利益和人民群众的利益是统一的。但是,在多元化的现代社会中,在不同观念之间的交流碰撞越来越容易、越来越频繁的背景下,人民群众的思想观念必然不会是千人一面,而会显现出多种多样的丰富形态,建设社会主义先进文化就要坚持代表最先进文化的中国共产党的领导。

坚持党的领导,是先进文化的基本标识和基本要求。一百多年来中国社会的发展充分证明了一个真理:只有代表无产阶级的中国共产党,才能担负起实现中华民族站起来、富起来、强起来的历史使命,才是先进文化的代表者和引领者;其他阶级和政党,无论是封建地主阶级中的革新派,还是民族资产阶级改良派,抑或是资产阶级革命派,或者其他什么党派,他们都无法胜任这一历史任务。只有中国共产党的坚强领导,才能为社会主义先进文化的发展提供可靠的政治保障;也只有社会主义先进文化大发展大繁荣,才能更好地创造出党执政兴国的精神环境。我们正在建设的先进文化,是而且只能是社会主义性质的文化,这是一个根本原则问题,马虎不得。社会主义先进文化只能为无产阶级专政和以公有制为主体、多种所有制经济共同发展的经济制度服务,具有鲜明的阶级性。这是我们一切文化工作的根本前提。我们还要坚定坚持理想信念。理想信念作为意识形态的旗帜,指引着文化发展的方向。共产主义远大理想和中国特色社会主义共同理想,就是中国人民的文化精神之"钙",构成人们"精神身体"的骨骼,支撑起人们的意义世界。远大理想和共同理想是马克思主义、社会主义的最鲜明标识,是引领中国特色社会主义事业的灯塔,指引着新时代先进文化建设的前进方向。所以,坚定坚持和努力践行理想信念,必定是社会主义先进文化的鲜明标识和内在要求。

(二)坚持以人民为中心

首先,坚持"以人民为中心"的工作导向。社会主义国家是人民当家做主的国家。人民立场是马克思主义的根本立场,从人民立场出发的"群众路线是我们党的生命线和根本工作路线"。因为中国共产党本身就是人民的党,来自人民,植根于人民,也始终服务人民。所以,共产党领导下的社会主义先进文化和建设,必须为人民服务。社会主义先进文化的建设和发展必须坚持"以人民为中心"的工作导向,深入人民群众,想人民之所想,急人民之所急,做人民的代言人,为人民"发声"、为人民"书写"、为人民创新。这是社会主义先进文化人民性的基本要求。

第四章　中华优秀传统文化的现代传承与弘扬

以人民为中心是党和国家一切工作的出发点和落脚点，传统文化的发展同样不能抛弃人民的核心地位。以人民为中心体现了党和国家对人民的重视，也是对马克思主义唯物史观中人民群众是历史创造者原理的继承。习近平总书记十分重视人民群众在传统文化继承与发展中的作用，坚持在文化的发展中以人民为中心，与人民携手共推传统文化发展。我们党注重人民群众在传统文化发展中的地位有深刻的理论渊源。马克思强调人民既是历史的"剧中人"，也是历史的"剧作者"，人民创造了历史，也见证了历史，传统文化是切切实实地在人的生活实践中形成的，它是人类生活的反映和写照，以浓缩精华的形式世代流传，而现在我们要发展传统文化，就一定不能抛弃人民群众这个主体，只有满足人民的需求，反映人民的心声，得到人民的认同，传统文化才能得到更好的继承和创新。

其次，坚持先进文化的"大众化"方向。一切历史都是人民的历史，文化发展的历史也不例外。作为先进文化的突出代表内容，马克思主义理论是被实践证明了的科学理论，但还必须要进入群众的头脑中，被群众掌握，才能变为一代代人民群众在实践中创造历史的磅礴力量。失去了人民的拥护和支持，党的事业和工作就无从谈起。社会主义先进文化肩负着传播马克思主义、让马克思主义理论武装群众的历史重任。因此，必须坚定不移地走大众化之路，必须着眼于着力于提高全民族的精神文化素质和思想道德素质，凝聚起全体人民同心协力实现中国梦的磅礴精神力量。

习近平总书记强调对于传统文化要坚持以人民为中心的创作导向："人民是历史的创造者，是时代的雕塑者。一切优秀文艺工作者的艺术生命都源于人民。"习近平总书记高度重视人民在传统文化继承发展中的作用，强调一切艺术的创作既要取之于民，也应当用之于民。他在国内重大会议上强调对待传统文化的发展要关注人民的意愿，文艺作品既要反映人民的生活实践又要表达人民的真实情感。传统文化要想发展就必须坚持不断创新，而人民在创新的过程中扮演着重要角色，习近平总书记强调创作要"关照人民的生活、命运、情感，表达人民的心愿、心情、心声"。人民在传统文化的发展中扮演重要角色，我们不能只把为了人民作为一种口号来号召，要深深懂得人民是历史创造者的道理，实实在在地把它落实到具体的实践当中去。传统文化的发展要与人民同呼吸、共命运、心连心，要顺应人民的意愿、反映人民的心声。传统文化能不能得到更好的继承与发展，从根本上来说要看它能不能反映人民的心声。

(三) 弘扬中国精神和中国价值

首先，中国精神主要是指民族精神和时代精神。正是以爱国主义为核心的民族精神，使中华民族在近代被西方坚船利炮打开国门、面临"三千年未有之变局"和"危局"时团结一心、挣扎奋起，不惧牺牲、前仆后继，书写出了民族独立、人民解放的壮丽历史篇章，并在获得民族独立和人民解放后，在满目疮痍、一穷二白的基础上艰苦奋斗，开拓了社会主义事业的新局面，让中华民族巍然屹立于世界民族之林；正是以改革创新为核心的时代精神，使中华民族在内外交困、筚路蓝缕的时代背景中放眼世界、奋力开拓、玉汝于成，开辟出中国特色社会主义现代化强国新境界，日益走近世界舞台的中央。今天，中国精神依然是我们追求共同理想和远大理想的根本精神动力。要更加大力弘扬民族精神和时代精神，使全国人民保持昂扬向上、奋发有为的精神状态。这是社会主义先进文化弘扬的主题。

其次，当代中国价值观念作为中国社会的主流价值观，作为意识形态的直接表现和核心内容，集中体现为社会主义核心价值观。通过在全社会积极倡导社会主义核心价值观和核心价值体系，在精神上把全体社会成员凝聚在一起，既是社会主义先进文化建设的主旨，也是国家治理体系和治理能力的重要体现方面。社会主义核心价值观在整合社会意识、凝聚人们精神力量方面的重要作用无可替代，务必充分重视和运用。社会主义核心价值观指引和规范着人们的日常生产生活实践，促进人们为中国特色社会主义建设事业努力奋斗。

在悠久的历史长河中沉淀了几千年的中华优秀传统文化，是我国各族人民最宝贵的一笔精神财富。有着浓厚爱国主义情怀和深厚思想底蕴的中华民族拥有顽强的生命力。在优秀的传统文化熏陶下，我国历史上曾涌现出一批爱国英雄，他们用自己的行动诠释着华夏民族的精神内涵，构建了崇高的民族精神和民族理想。不管是何种身份，不管是英雄、伟人或是普通人，他们的实际行动都由中华民族精神所引领。时代是多变的，国家和民族前进的速度也是多变的，但其永恒的潜在动力必是民族精神，是世世代代一直传承的优秀民族文化。传承文化与责任担当的融合是建立在传承中华优秀传统文化的基础之上的，并且，两者的融合是在民族认同的前提下的，一定要认同和传承民族精神，在传承中华传统文化、民族精神的基础上进行文化融合，从而为现代化建设奠定良好的理论基础和创新性思维基础。

（四）立足实践，创新发展

作为正在生成着、正在发展作用着的文化，先进文化相对于传统文化和革命文化来说，具有更加强烈的现实性和实践性。先进文化建设是一项创新性系统工程，必须在"不忘本来、吸收外来、面向未来"的前提下，立足实践，实现创新发展。所谓不忘本来，就是要求先进文化立足于中华优秀传统文化、革命文化的精神根基，坚持"古为今用"，从这两者中源源不断地获取丰厚的滋养；所谓吸收外来，就是加强与他国、他民族文化的"交流互鉴"，有选择、有批判地吸收外来文化的有效成分和创新成果，"适用的就拿来用，不适用的就不要生搬硬套"。所谓面向未来，就是朝着建成文化强国、实现共同理想创新创造、不懈努力。先进文化建设以富民强国为主线，贯穿于社会主义建设、改革、发展的各个环节，融入经济社会建设的各个方面，是人们生产生活中"日用而不觉"的"软"力量。先进文化建设要坚持以问题为导向，坚持实践的观点、历史的观点、辩证的观点、发展的观点，勇于和善于结合时代特点和实践要求创新创造，推出具有独创性的研究成果，只有立足于当今社会主义现代化建设各方面的实践，立足于广大人民群众的生产生活实际，对中华优秀传统文化进行"双创"，继承并弘扬中国革命文化坚定理想信念、不忘初心、牢记使命、攻坚克难、公而忘私等崇高革命精神和革命情操，不断解决实践中的新问题、克服新困难，在实践创新中实现文化创新，才能不断开拓文化建设的崭新境界。

（五）先进文化制度化建设是弘扬先进文化的体制保证

建立完善发展先进文化的制度，是实现国家治理体系和治理能力现代化的实践要求，也是社会主义先进文化不断发展的体制机制保证。党的十九届四中全会要求，我们要坚持和巩固马克思主义意识形态主导性的政治制度和根本教育制度；坚持在共产党员尤其是领导干部和大学生等示范性群体中，在各种社会组织和机构中建立马克思主义理论教育制度；建立完善全体社会成员践行社会主义核心价值观制度，并使之规范化、常态化；建立完善确保人民享有文化权益的规章制度；建立健全正确导向的舆论引导工作体制机制、建立健全"双效统一"的文艺创作生产体制机制，等等。唯有如此，才能在体制机制规范性的基础上，更好地促进社会主义先进文化繁荣发展。

总之，优秀传统文化、革命文化、先进文化都是中华民族结合历史实际的伟大创造。流传数千年的中华传统文化，遭遇近代西方资本主义生产方式和西方文化时，产生了极大的不适应；而马克思主义的强力融入，鼓冶陶铸，交流融合，生成了革命文化，使中国文化在"保守复古"与"全盘西化"反复交战的泥潭中拔出脚来，重获新生，并引导和推动着民族独立和人民解放；在社会主义建设时期，结合时代条件，中国共产党带领中国人民在传承优秀传统文化和革命文化血脉基因的过程中，又创造出和继续创造着中国特色社会主义先进文化。在不同的文化阶段、不同的文化形态中，不同时期的文化精华共同汇聚成新时代文化的华彩篇章，是一脉相承的统一整体，滋养着一代代中华儿女的精神世界。新时代中国特色社会主义文化立足于中国特色社会主义建设、面向中华民族伟大复兴、力争为世界做出更大贡献，胸怀天下、继往开来。

二、中华优秀传统文化的转化与创新

传统文化是一个民族、一个国家的基因和标识，传统文化资源是以传统文化为内容的文化资源。一个国家的文化传统如果既强盛又安全，就可能由此形成国家的强大的内部凝聚力和文化认同感，由这种凝聚力和认同感所形成的安全屏障也可以促进和提高国家整体的安全度和国际知名度，为国家赢得良好的文化环境和国际舞台上的话语权。

中华优秀传统文化是中华民族五千多年的辉煌历史的积淀，是中国人民代代传承的智慧结晶，是中华民族的血脉和精神内核，蕴含着博大而丰厚的文化资源。近代以来，随着西方工业文明的兴起，中华传统文化由于自身固有的局限而逐渐落后于时代的发展，中华传统文化资源没有得到应有的保护和合理的利用。当前，社会主义先进文化的建设需要进一步推进中华优秀传统文化的创新与转化。

（一）理性定位中华优秀传统文化

传统文化作为中华历史的见证，是一定的历史发展阶段中的经济、政治、社会等方面集中在精神文化上的反映和结果，具有当时条件的特定意义，总体上而言，在其发展初期，对当时的社会发展有促进作用；当其不符合时代发展潮流时，对当时的社会发展则有阻碍作用。

中华优秀传统文化在中国历史的发展阶段具有其特定的意义和功能，近现代以后，随着社会经济、政治性质的变革，其主导地位也必然发生改变，但这不妨

第四章　中华优秀传统文化的现代传承与弘扬

碍其中优秀的符合时代发展要求的部分的继承与创新,特别是传统文化中深刻体现了中华民族爱国奋斗、自强不息等精神核心的要素。故此,当前要进一步实现中华优秀传统文化的创造性转化与创新性发展,首先必须理性地定位中华优秀传统文化。同时,也要在一定程度上对中华优秀传统文化去神秘化,即由于思维模式的差异导致的中国丰富多彩的传统文化的神秘感,这不仅不利于中国文化的对外交流,也会进一步影响到中国的国际文化形象的树立,在弘扬传统文化的过程中,通过去神秘化,可以增加传统文化的可读性和亲和力。习近平总书记号召,我们要让优秀传统文化中的"文物""遗产""文字""都活起来",这些文化遗产主要包括中华优秀传统文化资源的系统挖掘和历史典籍整理,以及党史、新中国史、改革开放史、社会主义发展史编修,地方史编写和边疆历史地理研究等工作。在此基础上,大力推动全国文化遗产、古籍资源、非物质文化遗产、老唱片、电影档案等文化资源的数字化建设,搭建中华文化数据全民共建、共有、共享平台。开展中华优秀传统文化教育和普及,加强汉语和各民族语言文字的整理研究、规范使用和数据化开发,大力推广普通话与保护传承各民族语言并举。推进中华优秀传统文化进校园、传统艺术形式特别是戏曲进校园工程,将中华优秀传统文化教育分梯次、分门类融入小学、中学、大学课程和教材体系并有序推进。促进文化经典普及工程,推动有关优秀传统文化数字化进程、加快图书音像版权资源共享。普及中华传统艺术教育,如广泛举办经典诵读、国学讲堂、专题展览等活动,媒体开办传统艺术主题专栏、节目,创新中华优秀传统艺术网络传播方式。

(二)保护好中华优秀传统文化资源

加强对传统文化资源的保护,是创新和转化优秀传统文化的重要前提。故此,要注重对传统文化资源的物质文化实体及文化遗产的保护,通过组织开展相关传统文化物质遗产的整理工程,加大对文化典籍的整理和保护,加强对重点文化遗产的监管和保护,落实好对其他物质文化遗产的保护等,做好传统文化资源保护的普及教育和推广弘扬的相关工作。同时,要加强对中华文化中具有特定文化内涵的非物质文化的保护,如传统文化中的节庆文化、礼节文化、孝道文化等,中国传统节日包含的寻根心理、亲情情结、保本观念等可以厚植家国感情,增强对民族文化的记忆和精神认同,在丰富传统节日文化内涵的基础上,组织开展相应的群众性文化活动。

中华优秀传统文化蕴含着丰富的思想资源，时至今日，依然是引导中国社会发展的重要精神要素。比如"天下兴亡，匹夫有责"的家国精神情怀、"水能载舟，亦能覆舟"的民本观念、"贫贱不能移，富贵不能淫，威武不能屈"的个人修养气节、崇尚"睦邻友邦"的邦交理念、"革故鼎新"的创新思维等。中华优秀传统文化深深地融入了中华民族的骨髓中，成为促进民族团结、发展，推动社会进步的精神文化动力。从地域分布上看，中华民族56个民族，每个民族都有自己独特的传统文化资源，有其独特的文化地域特色。当前，要不断对传统文化中的积极因素进行挖掘，不断赋予其新时代内涵，不断实现其创新、转化与国际传播，在新的时代境遇中，充分挖掘和发挥传统文化中的积极因素。传承和振兴民族、民间文化，加强对民间文学、民俗文化、民间艺术的研究整理；有计划有步骤地对传统表演艺术与民间艺术的基本动作、传统乐器声学资源进行数字化存储建档；建立中国皮影、木偶等艺术影像资料库。同时，大力扶持民族、民间文化组织的民族特色、地方特色文化传承活动；规范和支持民间博物馆、文化馆等文化机构创设和发展；把民族、民间文化的有机元素合理融入地方新型城镇化或新农村建设一体规划，着力建设有地域特色、历史文化、民族风情的特色村镇。保护和发展传统工艺，加强对传统工艺的调查统计、制定传统工艺振兴规划。开展有针对性的传承保护和开发创新工作，支持和扶助传统工艺走进现代生活，带动促进就业和工艺传承的良性循环，对濒危技艺、珍贵实物资料进行抢救性保护。

（三）利用好新时代考古工作

充分发挥新时代考古工作对优秀传统文化资源的重要作用，更好地挖掘、展示、利用及保护中华悠久文明和优秀传统文化。源远流长、博大精深的中华文明不仅是中华民族的血脉和基因，也是整个人类文明中最具底蕴和代表性的重要文明。在新的历史方位中，我们要站在五千余年华夏文明的高度认识和坚定文化自信，要在国际社会中重塑中华文化的地位，要体现中华文化的真正价值，要展示中华文化的时代魅力，新时代的考古工作意义重大、使命艰巨。

第一，要进一步加强对中华文明本源的揭示，在古代历史的许多未知领域取得新突破。五千多年的华夏文明遗留了太多的未知文化遗产，亟须进行发掘和探索。如2021年3月份对四川三星堆的新一轮的考古发掘，其中出土的许多文物，包括大口尊、金面具等，其独特的造型及规模结构再一次震惊了全世界，进一步预示中华文化宝藏的丰富性和独特性。

第四章　中华优秀传统文化的现代传承与弘扬

第二，进一步做好中国考古成果和文化遗产的挖掘、整理和阐释。中国数千年历史形成和沉淀下来了数不清的文物古迹，作为具有悠久历史意义的文化遗产及文物古迹，其本身不仅包含特定的时代意义，也是中国古人代代传承的智慧和手工技艺等的代表。因此，不仅需要从工艺的视角进行阐释，也要从其特定时代的政治、社会意义进行挖掘和整理，使中华优秀传统文化资源发挥出应有的社会价值和功能。

第三，进一步做好历史文化遗产和文物的保护。通过考古工作对文化遗产进行挖掘、整理，其中一个重要的功能和目的就是在发掘和整理的过程中，注重对其进行修复和保护。文物古迹作为历史遗迹，若没有专业的考古工作人员进行发掘、修缮和保护，很容易随着时间的流逝和外行人的介入而损毁。作为独特传统文化资源的见证和活化石，文物古迹的损毁极有可能导致某种传统文化资源的永久性消失。

第四，进一步扩大中华优秀传统文化的国际知名度和影响力。作为世界文明史上最为悠久和保存完好的文明，中华文明及其文物古迹在世界文明史上具有重要代表性，在进一步加深对人类社会历史的认识方面具有重要意义。通过考古工作的进一步推进，一方面可以深化对人类历史的认知和把握，另一方面可以在向世界展示中华文明灿烂辉煌的文化成就和丰富悠久的文化遗存的同时促进中华优秀传统文化的对外传播，从而进一步提升中国文化的国际知名度和影响力。

第三节　中华优秀传统文化与现代社会生活

中华优秀传统文化凝结着中国人民在历史创造进程中的高超智慧，是人类社会宝贵的精神财富。虽然其具体文化形态因时代变迁而发生显著变化，但其内在精神价值却具有深刻的思维启示和实践意义。从主体文化价值需求与文化共同体价值供给关系上看，优秀传统文化的价值基因构成了时代发展进程中的人文底色，而以新时代现实需要烛照传统，则是实现优秀传统文化创造性地转化为现实精神力量的关键。这种创造性转化的核心在于价值相融基础上对主体精神需要的满足，构建起人们在现代生活中的追求真善美的文化常态与精神境界。

一、融入生活方式

文化对于人的主体精神创造活动而言，从来都不是一种静态的景观，而是融合于当下生活主题的一种思维和情感方式。中华优秀传统文化在新的时代条件下的创造性转化，首先要融入当下的生活方式，将其内在的文化价值通过历史背景、时代主题、生活场景等诸要素加以有机贯通，成为人们日常生活中的认知体验和情感共鸣，促进文化共同体形成新的时代记忆。一是要通过传统节日的庆典活动，在延续文化记忆的过程中不断注入时代元素，使传统节日成为现代生活的文化盛宴，鼓励人们以新的文化场景创造来赓续优秀文化传统，并实现新的价值再生。比如除夕夜的春节联欢晚会，就是将传统春节的阖家团圆、祝福来年的文化主题融进了当下每一个中国人的心田。二是要用好用活各种文博场馆和文化遗址，让承载优秀传统文化价值的物理空间和物质实体不断成为当下人们精神体验的有机组成部分，通过文化旅游、文化创意和文艺生产等，源源不断地为社会发展注入文化资本，以新的创造持续形成文化的吸引力。比如故宫博物院的文创系列产品的推出，吸引了越来越多的人走进博物馆，用创新之钥打开了博物馆在现代人们生活中"活化"的大门。三是要以优秀传统文化经典的现代再现将文化基因印刻在人们现代日常生活的智慧中，成为人们日用而不觉的价值坐标和思维方法。比如央视推出的《中国诗词大会》和《百家讲坛》以及特别节目《平"语"近人——习近平总书记用典》等专题，让传统经典话语在新时代焕发出生命力。

二、融塑审美情趣

审美是人类文化活动的特有现象，即人们有意识、有目的地进行创造美和享受美的实践，这一过程既可作为一种特殊的精神创造而独立存在，又可广泛体现在人们的日常生活之中。优秀传统文化经过长时期的历史积淀，其内在的审美意象为广大共同体成员所接受，形成了独具魅力的古典美特质。审美作为人们对美好事物的一种理性与情感认同，体现在视觉、听觉、触觉以及对待自然、社会、他人与自我等关系建构的态度和精神动向上，既有感性之喜悦，又有理性之明智，因而常常被作为社会精神教化的一种特殊意识形态。中华优秀传统文化儒雅的古典美作为现代生活审美的一种重要取向，具有旺盛的生命力，是人们在当下快节奏生活中的一种美好体验，可以进行多维空间的美的创造，带来多重境界的美的享受。以优秀传统文化融塑现代生活的审美情趣，可以以校园、家园、田园（花园）为基础，在社会生活中全面铺展开来。一是将优秀传统文化的文学艺术之美深入校园，作为学生成长阶段的必修课，让古典美的精神关怀伴随着人的知识化和社会化过程，成为学生发自内心自我追求美的民族基因。比如，目前中小学普遍开设的以优秀传统文化为主体的校本课程，结合传统文化的地域特色对学生进行长期审美浸润。二是将传统文化之美通过社区营造走进人们的生活家园，促进文化共同体将历史记忆与现代文化生活有机结合起来，以和谐和睦之美构建家庭及邻里关系，将中华文化对儒雅的青睐渗透于人们处理日常社会关系之中，将优秀传统文化中"仁""义""礼"的审美指向融入现代生活。三是注重在农村田园和城市花园中嵌入优秀传统文化的审美意蕴，将人与自然和谐之美体现在现代农业生产和都市生态空间的打造中，让人们在工业化社会的进程中体味与自然的相处之道，同时促进个体自我与大自然融为一体。

三、融入人际交往

先秦儒家友善观中所倡导的人际关系，是追求一种友好和睦的社会期望，这一期望从孔子、孟子、荀子的思想中得到了充分展现，对如何构建友善的人际关系提供了丰富的理论依据。其中人际交往始终遵循着人内心向善的基本原则，对构建友善的人际关系、实现社会和谐稳定有借鉴意义。构建友善的人际关系、实现社会和谐稳定作为当代价值之一，必须内在深化其理论，外在检验其实践，以此来推动社会和谐稳定。构建友善的人际关系必须通过对传统文化的传承和发展层层递进，潜移默化地深入人心，进而外化为人们的自觉行动，以此践行社会主义核心价值观，实现社会和谐稳定。儒家的仁爱思想起于家庭亲情，孝悌是仁爱的根本。

四、融会人生境界

中华优秀传统文化追求在知晓大道基础上的人生自由，体现了对事物发展必然之认识，具有引领人们实现自我与现实超越的作用的一种人生境界。将优秀传统文化的超然人生境界与现代人的生活观念有机融合，关键在于引领社会个体对人生现实追求与理想追求的内在统一，把立足当下成人成才与追求远大社会理想落到中国特色社会主义现代化建设的实践中来。优秀传统文化所追求的个体人生自由与马克思主义所揭示的人类自由，是对人类社会发展认知的个体性与整体性

的同向两面，彼此具有相通的逻辑。在传统文化的个体人生境界观中植入共产主义的目标追求，把社会理想之目标与个体奋斗之方向统一于我们的共同实践，把优秀传统文化与社会主义先进文化通过人生的价值链条铸成一体，是筑牢中华文化共同体之根本。从优秀传统文化的创造性转化实践路径上看，一是要通过打造文艺精品，以强大的文学艺术感染力陶冶人生，让文学的想象和艺术的创作彰显美好的人生意境，引领社会成员的集体精神向往；二是要强化思想政治教育，讲通传统人文价值、红色人文精神与社会主义人文关怀的一致性，引导社会成员将个体的自由实现、中华民族伟大复兴与人类的自由解放具体地、历史地统一起来，实现同频共振；三是要在实践中锻造集体主义精神，把个体的人生追求融入集体实践的力量中来，以共同体的智慧和力量的聚合实现新时代的科技与文化创新，在集体成就中获得个体价值的归宿。

第五章　中华优秀传统文化与构建人类命运共同体

本章共四节，主要介绍中华优秀传统文化与构建人类命运共同体。第一节介绍人类命运共同体的内涵及基础理论，第二节和第三节分别介绍人类命运共同体理念传承创新的中华优秀传统文化基因和人类命运共同体理念传承创新中华优秀传统文化的意义，第四节介绍构建人类命运共同体的路径。

第一节　人类命运共同体的内涵及基础理论

一、共同体

"共同体"一词的现代汉语释义为"人们在共同的条件下结成的集体或若干国家在某一方面组成的集体组织"。若想探求"共同体"词义之源以及内涵之根，从"共同体"概念的历史演进过程便可略窥一二。

"共同体"一词源于古希腊语"koinonia"，原意是指城邦设立的市民共同体。古希腊著名思想家亚里士多德分析的"共同体"是源自群体内部平等个体之间的自由之所，群体通过共同劳动来追求"共同善"和"共同利益"。城邦则是指"完满的共同体""天然的共同体"。因此，在古希腊，"共同体"意味着许多千差万别的个体，他们拥有共同的目的，通过他们自身的"共同活动"的行为来实现"共同善"和"共同利益"，从而构成"联合体"。在古罗马，"共同体"出现在古罗马政治家西塞罗的《论义务》中，但没有明确定义。在《论法律》中，使用"共同体"表示人和神一起构成的"社会"。从6世纪到9世纪，"共同体"表示

"具有公共性质的集体会议"。在中世纪,"共同体"的含义是"指依靠政治发育而建立起来的社会实在,以后逐渐指称社会群体"。在11—13世纪期间,当时的"共同体"也可以称作"公社",这是当时"共同体"的表现形式,公社从技术上讲肯定是一个共同体,当时共同体的存在是基于一种誓约,其目的是共同防御敌人,本质上可以看作具体化的"和平的制度"。到了14世纪,出现了新的类似于社团、协会等这样的共同体,原有的公社逐渐被新的职业联合体所取代。但共同体真正的概念是由德国社会学家滕尼斯正式提出的,指的是历史上有着这种或那种社会联系的联结起来的统一体。在历史的早期阶段,共同体的形式为氏族、部落、家庭、公社,这种共同体的特点就是群体小而稳定,群体内的生产刚好能够满足内部的需要,而群体聚集是为了能够共同抵御自然和外界的伤害。发展到后面,群体中的人数增加,部族产生,在生产活动中开始出现分工,分工又致使脑力和体力劳动区别开来,极大地促进了生产力发展,资本主义生产方式随之产生,新的虚拟的政治共同体也出现了,马克思和恩格斯对虚拟的政治共同体展开了彻底的批判,揭示了虚幻政治共同体的伪善性和虚假性,提出了自己的主张,即真正自由的共同体。

在近代,意大利政治思想家马基雅维利掀起了"共同体"的神秘面纱,他主张"共同体"应当以人类本身的意志为主导,抛弃对神学和自然的依赖。马基亚维利将"共同体"的认识进行了更高一层的升级,使"共同体"摆脱了以前伦理和神学的枷锁。伴随着工厂手工业、海外贸易和殖民扩张的进行,生活在英国资产阶级上升时期的思想家洛克意识到聚敛财产是资产阶级的本性。财产的不断积累使资产阶级构建了不同的共同体,通过共同抗议政府以便获得更多权益和自由,"共同体"为秩序和安全服务,由于英国的工业发展迅速,"共同体"一词在当时使用频率非常高,马克思立足于市民社会,对共同体问题做了历史的考察,指出"本源共同体"由三种不同形式构成,他们分别是亚细亚共同体、古典古代共同体、日耳曼共同体。对本源共同体的扬弃就是"市民社会"。马克思深刻地指出,要使人类成功进入自由人联合体即更高阶段真正的共同体,必须辩证地扬弃此时的共同体,这种被异化的、外在于人的共同体。

总而言之,用非政治话语来讲,共同体就是指由于某种客观或主观的联系而组成的各种团体组织,类似于家庭的存在,这种客观和主观的联系可能是种族、地域、思想、身份等。在政治中来讲,共同体是以共同利益为基础形成的有一定组织形式的国家的联合体。

第五章　中华优秀传统文化与构建人类命运共同体

二、人类命运共同体内涵

人类命运共同体理念是中国共产党人结合多边外交合作经验，经过了多次的完善所得出来的。第一，首次正式提出。党的十八大会议上首次正式提出"人类命运共同体"这一理念，报告中明确指出：合作共赢，就是要倡导人类命运共同体意识。中国共产党通过总结多年的中国特色社会主义外交经验，结合当时国际国内社会实际发展情况，提出在发展自身经济时，也要关切他国利益，积极构建新型国际关系体系。第二，进一步明确。各个国家之间是休戚与共、紧密相连、密不可分的关系，任何国家都无法独立于世界之林生存与发展，相互之间更应该是互利共赢，权责共担。第三，不断发展完善。党的十九大提出，将"推动构建人类命运共同体"列入新时代发展中国特色社会主义的基本方略，引起了多方关注，特别是发展中国家中正在崛起的那部分国家。

习近平总书记发扬高尚情怀，以天下为己任，提出要"建设持久和平、普遍安全、共同繁荣、开放包容、清洁美丽的世界"。人类命运共同体的内涵包括："第一，政治上平等尊重的伙伴关系；第二，互利共赢的经济发展前景；第三，营造持久和平的安全格局；第四，兼收并蓄、相互理解的文明交流；第五，生态方面构筑崇尚自然生态体系。""一带一路"倡议是党站在构建人类命运体的战略高度提出的实践路径。多年来，中国用实际行动来维护负责任大国的形象，包括建立"亚投行"，把带动周边发展定位为自己的责任，签订与周边国家睦邻友好条约；还包括国际友好条约共同实践，支持联合国改革与稳定，等等。

"人类命运共同体"作为一种促进中国及世界共赢的理念被提出。此后在中国共产党领导人的带领发展下，逐渐成为中国国际交往与处事的重要原则和基本遵循。"人类命运共同体"理念旨在追求全人类和谐发展，建立共生共建共享的命运共同体，促进人类社会繁荣富强。当今世界已然成为一个荣辱与共的利益共同体，一个国家的命运与其他国家密切相关，各国不仅考虑自身同样要考虑其他国家，只有这样才是你中有我、我中有你的全球共同体。2017年12月，习近平总书记这样定义"人类命运共同体"："人类命运共同体，顾名思义，就是每个民族、每个国家的前途命运都紧紧联系在一起，应该风雨同舟，荣辱与共，努力把我们生于斯、长于斯的这个星球建成一个和睦的大家庭，把世界各国人民对美好生活的向往变成现实。"人类命运共同体是中国积极主动把握世界大势和洞悉人类前途命运产生的新思想，"地球村"的概念在国际上已经成为共识，和平不再是一个国家的和平，发展也不再是一个国家的发展，国家与国家之间日益成为无法分割的人类命运共同体，我们生活的世界是希望与挑战共存的世界，这些希望与挑战需要各国人民携手并进、共同担负。

总而言之，人类命运共同体就是一个相互依存、共同发展的有机体，是一个实现全人类和谐发展的共同体。它坚持和平与发展道路、和平共处五项原则、共生共建共享理念，坚持从伙伴关系、安全、经济、文明、生态五个方面来构建持久和平、普遍安全、共同繁荣、开放包容、清洁美丽的世界。

三、人类命运共同体政治建设的概念

人类命运共同体从理论上丰富了马克思的"共同体"理论的内涵，是对马克思主义在全球治理层面的实践与深追，在思想价值方面展现出长远性、预见性。从现实角度上来讲，当前我国正处在中国特色社会主义新时代，人类命运共同体理念指导我们构建新型国际治理体系，不断为人类全面发展添砖加瓦。着眼于全人类生存发展，追求建立一个共生、共识、共建、共享、共赢和共荣的世界，共建各种共同体。总结起来，政治方面的具体要求就是，加强对话协商，不结盟，不对抗，构建平等相待、互商互谅的伙伴关系。

2015年，习近平总书记在博鳌亚洲论坛上呼吁，维护好多边关系，打造亚洲共同体。同年在纽约联合国总部做重要讲话时指出，根据当前各国休戚与共、你中有我、我中有你的国际环境，强调要弘扬《联合国宪章》宗旨，与世界各国树立合作共赢的共识，以共同发展为出发点，积极打造新型国际关系，构建人类命运共同体。2017年，党的十九大准确分析国内外政治环境，用实际行动倡导促进全球治理体系变革。2019年10月，党的十九届四中全会把坚持和平发展外交政策奉为外交主抓手，推动构建人类命运共同体。具体要求就是，在处理国际事务上，加强对话协商，一视同仁，不搞结盟、对抗，在伙伴关系上推行"平等相待、互商互谅"的原则。总结起来讲就是要坚持以联合国为中心，以人类命运共同体理念为指导，以"一带一路"倡议为纽带，坚持多边主义，积极构建新型国际关系。

党的十八大报告中明确地提出了合作共赢的发展方向，从全球发展的角度提出了构建人类命运共同体的发展意识，在国际社会发展中，要兼顾本国和其他国家的共同利益，在合作中谋求发展，在共同发展中实现全人类的共赢。2015年9月，在联合国成立70周年系列峰会上，习近平总书记全面论述了打造人类命运共同体的主要内涵。习近平总书记提出的人类命运共同体立足于对时代主题的精准定位，创新了东西方迥然不同的文明成果。因此，认同与融合是构建人类命运

第五章　中华优秀传统文化与构建人类命运共同体

共同体的价值观基础，是更具包容性、世界性的，符合全人类发展的普遍需要的共同价值。其中，"命运"是指发展规律或者发展趋势，是处于"未来"时间维度的抽象概念。"人类命运"就是指人类社会未来的发展规律和发展趋势。由此确认，"人类命运共同体"就是以人类社会未来发展为主体，为实现全人类整体生存与发展需求形成的集合体。构建人类命运共同体应遵循以下原则。

首先，共商共建原则。人类命运共同体政治建设，在政治、安全、经济、文化、生态五大领域需要依据该原则去构建，就是在处理国际事务当中，结合当前国际实际关系，运用中国多年的外交经验，与各国和谐共处，坚持对话协商原则，坚持共商共建共享原则。2017年，在联合国日内瓦总部瑞士日内瓦万国宫内，习近平总书记发表了题为《共同构建人类命运共同体》的演讲，使人们见证了这一光辉时刻，他指出，"国家之间要构建对话不对抗、结伴不结盟的伙伴关系"，要规避"修昔底德陷阱"，呼吁各国做到坚持沟通、平等相待、真诚相处。国外也有学者强调了对话协商对抑制战争的积极作用。例如德国著名哲学家哈贝马斯在他的著作中提到形成一种新的国际秩序，快捷的方法是"对话"。西方国际关系学界的重要学者赫德利·布尔在他的国际秩序观中提到，大国间的政治争端或可以通过"谈判"来解决、遏制。

所谓对话协商、互商互谅，就是在关系机制当中，将矛盾双方放置在同一平台上，通过协商，面对面地解决争议、冲突。双边主义和多边主义是互商互谅的基本途径，类似于国际论坛、元首外交等。最终目的是维持国家间的和平，使在同一平台的各国都拥有一个稳定、和平的发展环境和生存空间。在人类命运共同体构建初期，各国之间的利益是有所差别的，但随着经济、政治、文化以及新兴领域的进一步交汇，人们就会意识到对人类命运共同体的迫切需要是刻不容缓的。而在人类命运共同体构建初期，对话协商起到了很大的作用，这种方式在很大程度上解决了一定的软冲突，减少了由利益冲突导致的纷争，使全人类的共同利益超越各个国家的具体利益，在满足全人类的共同利益的同时也兼顾各个国家的具体利益。国家之间的和平就是最大的共同利益。国家之间只有站在平等的位置上开展对话，构建合作关系，才能建构和平的人类命运共同体。

其次，平等相待原则。在构建人类命运共同体过程中，相互尊重是前提，平等相待的主要体现是我们坚持国家主权一律平等原则。当前国际上的竞争日益激烈，甚至有部分地缘博弈色彩浓厚起来，而面对当前各国缺乏政治互信、国际贸易冲突频发的现实局面，最简单的办法就是坚持平等相待，平等相待原则正是最好的修复国际关系的黏合剂。人类命运共同体的构建还强调要在权利和义务上坚

持平等，正如《礼记·大学》当中所说的"国不以利为利，以义为利也"，就是说独大或赢者通吃等旧的国际关系体系会使得国家之间离散；相反，人类命运共同体坚持的平等相待原则会增强国家之间的凝聚力。当然平等相待原则在权利和义务上的体现并不是指简单的平均主义，而是区别于不同国家的均衡正义。正如2015年巴黎气候大会上习近平总书记在发言中倡导的发达国家和发展中国家应坚持共同但有区别的责任原则。共同承担责任体现了平等正义，区别承担责任体现了均衡正义。美国学者罗尔斯曾说，社会经济要使处于最不利地位的人获得最大的利益，这种均衡分配要符合受惠最少的人的利益。而鉴于当前的国际形势，平等相待原则既能很好地尊重国家主权，又能涵盖均衡正义。

最后，公平正义原则。构建人类命运共同体，使全人类得到更好的发展，应当遵守国际秩序。总结中国外交多年经验得出的和平共处五项原则在人类命运共同体理念中具有一定的地位，因为它既是人类命运共同体理念的思想来源，也是其构建的基本原则。经过多年对外交关系的指导，和平共处五项原则已经变成全球关系中的主要要求，在不同制度、不同发展水平的国家中也有一定的适用性。因此，我们在构建人类命运共同体过程中，必须遵守和平共处五项原则。中国倡导互商互谅、平等相待、互利共赢的伙伴关系，公平正义、合作共赢的新型国际关系是对和平共处五项原则的继承与发展。人类命运共同体和联合国在目标上有异曲同工之妙，应该相互配合、借鉴，共同为人类更好地生存发展做贡献。具体要求包括，坚持以联合国为核心，按照《联合国宪章》的宗旨和原则办事，尊重国家主权完整原则，不干涉他国内政，反对霸权主义，既不搞自我封闭，也不搞强买强卖，以协商解决纷争，不诉诸武力，在合作中发展，在法制规定下竞争，维护世界的和平。现如今，发达国家借助技术优势、知识产权、控制权等，依托现有的国际治理框架，获得利己、非均衡的利益。发展中国家特别是正处于起步阶段的发展中国家，对资源的需求和参与国际事务的渴望日益增加，联合国正为调节两者间的矛盾提供了一个相对公平合理的平台。人类命运共同体理念被联合国收录，成为其重要决议，它是从世界人民对世界大战的反思和总结中升华出来的、为国际治理提供的中国方案。

四、人类命运共同体的理论基础

（一）中华优秀传统文化的底蕴支撑

中华优秀传统文化中蕴含着丰富的人类命运共同体的思想萌芽。这些思想

第五章　中华优秀传统文化与构建人类命运共同体

充分支撑起了中华民族的文化传承与价值归属，为人类社会发展的转向与人类文明的进步提供了具有中国特色的文化智慧。中华优秀传统文化中对"仁爱""道德""和合"等诸多概念的追求，反映出对人类整体命运的重视。在新时代背景下，挖掘出中华优秀传统文化的历史底蕴与价值内核，不仅能坚定我们的民族使命感，也能为人类命运共同体理念提供历史性的思想支撑。

1. "仁爱"的和平情怀

"仁"作为我国传统文化中最主要的概念之一，一直以来都是我国建构社会政治体系与社会伦理道德的价值核心。早在孔子时期，"仁"就成为中国文化的重要追求，并同"爱"一起，形成了"仁爱"的道德理念。汉代大家董仲舒充分发展了孔子的仁爱思想，并为仁的行为准则做出了规范。他认为，从"爱"的角度出发，其可以划分为两个方面，分别是"爱我"与"爱人"，然而，真正的"仁"是"爱人"。换言之，董仲舒指出了"仁"的对象性要求，即对他人的爱，通过对"爱"的对象性理解，"仁"也成为具有指向性的一种追求。"仁"与"爱"的结合与"仁"的指向性说明"我"与"他人"之间并不存在明确的界限，"他人"是与"我"一样的主体；或者说，董仲舒对"爱我"与"爱人"的明确区分，并未对"我"与"人"进行主体性的划分，而是充分反映了二者互为主体的思想内涵，是对自我价值的更高追求。

在儒家思想中，"爱人"并不是一种单向度的行为，因此，"仁"也具有了双重主体的内涵。"爱人者，人恒爱之；敬人者，人恒敬之。"（《孟子·离娄下》）孟子认为，我爱他人，他人也必将会爱我，爱与被爱是我与他人这两个主体的共同交往行为，是"仁"的互动性的体现，或者说，是一种特殊的交换行为。而这样的行为绝不是局限于物质层面的交换，更多的是满足社会关系与精神领域的需求。值得注意的是，将"仁"视为"爱"的交换，并不是突出这种交换行为的目的指向，相反，"爱"仅以"爱"自身为根本目的。儒家认为，如若他人以不仁的方式对待自己，那么自己首先应该反思自己是否出现了不仁的行为。墨家思想也认同"爱人"的互动性与双重主体性，但墨家对"仁爱"的功利性重视程度过高，他们认为，"爱人"是他人"爱我"的逻辑前提与行为起点，只有我"爱人"，他人才会以"爱我"的行为来作为回报。尽管墨家发现了"爱"的行为需要一定物质基础的支撑，但他们将"仁爱"视为某种单纯的功利性交换，反而忽视了"仁"的本质要求。

"仁"的激发是一种由内向外的动态性过程，实践"仁爱"的准则在于站在他人的立场关爱他人。孟子认为，人一出生便先天性地拥有"四端之心"，通过

"推恩"的方式，人便能扩充自己的潜质并达到对他人同等理解的程度，从而形成命运的共同体。孟子认为，"四端之心"通过"推恩"的形式被激发出来之后，就如同水流一般不可停止，直到人的潜能被真正地扩充出来。也就是说，"四端之心"不会仅仅停留在人自身的层面，而会不断地向他人进行延展，演化为从"爱己"推进至"爱人"的普遍和平情怀。董仲舒也从政治的角度思考了"仁"实践过程中由内至外的特性，为"仁"推进过程中的长远性做出了解释。他认为，当政者需要从"仁爱"的角度考虑国家的对外交往政策，领导阶级只有表现出"爱及四夷"的和平发展情怀，才能真正实现"保四海"。王阳明指出，"仁爱"的实践过程是由低向上的动态发展过程，正如同种子需要经历破土、发芽、抽枝、长叶等过程才能变为参天大树一样，"仁爱"也需要从"兄弟之爱"逐渐推进至"爱物"的境界。因此，"仁爱"的发展性彰显出中华优秀传统文化的道德感染力与实践指向性，成为中华民族每一个历史发展阶段不可或缺的思想底蕴。当"仁爱"超出自身指向的范畴，就成为孟子口中的"亲亲"之情。我们应该注意到，"仁爱"的起点阶段是"亲亲"，但最终走向与价值追求也不止步于"亲亲"，其核心始终是"爱人"的要求，也因而表现为中华民族经久不衰的和平情怀。"仁"通过"爱"实现了本质内涵的发挥，在不断自内向外的发展过程中，逐渐形成了以"爱人"为根基的和平观念，并最终达到"保四海"的国家情怀。

因为"仁"与"爱"对社会环境与对外交往具有重要的伦理意义与实践意义，"仁爱"思想也成为中国历朝历代交往规范的重要准则。"仁"是人类社会和平发展的前提性基础，"爱"则是人类交往行为的中心逻辑，在"仁"的理念下，通过对"爱"的实践，社会得以形成和谐稳定的发展形态，可以说，"仁爱"是我国古代社会发展的根基。孔子认为，不仁不爱的行为会导致社会的秩序混乱和人与人之间关系的不和谐，而广施"仁爱"则可以促进社会的长久进步，并增添人民的满足感与幸福感。因此，"仁爱"表现出中华优秀传统文化对和平稳定的发展追求，一方面是个人在"仁"之中的功夫修养与国内社会和谐有序的要求，另一方面是对外交往中的"爱人"情怀。在对"仁者，爱也"的开展过程中，中国充分践行了"克己复礼为仁"的道德准则与社会共同的和平向往；世界也将在相互"爱人"的行为中，形成"仁"的共同体。

2."大同"的世界思想

"大同"的说法主要是古代人民对于理想社会的一种总结，主要包含了人们从现实出发对所想要拥有的美好生活的向往。古代通常有"天下大同"的说法，

第五章　中华优秀传统文化与构建人类命运共同体

整个世界在中国被称为"天下",君主的皇位不是一人所有,而是属于天下人们共同拥有,这种思想被人们称为"天下为公"思想。"大同"思想在中国历史上也一直发挥着重要的作用,儒家的"大同"思想就是要构建一个"大同社会"。春秋战国时期,中国社会正处于巨变时期,对于社会的发展,不同阶层的人提出了不同的方案。"天下大同"思想是孔子的代表思想,是古代儒家对于理想社会的构想。他讲"四海之内皆兄弟也",即人类本应该都是一体一家的,人们应该像亲兄弟一样互相友爱团结。儒家所构想的社会是公有制的,他们提倡构建一种老有所依、少有所教的和谐共生的社会。一切井然有序、和谐稳定,人与人之间讲究诚信和睦,国与国之间追求和平友好,没有战争,没有喧嚣,这种美好的世界被称为"大同世界"。

道家所追求的理想社会是"小国寡民"的状态。它所描绘的是城邦一定要小,小到鸡犬牲畜都互相可以听得见,居民要少,即使有更为先进省力的工具但是人们并不去使用,百姓爱护生命、追求安稳而不随意搬去远方。虽然有舟船和马车一类交通工具,但是却不乘坐,虽然有盔甲等武器,但从来不是为了战争做准备。一切回归到最本真最纯朴的生活中,人们着装朴素,居住稳定,熟悉周边的环境,不过度地关心周围邻居的生活,尽可能地减少不必要的交际沟通,这是道家理想的社会状态,但是却背离了社会发展的必然规律,在人类现实中无法产生。

到近代之后,中国沦为半殖民地半封建社会,中国再一次进入动荡时期,中国未来如何发展,近代各界人士纷纷进行了探索。太平天国运动期间,领导人洪秀全描绘了百姓有衣同穿、有饭同食、有钱一起花、有地一起种的理想天国;康有为也提出要构建一个人人和睦相亲、一切东西都是大家共同拥有的大同社会,他认为在大同社会没有压迫,没有私有制,没有剥削,人人平等。但是他们这些浮于幻想所追求的大同社会从根本上来说是空想的社会形态,康有为认为通过改良、发挥统治者的仁爱精神能够实现大同社会,但对于处于半殖民地半封建社会的中国来说,不通过暴力革命是无法推翻中国封建制度的,因此,其"大同社会"的构想是脱离中国实际情况的。

习近平总书记在多次讲话中也曾提到大同思想,希望中国能够发挥中国大同思想的文化魅力,利用中华优秀传统文化来超越西方普世价值观,传输美美与共的观念,号召世界各国应该携起手来,共同打造同生存、共发展的命运共同体,实现中国一直以来追求美好生活的梦想和愿望。中国要构建的人类命运共同体同样也体现了中国为实现美好的世界梦所提出的倡导国家和平发展的思想,其思想

中饱含了中华文化"天下思想"的中心要义，得到了世界各国和人民的认同与赞扬。因而，大同思想在当今时代仍然发挥着重要作用。

3."德法"的治理之道

在社会治理规范的层面，中华优秀传统文化融合了道德与法律，使二者共同成为保障社会安定与协调社会管理的主要力量。同时，法律作为底线道德的表现形式，展现出道德的本质属性。首先，道德是法律的根本准则与发展动力，合理的道德规范对法律的形成与实行具有重要的意义与作用。作为人类评价善恶、好坏的朴素思想，道德体现了人类对公平正义的本质追求，而道德准则的缺失必然会导致相关法律的偏差。换言之，道德是制定法律的基础，没有道德原则，丧失道德思想，绝不可能发展出符合人民诉求的法律体系，而缺乏道德评价的法律，也绝不存在实践的可能性。因此，道德的存在也成为法律实施的先决条件，荀子认为，具有高尚道德情操的人才能制定出符合社会需求的法律，而通过对道德理念的指引，便能使人民确立对法律的信任、坚信法律的公正，从而使法律成为社会治理的主要力量。其次，法律是捍卫道德与传递道德的实践载体。法律的建立正是以道德原则为基础的，因而在法律的实施过程中必然会保护道德的本质，并促进道德理念的传播。以"礼""义"为例，"法律将保护'礼''义'之道德，而且，也可以说正是为了'礼'和'义'的利益，法律才得以发展和促进"，法律所维护的正是道德的"利益"。可以说，法律是公平、正义等理念的象征，而法律的实施正是对公正、正义等理念的践行。在法律的实施过程中，要能够充分地引领人们产生道德共识，培育道德行为。因此，对法律的尊重，一方面表现为人们对社会稳定的向往，另一方面则体现为对道德理念的追求。

社会的治理离不开德治与法治，孟子指出："徒善不足以为政，徒法不能以自行。"中华优秀传统文化更加重视以道德与法律相统一的方式来治理社会，德治是人自我约束的准则，通过对道德理念的深入理解，个人的行为受到了道德的制约；法治是对社会整体行为的管控，通过对违法行为的责任追究来完成社会秩序的稳定。因此，德治与法治分别适用于不同的社会治理领域，二者的结合使社会稳定发展成为可能。离开对道德层面的追求而只谈法治，法律的内容只会随着犯罪的形式而增多，外部的强制性规定无法从内部完成人的行为约束，因为社会秩序得不到预期的改善，违法犯罪行为不仅会越发增加，法律条款也会越发烦琐；同样，离开法律而只谈道德建设，也无法起到控制犯罪行为的效果，违法行为只能受到道德上的谴责，而不遭受任何现实性的惩罚。内部的道德规范不具有强制性的管控手段，离开了法律，德治失去了外部的框架制约，丧失了行为奖惩的相应制度，成为泛泛而谈的一纸空话。因此，在社会治理领域，不管是德治还是法治，都必须融合起来形成一个整体，二者就好似人的两条腿，缺一不可。同时，我们应该注意到，德治与法治在不同领域的作用是存在一定差异的，在社会治理中，我们要清晰地认识到二者在适用范围上的区别，合理运用德治与法治。

事实上，德治与法治的关系呈现出辩证统一的特征，二者在社会前提、制约力度、运用制度、作用边界等方面是互为补充的。德治的社会前提要求更高，伦理道德作为人类在精神世界的更高级别的追求并不具备一定的普遍性，或者说，个体之间的道德水平难以达成一致。但只有在社会成员普遍具有较高的思想境界的前提下，德治才有出现的可能性。早在战国时期，韩非子就指出，仁义者的数量是极少的。这说明，人类社会尚不具备普遍性的道德修养，具有高尚道德情操的人始终只是人群中的一小部分，因而不具备完全德治的前提条件。所以，在现代社会中，在人类社会的整体道德水平不高的情况下，注重治理普遍性的法治出场了。法治的存在是对德治的一个补充，当人的行为无法受到道德的约束时，或者说，道德对人行为的管控力度还未提高时，法治作为外部的强制性要求，就成为社会治理的主要手段，督促人们按照法律规定进行一系列的实践活动。

可以说，德治的实践手段是道德教育与道德谴责，而法治的实践手段主要源于国家对强制性力量的掌控，因而法治在一定意义上更为严格，也是社会正义的最后保障。然而，在惩罚方面，德治经常表现出不够果断或坚定，常有不忍之心的出现，这样的怜悯似乎符合道德的要求，但实际上确实是对社会公平正义等理念的摧毁。但法治所依仗的是国家权力，任何行为都必须符合法律条款的要求，但有时也会出现矫枉过正的现象。因此，在人类社会发展的不同阶段，德治与法治的重心是不同的：在道德水平普遍不高的初期，法治是社会治理的主要途径，德治仅在小范围内起到辅助作用；在社会行为规范化的前提下，德治才是提升人民道德修养的最优办法，法治成为德治的现实性举措；而在人类命运共同体的框架下，道德修养与法治观念是人类治理思想的两个不同表现，德治与法治相辅相成、互相作用，共同为人类社会的治理提供力量。

4."和合"的文化积淀

中华民族在几千年的发展中缔造了深厚的"和合"文化，旨在实现人与自然、人与人、人与社会的和谐。中国古代先秦时期有关静下、仁和的思想是十分宝贵的。《礼记·中庸》说："万物并育而不相害，道并行而不相悖……天地之

所以为大也。""和也者，天下之达道也。致中和，天地位焉，万物育焉。"《礼记·中庸》所认为的是在宇宙之间探寻万物间维持平衡的和谐状态，生存与生活在和谐的状态下即天下大道。以和为贵思想表现了"和"思想是处理问题时的重要方法，是人与人形成和谐关系的必然要求，此外还宣传人要具备仁、义、礼、智、信、忠、孝的优秀品质，这些都是在处理人际关系时所用到的规范，而这些对于人的规范现在可以用到国际关系的处理当中，为共同打造人类命运共同体提供了人类特有的文化基因。

孔子提出的"君子和而不同，小人同而不和"（《论语·子路》）所宣传的思想就是在和的过程中要承认双方的差异，双方在差异中求统一，形成和而不同的统一体。孔子认为在治理国家、日常生活、礼仪行为方面都要以"和"为价值标准，"修身、齐家、治国、平天下"（《礼记·大学》）就是其主要体现，要使个人、家庭、国家及世界的管理能够和谐有序，就应该遵循"和"的思想，这样才能使事物朝着良好、和谐的状态发展。孔子认为人与人的需要和利益都不同，因此必然会存在差异，需要人与人相互理解、相互信任，在差异中寻找共同处，达到和谐的统一。同样，当今世界，人与人、国与国之间都存在着不同的差异，面对差异以一种"和"的理念为落脚点求同存异，才能真正实现人类命运共同体的构建。作为孔子的正统继承人，孟子指出"天时不如地利，地利不如人和"（《孟子·公孙丑下》），辩证地分析了天、地、人之间的关系，将人之间的和谐置于最重要的位置，他主张国强民富，还要在物质富裕的基础上再对百姓进行思想教育，以增强百姓的道德修养。荀子曾说："列星随旋，日月递炤，四时代御，阴阳大化，风雨博施，万物各得其和以生，各得其养以成。"阴阳二气化为万物，万物是得到了和气而产生的，万物都得到了风雨的滋养，其思想中蕴含了天地万物和谐共生的思想。《尚书》中说："八音克谐，无相夺伦，神人以和。"这里是用音乐来说明和谐就是相互融合、相互包容，没有冲突与矛盾，达到天人合一的境界。当时社会上存在着不同层次的和谐思想，包括人自身内部的和谐、人与人的和谐、人与自然的和谐，但目的都是追求安居乐业、社会安定。老子所认为的和谐状态就是"道法自然"，追求的就是建立小国寡民的理想社会。墨子宣扬"非攻""兼爱""尚贤"的思想，"兼相爱"的社会状态是百姓之间、官员之间、诸侯国之间互爱互信，人与人能够相互关爱、友好相处。法家韩非子所认为的和谐状态就是没有战争、没有争斗，社会安定有序，百姓安居乐业。

第五章　中华优秀传统文化与构建人类命运共同体

秦汉以来，伴随着中国文化的相互融合和交流，各家对和合概念保留了各自特色的同时普遍地接受了和合概念，后来的世俗文化也讲"和合"。例如"家和万事兴""以和为贵"等思想，这些思想在交流与互鉴的过程中促进了中国文化的持续发展。世界是一个向往和谐、追求和谐的整体，这对中华民族的思想和行为产生了重要影响，形成了和而不同、和谐社会的哲学思想。东汉时期，张骞开通的丝绸之路成为连接中国、中亚、南亚、欧洲的重要枢纽，担负着不同国家和民族之间交流与合作的任务，经过几千年的演变，现在已成为一条和平与发展之路。明朝郑和下西洋，与沿途国家互相沟通、友好合作，传播了中华文化中和平友好的信念，塑造了中华民族爱好和平的形象。人类命运共同体思想的提出就是吸收了和合文化的本真内涵，旨在追求世界的和平与和谐，最终能够处于和而不同的状态。和合文化中追求的和平与当下国际社会所追求的状态是相同的，现如今，国际上仍然存在不稳定的因素，因此和平的追求对于当下仍然是必要的，构建和谐社会一直是我们的共同愿望，期望各国都能够在互相尊重、理解的基础上求同存异、和而不同。

5."利义"的价值判断

在价值认识上，中华优秀传统文化也给予了相当中肯的回答。在儒家看来，义是第一位的。孔子认为，君子与小人的区别就在于对义利的价值倾向，认为我们要"见利思义"。孟子赞同孔子的义利观念，并深化了对仁义准则的重视程度，他认为，在义利面前，舍生取义才是君子所为。荀子则以义利的实践顺序为出发点，认为我们应在保证义的基础上，开展对利的追求。不仅儒家，中国的其他学派也对义利观进行了深刻的研究，如墨子认为义与利实际上是一致的，将义利分离并不能形成合理的义利观，义与利在本质上是辩证统一的整体；韩非子指出，人的本性是对自身利益的追求，利益也就成为维持人类社会关系的纽带。在某种意义上看，他的观点具有一定的革命性，但也忽视了仁义的作用。总之，中国古代诸子百家关于义利的认识从另一个角度证明了义与利的不可分割性，二者本是相互联系的辩证整体。但无论怎样，中华优秀传统文化对义利的争辩与认识，最终都展现为"义利，利义，相为用"的价值判断。

对义的强调并不代表着中华优秀传统文化对物质利益的蔑视，相反，诸子百家都承认利益的客观性与基础性，也认可人类对物质利益的合理追求。孔子认为，人类对物质利益的追寻是人的本性，但不应超越一定的度，他指出，对富贵的向往是人类欲望的体现，而贫贱则展现出了人性的恶。明代思想家李贽以不同

阶级的生活为研究重心，表现了物质利益的不可磨灭性与客观存在性，他指出，农民需要得到作物的收获、学者需要得到书本的收获，官员需要得到俸禄的收获，甚至连孔子这样的圣人，没有物质利益也难以生活。同时，李贽批判了物质利益虚无化的观点，他认为抛开物质利益而讨论义，无疑是一种"画饼之谈"。中华优秀传统文化不仅肯定物质利益的客观属性，也进一步阐明了利益在人类社会的普遍存在性。韩非子指出，人的本性就是为了捍卫自身利益，哪怕在最亲密的关系中，也存在着利益之间的摩擦和矛盾。可以说，任何人类社会关系中都能找到物质利益的存在。孟子更是将物质利益深化为发展层面，他认为，个人如果没有恒定的资产就不会具有恒定的意志，而没有意志力就会导致无所作为乃至走入歧途，这充分证明了物质利益之于一个人道德修养的前提性意义。同样，国家与社会的基础也在于物质资料，个人如果缺乏对物质利益的追求，国家社会就无法产生仁义的理念，义利之间也就不存在相互联系的可能。

虽然在人类社会中物质利益处于举足轻重的地位，但对自我利益的过度重视会影响义的弘扬。在日常的生活实践中，经常会有重利而轻义的情况发生。墨子指出，世人对待义人与其他人的态度是完全不同的，不仅不会帮助义人，反而会阻碍义人。墨子的一个朋友就曾试图说服他不再做义举，因为世人都是不义的，墨子没有必要反其道而行之。墨子认为，尽管社会中的义人数量极少，但不意味着真正的义人不去行义，并以自己的义举号召他人一起"为义"。墨子对义的重视很有代表性，中华传统文化并没有因利而忘义，认为见利忘义的行为不仅对他人没有任何的帮助，更会损害自身的道德修养。儒家指出，对个人利益的过度重视只会使自己陷入不义的境地，义利关系中的义占统治地位。换言之，义决定着利的方向。针对过度重视个人利益的行为，孟子曾对梁惠王表示，"何必曰利？亦有仁义而已矣"，指出了利是仁义的本质体现，突出了义的前提性与重要性。重利而忘义的行为具有对社会与人的双重危害。一是对物质利益的无止境的追求必然会导致社会风气的崩溃与社会资源的困境。人的欲望并不存在一个上限，人在追求物质利益的过程中，放任的欲望并不会得到满足，同时，对物质资料的极大索取将会导致社会资源的分配失衡，导致社会的发展陷入扭曲的状态。二是对他人利益的侵害。过度追求个人利益的最终走向就是通过掠夺他人利益来获取资源，这会进一步导致人与人之间关系的破裂，每个人都成为利益追求的奴隶。因此，孔子认为，这种损人利己的行为会遭受自然与他人的报复。朱熹将"人欲"视为利，将"天理"视为义，他认为，对"人欲"的放纵就是相悖于"天理"并最后导致义的消散与社会的崩盘。对利的过度追求会导致国家在目标上的局限，利益成为主导人们生产生活的唯一动力，利益也成为人与人之间交往、国与国之间交往的唯一衡量标准，然而就算在对利的追逐中义并未被彻底抛弃，义也仅仅是利的装饰品，是美化利益的工具。所以，朱熹充分肯定了孟子"言仁义而不言利"的思想，试图从义利之辩的根基出发，扭转社会对利益过度追求的倾向，进而凸显义的价值与意义。

（二）马克思的共同体思想和世界史论

1. 马克思的共同体思想

马克思深入分析人类社会发展的形态，发现真正共同体的实现不是一劳永逸的，需要在长期的实践发展中逐渐形成。马克思的共同体思想首先表现为自然共同体，后经发展进入虚幻共同体，最终达成真正共同体。

在原始人类生活之初，生活环境恶劣，生产力水平不高，生存困难，为了克服自身局限，形成了各种集体。马克思把它称为"自然共同体"。自然共同体中的土地和生产资料被每个成员共同占有，集体参加劳作，所获得产品的分配每个成员都平等参与，这使得自然共同体具有"原始共产主义"的特征。但是它存在强调共同利益而忽略了个体需求、束缚个人意志在社会关系中的发展的弊端。因此，处于自然共同体中的人的发展并不是真正意义上个人的发展，而是处于一种"人的依赖性"状态。随着生产力和商品经济的发展，自然共同体已经无法满足共同体中个体基本的生存需要，逐渐走向解体，人类社会迈向虚幻共同体，这种共同体是以物的依赖关系为基础的。马克思将社会分工当作虚幻共同体的剖析点："随着分工的发展也产生了单个人的利益或单个家庭的利益与所有相互交往的个人的共同利益之间的矛盾。"社会分工产生了私有制，加之个体意志的不断觉醒促使个体与共同体日益相互独立。所以，要实现真正的共同体就必须消灭分工和私有制。在马克思看来，建立在市民社会基础上的资本主义国家所采取的是一种虚幻共同体。在这种共同体中，个体的发展受到资本主义生产关系的严重束缚，造成了个体与共同体之间相互对立的结果，个人并不能实现真正的独立。而个体的根本利益完全掩盖在代表着普遍利益的国家之下，国家则成为统治阶级维护其现存利益的暴力工具。也就是说，虚幻共同体对于被统治阶级来说是新枷锁。马克思提到，孕育于资本主义社会并且在不断发展壮大的无产阶级是实现真正共同体的可依靠力量。无产阶级要实现自身的解放并得到全面发展，必须彻底消灭私有制、消灭资本主义，建立真正的共同体（代替那存在着阶级和阶级对立的资产阶级旧社会的，将是这样一个联合体，在那里，每个人的自由发展是一切人的自由发展的条件)。"真正共同体"坚持生产资料公有制,这将使人从资本的奴役中解放出来,不断摆脱资本主义社会对人的异化扭曲,真正使人成为自身社会的主人。在未来的"真正共同体"中,私有制不复存在,而是坚持各尽所能、按需分配,人可以得到自由而全面的发展。

人类命运共同体思想与马克思共同体思想具有相通性,二者在核心目标上都聚焦于人类发展的前途命运,前者继承了后者的理想追求,并在实践主体、方式、具体方案等方面有所创新发展。

2. 马克思的世界历史论

马克思批判地吸收了黑格尔关于世界历史的思想,创立了科学的世界历史理论。这一理论有着丰富的内容,它深刻阐释了世界历史形成的发展动力、必然趋势等方面的重要内容。世界历史的实践主体是现实的人,人类的生产实践活动是世界历史形成发展的动力,即生产力的发展和普遍交往的建立推动着人类历史从封闭的地域性历史走向开放的全球性的世界历史。地理大发现和新航路的开辟加深了世界各国之间的交往和联系,历史也就越是成为世界历史。社会生产力的发展和科技的进步不仅提高了物质生产的效率,扩大了商品的流通范围,增加了贸易的数量和种类,加速了世界市场的形成,而且开创了精神生产社会交往的世界性。世界历史理论依据生产力和生产关系的矛盾运动揭示了世界历史由资本主义向共产主义发展演变的趋势,展现了人类社会由封闭的、地域性的历史走向开放的、世界性的历史,实现真正共同体的历史图景。这为人类命运共同体的构建提供了理论参照和思想启发。

马克思世界历史理论的实质在于着眼世界历史发展的规律,它将历史主客体在实践的基础上统一起来,不仅关注人类社会的过去和当下,也关注未来,把走向共产主义、实现人的全面自由发展作为价值追求。当今,世界各个国家和民族在发展的过程中要把握住历史机遇,结合自身发展的特点与优势,实现国家、民族的发展与进步。

马克思世界历史理论的根本指向是实现人的解放和共产主义。人类命运共同体思想是对这一理论的继承与发展。两者都立足于唯物史观,运用整体性视野分析世界的发展,二者共同的理论旨归是关注整个人类的前途命运。但是人类命运共同体思想在理论特质、实践主体和方式等方面进行了新的诠释,是对马克思世界历史理论的实践性创新发展,是对当前人类社会发展面临的"世界之困"的"中国之治"。它以整个人类为出发点,超越了阶级、国家、民族的界限,强调世界人民的共同参与。

第五章 中华优秀传统文化与构建人类命运共同体

（三）中国共产党主要领导人的相关思想

在我国的外交政策中，"和平共处五项原则"一直都是根本准则，也是中华人民共和国成立以来党的第一代领导集体的智慧结晶。毛泽东历来主张以和平的方式解决一切事端。他曾提到："凡愿意遵守平等、互利及互相尊重领土主权等项原则的任何外国政府，本政府均愿与之建立外交关系。"从这个宣言的提出可以看出，我国积极地与其他国家和平建交的主张与决心。不论何时，不论与谁建交，中国都始终坚持尊重他国领土主权与尊重他国合法权利的原则，始终倡导用和平友好的方式进行国际交往。1953年，周恩来提出了和平共处五项原则，对中华人民共和国的外交事业具有重要意义。面对中华人民共和国成立初期的国际形势，毛泽东主张我们要求同存异，积极与其他国家建立外交关系。这不仅仅是针对相对落后的亚非拉国家，同时也包括资本主义国家，不能因为暂时的争议就拒绝往来，要坚持和平共处五项原则，积极交流协作，促进共同发展。在毛泽东的带领下，我国外交事业取得重大发展，中国同越来越多的国家建立起了友好伙伴关系，可以说，毛泽东对国际环境的准确判断是我们建立中华人民共和国外交的前提与基础。因此，不论是毛泽东关于我国外交提出的方针战略，还是周恩来所提出的国际交往原则，都成为处理国家关系与国际问题的重要范式。在中国综合国力不断增强、国际地位不断提高之时，习近平人类命运共同体的重要论述为我国外交事业贡献出了新的时代准则。可以说，它源于中华人民共和国成立初期的外交政策，也是对其的继承与创新。

邓小平在认真总结中华人民共和国成立以来我国对外交往的经验之后，做出了科学论断，认为和平与发展是当今时代的主题。中华人民共和国成立初期，我国面临着非常严峻的国内外形势，从不得不开始实行"一边倒"的外交政策，再到喊出"以阶级斗争为纲"的口号，中国的政治、经济发展与发达国家的差距越来越大。在此背景下，邓小平根据国内国外背景，否定了之前我国关起门来搞建设的做法，通过对世界矛盾变化的科学分析，他指出，要将中国与世界的命运紧密地结合在一起，并且提出我们要始终坚持求同存异，在尊重不同的基础上，追求内在的和谐统一，共同建立起和平稳定、美好和谐的社会。邓小平有关国际发展趋势的把握为我们进行新时期的大国外交贡献了具有时代性的方法论，有利于构建新型国际关系，推进社会朝着命运共同体的方向发展。

以江泽民为核心的中央领导集体提出了新安全观、"与邻为善，以邻为伴"的周边外交政策和"睦邻、安邻、富邻"的外效政策。

迈进新世纪以来，世界局势更加纷繁错杂，而随着中国的迅速崛起，不论是综合国力还是国际影响方面，我国都以飞快的速度发展着。然而面对我国的发展趋势，世界上某些国家企图遏制我国的发展步伐。在此基础上，为了我国更好更快地发展，当时，以胡锦涛为核心的中央领导集体提出了和谐世界的构想。这个观念从政治、经济、文化、安全以及生态环境五个方面为我国外交提供了一个更加清晰明确的目标。在政治上，各国之间进行友好外交的前提就是互相尊重，要尊重他国的社会制度与价值体系，始终坚持独立自主、和平外交。同时，面对国际争端时，要用平等友好、积极协商的态度解决国际冲突。在经济上，我们要继续坚持并深化改革开放的政策，推动经济结构化改革，大力发展第三产业，加强我们与其他国家之间的经济合作，实现互利共赢。在文化上，要坚持交流互鉴、求同存异的原则，积极将我国的优秀传统文化传播出去，让世界看到中华文明。在安全上，要建立共享互信的交往原则，重视传统安全问题的同时也要重视非传统安全问题的解决。面对国际安全问题，要采用友好协商的和平方式处理，建立安全共同体。在生态上，要尊重大自然，树立环保意识，共同建设美丽家园。

世界的发展格局伴随着生产力的发展出现了巨大变化，在这样的时代环境与历史背景下，习近平总书记从全人类的宏观角度出发，提出了要共同建设人类命运共同体的倡导，其作为我国外交理论的重要组成部分，不仅有利于对外交往，促进国际新型秩序与格局的构建，更有利于全人类的共同发展。

第二节　人类命运共同体理念传承创新的中华优秀传统文化基因

习近平总书记非常注重对中华优秀传统文化的转变，人类命运共同体本身就是中国理论、中国故事、中国话语的精炼。习近平人类命运共同体的重要论述突出体现了对中华优秀传统文化的继承和创新。

首先，拓展了"天人合一"的哲学精神。"天人合一"强调人与自然合二为一，"天人与共，人我共存"强调天地与人灵性相通，融为一体。随着社会历史的不断发展进步，"天人合一"的哲学精神扩展到了人与人、人与自然、人与社会的和谐共生，饱含着对于当前全球治理问题的启发性和理论价值。习近平人类命运共同体的重要论述中提出构建清洁美丽的世界，并倡导尊崇自然和绿色发

第五章　中华优秀传统文化与构建人类命运共同体

展,是对"天人合一"中的人与自然万物和谐共生思想的坚持,也是全球生态治理的价值指引。

其次,升华了"协和万邦"的治理理念。中国古代外交历来以"协和万邦"为主要理念,强调国家之间的和谐相处,虽国强但不称霸。习近平人类命运共同体的重要论述继承了中华优秀传统文化中"协和万邦"理念的精髓,倡导平等相待、互商互谅的基本外交理念,提出要构建平等相待、互商互谅的伙伴关系,提倡国家与国家之间结伴而不结盟,结伴是为了双赢多赢,不是为了针对第三方国家,等等。这就在国际社会上表明了中国的外交态度,是对"国强必霸"的正面回应,是对西方世界推崇的"普世价值"有力回击。"协和万邦"确立了国家之间和谐相处的基本准则,其中贯穿着丰富的"协""和"文化,有利于真正推进国与国之间和睦、和平、融合、合作。

再次,承继了"和而不同"的思维方式。"和而不同"最早是指乐器的不同音色组合在一起便成为美妙的乐曲,倡导的是事物内在的和谐统一。一枝独秀不是春,习近平人类命运共同体的重要论述强调要承认世界上不同民族存在不同的文明,它们虽具差异但各自精彩,没有优劣和等级的差别。百花齐放春满园,我们要在承认差异的基础上,尊重不同民族文化、不同文明成果,推动它们之间的交流对话、和谐共生。人类命运共同体提倡和而不同、互学互鉴的文明文化交流,使文化在交流中得到发展和进步,中华民族倡导"人和、家和、国和、天下和"是对传统文化中"和而不同"的理念的升华。

最后,深化了"人心和善"的道德境界。"亲、诚、惠、容"的外交理念,是习近平人类命运共同体的重要论述在外交领域的详细体现,同时也是我国一如既往走和平发展道路的强力阐明。习近平人类命运共同体的重要论述将中华优秀传统文化中的"人心和善"创造性地转化为处理国际关系的价值观基础,坚信对人以仁善之心则"和",将有益于大同天下的实现,致力于打造周边命运共同体,以实现"天下大同"。

人类命运共同体思想是对中华民族优秀传统文化的当代弘扬。习近平总书记在众多外交场合向世界各国人民传播中华优秀传统文化,这不仅有助于提高中华文化在世界范围内的影响力,而且也展现出了中华民族的人文精神。"协和万邦"传达出的是中国追求和平发展的理念,以"和"文化来破解人类社会发展面临的难题,凝聚各方力量维护世界和平稳定。"和而不同"主张世界各国在进行文明交往时要摒弃偏见,尊重差异,在交流互鉴中推动人类文明发展;"天人合一"是人与自然要和谐相处,绿色可持续发展;"义利观"是国与国交往的价值导航。

人类命运共同体思想是将中华优秀传统文化价值理念在世界范围内进行传播、弘扬的重要文化实践，彰显出中华传统文化旺盛的生命力和与时俱进的特征，这对于提升中国文化软实力、增强文化自信也有巨大作用。

第三节 人类命运共同体理念传承创新中华优秀传统文化的意义

一、传承并弘扬了中华优秀传统文化

经过长时间的历史积淀，我们国家形成了具有中华民族特色的优秀传统文化，它源远流长，博大精深。中华文明在经历了五千多年的历史变迁以及不同时期的历史变革之后，仍然生生不息，蓬勃发展，不但是我们宝贵的文化财富，也逐渐成为中华民族延绵发展的重要力量源泉。结合国际形势，根据时代特色提出要创建人类命运共同体，共同建设未来美好社会，不但有利于传承民族文化，对于中华文明在世界的弘扬也具有重大的理论价值。习近平人类命运共同体的重要论述深化了中华优秀传统文化的内涵。这一理论传承了中华民族自古以来的价值追求，也彰显了中国人民从古至今的民族情怀。可以说，这是我们渴望和平稳定、渴望繁荣昌盛的大同梦想。在习近平人类命运共同体重要论述的基础之上，我们始终秉持着"天下一家"的共同体理念，求同存异，平等互鉴，共同促进世界各国的稳定交流与发展。

二、丰富和发展了马克思主义理论

中国共产党是马克思主义政党，坚持马克思主义基本原理，这些基本原理奠定了习近平人类命运共同体思想的认识论基础。习近平人类命运共同体思想增加了马克思主义理论的时代内涵，在新时代实现了对马克思主义理论的丰富和发展。这主要体现在以下几个方面。

第一，丰富和发展了马克思"共同体"思想。1848年，《共产党宣言》在伦敦发表，马克思、恩格斯在宣言中首次提到"自由人的联合体"思想，这一思想预测了未来人类社会的根本特征，指出随着生产力的高度发展，社会物质财富的极大丰富，阶级和阶级对立被消灭，国家消亡，劳动成为每个人自由全面发展的需求。但是马克思并没有指出在具体实践中"自由人联合体"如何构建。进入

21世纪，欧美发达国家仍保持资本主义生产方式，资本主义条件下的生产力还未达到完全解放的高度。与此同时，社会主义国家也蓬勃发展，尤其是社会主义中国发展迅速，成为世界第二大经济体，在国际社会中扮演着举足轻重的角色。如何在资本主义和社会主义共存的条件下，推动人类社会和谐共生、共同发展，成为世界各国探讨的热点话题。中国积极承担起负责任的大国使命，提出习近平人类命运共同体思想，主张世界各国摈弃社会制度的差异，尊重主权平等，寻求经济社会发展的利益共同点，合作共赢，互利共生，打造人类命运共同体。习近平人类命运共同体思想为马克思"共同体"思想增加了时代特征，丰富和发展了马克思"共同体"思想的内涵。

第二，丰富和发展了马克思主义国际关系理论。马克思主义国际关系理论揭示了经济全球化的本质，即经济全球化是资本扩张的过程，资本在这一过程中发挥了决定性作用。在经济全球化进程中，发达国家利用强大的资本实力限制落后的发展中国家在经济全球化中获取平等的经济利益。同时，交通工具的发展使世界交往更为便利，进一步为经济全球化提供了条件，并最终促使生产、分工和消费变得国际化。但马克思主义国际关系理论并没有回答在经济全球化背景下，人类社会应该以什么样的方式存在和建设。习近平总书记遵循马克思主义国际社会主义关系理论的基本原理，提出人类命运共同体思想，回答了马克思主义国际关系理论中关于经济全球化发展背景下怎样认识世界各国之间的关系，怎样进行国家建设的问题。当今世界人类社会的消费和生产都是国际化了的，各国也共同面临威胁人类社会发展的全球性问题和挑战。在这一条件下，要想实现人类社会的发展，必须认识到世界各国已经成为命运共同体，合则共赢，斗则皆败，坚持合作共赢，共同建设人类未来社会。习近平人类命运共同体思想实现了马克思主义国际关系理论的丰富与发展。

三、丰富了中国特色社会主义外交理论

在党的十八大之后，依据国内外发展的形势，习近平总书记认为有关人类命运共同体的重要论述是我国外交思想的新境界，也是我国外交事业的新发展，对中国社会的全方位发展有着极其关键的作用。习近平人类命运共同体思想所蕴含的共同价值理念是中国在经济全球化背景下以实践为基础探索出的关乎人类社会发展规律的价值路径，是人类追求美好生活的积极价值倾向。习近平总书记这一思想所蕴含的共同价值，倡导开放共赢，比逆经济全球化的保护主义具有巨大优势。主张各国不可一味只关注自身的利益，要照顾到其他国家的利益，这一点

极大地超越了霸权主义行径。追求真正共同体，目标十分坚定，又优于不确定主义。所以，共同价值对于人类命运共同体，无论是对其理论充实，还是对其构建实施，都具有重要意义。随着国际交往的日趋深入，人类会逐渐认知共同价值，并形成广泛的认同感。共同价值的践行将有助于人类命运共同体的构建。践行的实践依靠全世界人民的行动，理论一旦被人民群众所掌握，定将转化成巨大的物质力量。另外，人类命运共同体思想也贡献了文化领域、政治生态、安全、生态环境、经济增长等多角度的中国智慧，给出了中国方案。全世界人民应努力铸牢共同价值意识，建设一个能够诗意栖居的地球家园。

习近平人类命运共同体思想为我国外交的发展提供了新的方向。中国在生产力快速发展的同时，经济实力也大大增强，国际地位有了显著提高。在此背景下，中国逐渐开始参与国际治理体系的制定，同时也逐渐收获自己在国际社会中的支持者并树立中国威望。同时，习近平人类命运共同体思想为我国外交理念提供了新时代的血液。由于之前特定的国内外环境，无论是"和平外交"还是"发展外交"，我国的外交政策大多都呈现具体化、特殊化的特征，更多的是针对某一个细小方面或特殊部分而制定的，缺乏全面整体的理论方略。而习近平人类命运共同体思想更关注整体利益，有利于更好地建设相互尊重、互利共赢的新型国际关系，也为建设一个共同发展、和谐美丽的未来世界创造了条件。

习近平总书记指出："中国必须有自己特色的大国外交。我们要在总结实践经验的基础上，丰富和发展对外工作理念，使我国对外工作有鲜明的中国特色、中国风格、中国气派。"从现实情况我们不难看出，习近平总书记关于人类命运共同体的重要论述自提出之后，我国外交就呈现出新的面貌。所以，推动人类命运共同体的实现是习近平外交思想的核心精髓，它延续了中国外交政策的优良传统，在自身发展的同时，不忘将中国同世界的发展紧密地结合起来。这种紧密依存的关系为我国进行国际交往奠定了基础，为中国的大国外交刻上了时代的烙印。

四、提供了实现中华民族伟大复兴的强大动力

21世纪中国和平崛起是世界格局演变中最引人瞩目的事件。尽管中国经济发展取得了巨大进步，但与发达国家相比，仍具有较大的上升空间。人类命运共同体理念以构建人类命运共同体作为连接"中国梦"和"世界梦"的可感知和体验的中介和纽带，为中华民族伟大复兴提供了强大动力，为中国提升国家治理能力、完善自身发展提供了更多的机遇和更有利的外部条件。

第五章 中华优秀传统文化与构建人类命运共同体

原有的全球治理体系正在由西方主导转型为东西方、南北方共同参与，这种转型对国际秩序变革和治理理念创新产生了重要影响。中国作为第三世界的新兴大国，以更加主动、开放的姿态参与到全球治理之中，提倡新的合作观、义利观、增长观，成为全球治理的建设者和贡献者，致力于建立以公平正义、互利共赢为价值目标的世界新秩序。而制度建设是全球治理的顶层设计，只有不断完善制度体系建设，才能将全球治理引向良性发展的轨道。人类命运共同体理念推动全球治理走出当前的困境，追求更加公平、正义的国际政治经济新秩序，坚持反对单边贸易保护主义，使发展成果能够更好地惠及中国人民、世界人民。

当前中国已经发展成为世界第二大经济体、第一大贸易国、第一大吸引外资国、第二大对外投资国，从这些成就来看，中国无疑是和平稳定的国际环境以及经济全球化的受益者。因此，良好的国际环境对中国发展意义重大，只有维护和平稳定的国际环境，让中国拥有良好的发展土壤，将对外开放提升至更高水平，才能保持中国同世界各国高质量的交流与合作，增强中国在处理国际事务中的话语权和主动权，打造国际合作和竞争的新优势，为中国经济增长提供动力，筑牢增强中国软实力的根基，进而实现中华民族伟大复兴的目标。

以历史视野纵观世界发展全局，可以发现全球治理与国家治理具有诸多相似之处。全球治理的治理对象是全球性问题，离不开世界上每一个国家的努力。因此，包括中国在内，每个国家的国家治理能力的高低、好坏对全球治理都有着重要的影响，是直接作用于全球治理成效的决定因素。在构建人类命运共同体的指引下，中国在生态保护、国际安全、扶贫等领域开展了多层次、多角度的跨国合作，为解决全球性问题提供了样本和示范，也证明了人类命运共同体理念对提升国家治理能力的普适价值。

构建人类命运共同体夯实了中国制度自信和道路自信的思想根基。这是因为全球治理需要更为先进的理念指引，构建人类命运共同体所展示出的先进、科学、超前的理论价值已经多次在治理过程中得到了印证，如中国将"人类命运共同体"理念引入针对解决全球气候治理领域，并且将这一理念在世界范围内进行推广，带动了低碳经济、绿色经济、共享经济的潮流盛行。再如，2020年新冠肺炎疫情席卷全球时，世界各国人民深切感受到中国负责任大国的态度和对生命生存的高度关切，中国政府所采取的有力举措及时控制了疫情在中国范围内的蔓延趋势，并在全球范围将疫情传播的影响降至最低。中国政府尽最大能力对其他国家予以支援和帮助，向意大利、伊朗、巴基斯坦、日本和部分非洲国家捐助医疗防护物资，向世卫组织提供资金援助，并多次派出专家组远赴疫情严重的国家，分享抗疫经验，在同舟共济、团结一致的抗疫行动中体现人类命运共同体理念的深刻内涵。

构建人类命运共同体作为目前最先进、最有效的全球治理方案，为世界可持续发展注入了持久动力，也极大地提升了中华民族的民族自豪感和自信心。习近平总书记指出："中国共产党人和中国人民完全有信心为人类对更好社会制度的探索提供中国方案。"因此，在人类命运共同体的指引下，中华民族必将以更加昂扬、更加自信、更加自觉的姿态屹立于世界之林，中华民族将砥砺奋进，筑牢辉煌的中华民族伟大复兴之路。

五、提升了中华文化的竞争力和影响力

在经济全球化、文化多样化发展的时代背景下，面对世界格局变迁，需要我们站在历史高度重新思考不同文化如何交流互鉴，如何把握改革开放的大好机遇，立足中华文化，从人类命运共同体这一理念中思考当今世界处于百年未有之大变局的客观历史现实，创造性转化、创新性发展中华优秀传统文化，推动中外文化交流互鉴，不断提升中华文化的竞争力和影响力。

首先，"一带一路"倡议的提出为中华优秀传统文化的创新性发展提供了对外交流的平台。"一带一路"倡议是统筹国内外形势变化发展提出的长远重大倡议，是对外开放的重要载体，同时也是推动中华传统文化创新发展的一个平台。该倡议的提出和实施，有利于我国经济转型升级和"两个一百年"奋斗目标的实现，也将为世界人民造福，不断推动沿线国家开放互惠，实现均衡的文化经济交流发展。此倡议蕴含着深厚的文化底蕴，将中国古代"丝绸之路"的历史轨迹重新勾画并赋予新的发展意义。与沿线国家签署的多项文化领域的合作协议，通过举行艺术展、特色节庆、文化周、互派艺术团体演出等形式多样的文化活动，提升了中国的国际形象，展现了中华文化的魅力。"一带一路"倡议为中华优秀传统文化发展提供了空间和开放视野，既可以充分展现中华文化的独特魅力，又可以吸收借鉴其他国家的优秀文明成果，为提升中华文化国际影响力提供了广阔空间与交流平台。"一带一路"倡议使更多的沿线国家了解中华文化、认知中华文化、学习中华文化，并为更多喜欢中华文化的外国人提供了学习的平台和窗口。国外先进文化引入，有利于丰富中华优秀传统文化的时代意蕴，深化其价值内涵，推动持续发展；更以"外需"的方式，利用现代科技传媒，加强文化策划与创意，使中

第五章　中华优秀传统文化与构建人类命运共同体

华优秀传统文化以国际化标准构建话语体系、提升文化形象，将优质文化产品展现给世界人民。

其次，"一带一路"倡议推动了中外文化交流互鉴，提高了中华文化的国际影响力。人类社会发展的历史进程遵循一条普遍规律：世界文明平等交流互鉴，便能促进文化发展，反之则不然。在两汉时期，张骞出使西域极大地促进了东西方文化交流。世界文化因交流而有价值，因有价值而相互借鉴，因相互借鉴而不断发展。2014年3月27日，习近平总书记在巴黎联合国教科文组织总部发表演讲中指出："各种人类文明在价值上是平等的，都各有千秋，也各有不足。世界上不存在十全十美的文明，也不存在一无是处的文明。文明没有高低、优劣之分……历史和现实都表明，傲慢和偏见是文明交流互鉴的最大障碍。"阐明了人类文明"交流互鉴"是推动不同文化交流必须坚持的原则，也是提高本民族文化影响力的根本所在。不断推动中外文化交流互鉴，首先要厘清世界不同民族优秀文化成果的差异性。习近平总书记指出，要理性处理本国文明和他国文明的差异，坚持求同存异、取长补短，不攻击、不贬损其他文明。要知道辨析和厘清不同国家文明的差异性，从整体上把握不同国家文化发展的历史脉络。由于各国具体历史环境不同，文化也存在着差异性，只有通过交流与对话，尊重不同国家和民族的文化多样性，才能达到文化交流的目的。推动中外文化交流互鉴，还需要辩证分析不同民族文明成果的适宜性。基于不同国家和民族文明成果的具体性与多样性，要选择有益于社会主义先进文化建设需要的文明成果，做到适宜选择，区别良莠，通过交流互鉴提升本国文化生命力、创新力和竞争力。推动中外文化交流互鉴，在吸收不同国家和民族优秀文化成果时要注重消化，并有效做到创造性转化、创新性发展。习近平总书记指出，我们要强化问题意识、战略意识，紧密跟踪亿万人民的创造性实践，借鉴吸收人类一切优秀文明成果。在中外文化交流中，我们要结合社会主义文化强国建设的需要充分借鉴其他国家的优秀文化成果，使这些有益成分在中国特色社会主义现代化建设中发挥应有作用，将这些优秀文化元素融入中华优秀传统文化之中，融入社会生活与时代发展之中，真正做到"洋为中用"，不断提高中华文化的国际影响力。

第四节　构建人类命运共同体的路径

一、扩大民族共识

习近平总书记在党的十九大报告中首次提出中华民族共同体意识，并多次予以阐述。为实现中华民族伟大复兴的梦想，各族人民必须将中华民族作为共同体的意识铸牢，团结起来，共同努力，复兴民族。我国的民族政策，从来都是以促进平等、团结、繁荣为主旨。除此之外，对各民族进行深入的团结进步教育和民族共同体意识教育，促使各民族就像五星红旗里的四颗五角星，紧紧围绕在中华民族母亲的周围。各民族不断增强和筑牢共同体意识，将越发团结一致、同心协力、互帮互助、互相支持，也将越促进各民族共同的发展与繁荣。共同发展繁荣的各民族也将会越发团结一致，各民族的共同体意识也越发牢固。不断改善民族地区的发展条件，加强扶持，缩小差距，有利于提高中华民族共同体的认识，共奔小康。习近平总书记表示，只有建立强烈的中华民族共同感，才能凝聚起共同建设中国梦的雄伟力量，激发各族人民团结协作，共同实现中华民族的伟大复兴。

二、促进国家间共赢

我国高度重视国家间的命运共同体，倡导各国积极参与全球发展，贡献力量，享受发展成果。强调国家发展不能是某个国家的发展、部分国家的发展，不能落下任何一个国家。国家间要共同发展，合作共赢。在经济全球化的浪潮中，各国必须坚持敞开大门，让生产要素自由便捷地流动，开放发展，以开放促合作，以合作保证共赢与繁荣。例如中国推动中国高铁和中国高速公路走向世界，建设国际大通道和交通共同体，如：中马友谊大桥、亚吉铁路通车。此外，各国的经济贸易往来必须共同遵守世贸规定，维护开放、透明、非歧视的多边贸易规范，建立开放经济，真正实现相互协商、共同建设、共同享用。如建立中国—东盟自由贸易区、中国—巴基斯坦自由贸易区、"一带一路"自由贸易区等，不断促进贸易畅通。同时，各国要尊重其他国家的发展选择，交流互鉴发展经验，条条大路通罗马，让成功的发展成果惠及各国人民。各国要坚持促进创新的发展，充分释放发展潜力。创新就是生机，就是生产力。如在数字经济、纳米技术等方

第五章　中华优秀传统文化与构建人类命运共同体

面开展合作,在虚拟空间上构建网络空间共同体,推进大数据、云计算、智慧城市的建设,为各国发展带来新的机遇。通过开放创新发展,各国的发展潜力不断被激发和提高,发展势头也不断得到增强,形成了新的核心竞争力。习近平总书记强调各国家主体为了共同发展、合作共赢,应勇担各自的职责与义务,积极行动,促进世界发展。同时习近平总书记还提出了构建"命运共同体""亚洲新安全观"等新倡议,促使我国与其他国家间的交往进入一个崭新的阶段。

三、国际社会命运与共

命运共同体构建不能一蹴而就,需要国际上各国的携手努力,只有各国深化共建共享理念,深化命运共同体意识,才能取得更好的发展,实现长足的进步,实现合作共赢,实现人类对美好生活的向往。在经济、文化等多方面,都表明当今世界俨然变成了一个小村庄,彼此关系交织且密切相连,互相依赖的程度错综复杂。党的十八大报告中也有提及,人类共同生活在地球村之中。由于"蝴蝶效应"的作用,一个国家打了个喷嚏,世界都将感冒。2020年受新冠肺炎疫情影响,因郑州富士康未能全面复工,美国苹果公司的4500万套AirPods无法准时交付;韩国现代汽车因缺少中国供应线,而无法全面生产。这次新冠肺炎疫情再次说明,国家间命运与共,各国经济利益交织,世界越发不可分割,成为一个紧密联系的共同体。团结就是力量,合作才能共赢,在各国关系日益紧密的时代,当面对挑战时,任何国家都不可能置身事外,只有团结一致,共同应对,才能让阳光驱散阴霾,守护我们共同的美好地球家园。面对本次新冠肺炎疫情挑战,各国要互相帮助,携手共防,沟通协调抗疫政策,深化合作,实现全球经济复苏。

第六章 中华优秀传统文化传承与发展的关系定位

本章共两节，主要介绍中华优秀传统文化传承与发展的关系定位。分别介绍中华优秀传统文化传承与发展的原则和中华优秀传统文化传承与发展的关系。

第一节 中华优秀传统文化传承与发展的原则

习近平总书记关于中华优秀传统文化的论述中多次明确表述了弘扬中华优秀传统文化的原则立场，即坚持马克思主义立场、原则和方法为指导，秉承"扬弃"的态度。对于优秀传统文化要深入分析、研究，在继承传统的优秀文化基础上使其得以创新发展和传承。

（一）坚持以马克思主义立场和方法为指导

马克思主义始终坚持人民至上的立场，深刻揭示了客观世界特别是人类社会发展的一般规律，提供了认识世界和改造世界的科学方法，在与时俱进中不断转化为改造客观世界的实践，具有跨越时空的永恒价值和无穷力量。面对传统文化，我们要用马克思主义的观点，即辩证唯物主义和历史唯物主义的观点，肯定中华传统文化的历史地位和当代价值，还要做到既不能厚今薄古或厚古薄今，也不能绝对地全盘接受或全盘否定，而是应当以马克思主义为指导用全面的、联系的观点去看待传统文化，文化的发展才能沿着正确的方向发展，才能涌现出巨大的生命力。习近平总书记一再强调在文化发展中坚持马克思主义的指导地位："马克思主义是我们立党立国的根本指导思想。背离或放弃马克思主义，我们党就会失去灵魂、迷失方向。"坚持马克思主义的指导地位，就是要旗帜鲜明、毫

第六章　中华优秀传统文化传承与发展的关系定位

不动摇地坚持马克思主义的立场、观点和方法。在新的时代背景下，重视马克思主义在意识形态领域的指引作用，对我们树立社会主义意识形态、充分借鉴和传承中华民族优秀传统文化具有深远的影响。因此，在文化建设中，我们必须坚持马克思主义的指导地位，科学辩证地对待中华优秀传统文化与社会发展的关系，使中华优秀传统文化真正转化为当代国家文化软实力，更好地满足人民对于文化发展和精神满足的需要。世界在变化，时代在进步，形势在发展。与时俱进是马克思主义的理论品质，坚持和发展马克思主义，但不停留于过去，而应当立足于时代和面向未来，广泛汲取人类文明的一切优秀成果，引领国内多姿多态多样的文化思潮。我们现在正处于社会转型期，由于国际国内大环境和小环境的变化，各种社会思潮极其活跃，只有坚持以马克思主义为指导，用发展着的马克思主义指导新的社会实践，我们才能走得更稳，看得更远，才能够真正担负起为人民、为人类指引正确前进道路和方向的艰巨任务。

中华优秀传统文化不是简简单单就可以继承和弘扬的，要坚持以人民为中心的导向，秉承扬弃的态度，坚持以马克思主义立场原则和方法为指导。习近平总书记强调，我们要用好、用活、用透马克思主义的方法论，否则就会使弘扬中华优秀传统文化的工作失去主心骨。首先，习近平总书记强调，弘扬中华优秀传统文化要坚持以"人民为中心"的导向性原则。人民群众的立场是马克思主义的基本立场，人民群众的重要性体现在其不仅可以创造社会物质财富，还可以创造社会精神财富。作为中华民族最为宝贵的精神财富，中华优秀传统文化是五千余年人类智慧的结晶，是数代人民所创造的文化历史。中华优秀传统文化是中国人民创造的，也需要人民来弘扬和发展，并永远坚持为人民服务。文化繁荣才能真正造福于人民，人民的文化才能永葆青春和活力。其次，弘扬传统文化要坚持"扬弃"的态度，坚持与时俱进。习近平总书记在提到中华优秀传统文化时，经常提到"与时偕行""革故鼎新""与时推移"等词语，这就表明了弘扬中华优秀传统文化要与时俱进才能活色生香。而赋予中华优秀传统文化与时俱进的特点的不是全盘接受，而是要"扬弃"。"扬弃"是弘扬中华优秀传统文化的唯一科学方法，在"扬弃"的过程中，要坚决抵制和反对两种错误的文化倾向，一是全面否定本民族文化当代价值的历史虚无主义，二是全盘肯定、盲目继承传统的文化复古主义，这两种错误倾向最终都只会削弱传统文化的生机与活力。习近平总书记特别强调，对待传统文化要坚持古为今用、推陈出新，有鉴别地加以对待，有扬弃地予以继承。将中华优秀传统文化中符合社会潮流和趋势的内容激发出时代活力，才是当今社会弘扬中华优秀传统文化的意义所在。

（二）坚持创造性转化和创新性发展的原则

保护和发展本民族的优良文化传统，同时实现民族文化的与时俱进和开拓创新，是关系民族前途和命运的重大问题。文化的创新在现代社会中具有举足轻重的地位和作用，如果一个民族欠缺创新能力，那么就会很难屹立在世界先进民族之林，最终会退出人类文明的舞台。习近平总书记从唯物史观和科学辩证法的角度阐释中华优秀传统文化的创造性转化、创新性发展。文化是社会发展的产物，是伴随着经济社会的发展而发展的。传统文化立足于当时的经济政治条件、反映当时的社会现状，其中肯定蕴含着许多消极乃至腐朽的东西，即使是其中的精华性的内容，也必须进行时代性转化、创造和发展。因而，习近平总书记的"双创"思想，既彰显出唯物辩证法的科学运用和理性思维，更反映了文化发展的一般规律，"努力实现传统文化的创造性转化、创新性发展，使之与现实文化相融相通，共同服务以文化人的时代任务"。中华优秀传统文化必须紧跟着时代的脉搏跳动才能延续其生命力，同时，中华优秀传统文化必须紧跟着时代的脉搏跳动也才能孕育和产生更持久的生命力。创造性转化与创新性发展是一个紧密联系、不可分割的整体，却又各有侧重、有所区别。创造性转化，就是要紧跟时代的步伐，把中华传统文化中对我们今天仍有借鉴意义的内涵和过时的形式予以改造，赋予其新的时代内涵和表现形式。创新是习近平总书记传统文化论述中的一个重要的思考角度，创新意味着对传统文化的提升和超越，提升和超越是立足于当代社会实践、立足于中国国情的，抛开了社会基础去提升和超越的传统文化是没有活力的。此外，还要借鉴其他新鲜思想、世界其他国家文明成果的精华等，在社会主义现代化背景下对中华优秀传统文化进行创新、提升和超越，更好地为社会主义现代化建设服务。习近平总书记提出对中华优秀传统文化进行创造性转化与创新性发展不仅为中华优秀传统文化的生存发展和创造创新指明了正确的前进方向，而且也为新时代中国特色社会主义先进文化的繁荣发展指明了正确的道路。

中华优秀传统文化绵延至今，其中蕴含着丰富的哲理与智慧，对当今社会仍有着重要的意义与价值。为了更好地继承和发展中华优秀传统文化，我们就必须赋予其新的时代内涵，对其进行转化和升华。"努力实现中华传统美德的创造性转化、创新性发展，引导人们向往和追求讲道德、尊道德、守道德的生活。"习近平总书记关于中华优秀传统文化的表述中，明确提出了对弘扬传统文化必须坚持"创造性转化和创新性发展"的原则，并对其内容和实践方式进行了阐述。习近平总书记对于"创造性转化和创新性发展"的概念有着明确的表述。所谓创造

第六章　中华优秀传统文化传承与发展的关系定位

性转化就是对传统的突破和创新的过程，就是"推陈出新"的过程，就是要不断深入探究中华民族优秀文化的内在机理，在结合时代发展背景下，对传统文化予以更新视觉与角度，创新发展其内容，将传统和时代需求相结合，为解决时代问题贡献智慧。发展的实质是前进的、上升的运动，所谓创新性发展就是在继承的基础上进行的创新，以创新促进发展。对于"创造性转化和创新性发展"如何予以贯彻和实施，习近平总书记也提出了具体要求与方向，要使中华优秀传统文化的思想精华与当代中国文化相互适应、与现代社会相互协调，从而达到知行合一的效果，将理论创新与实践创新辩证统一起来，以实践创新推进理论创新，以理论创新引导实践创新，最终为增进人民群众福祉的实践服务。坚定文化自信，建设文化强国，要求我们必须立足当今中国特色社会主义伟大实践来实现中华优秀传统文化的创造性转化，促使它随着历史和时代前进的脚步而不断更新发展，让传统文化的精髓与现代文明相匹配。

1. 坚持守正与创新相融合

传统文化能为我们带来具有价值的精神内容，但是不可能公式化照搬，直接用于当代中国建设发展问题的解决。在每个时代，文化要顺应时代潮流，与时代主题相契合，发挥以文化人的功能，就必须与时俱进地丰富和充实体现时代精神和时代特征的思想内涵，从而孕育发展出新的文化形态。

2. 坚持挖掘和阐发相衔接

中华民族在繁衍生息过程中产生的精神活动、形成的思维方式、汇聚的文化果实，是古代先民认识和改造世界的有力思想武器和深沉文化积淀，其中形成的丰富的哲学思想、人文精神、价值理念、道德规范等，一以贯之、绵亘不断，已经成为中华民族根本的文化核心。而从中吸收思想精华和道德精髓，则需要在挖掘和阐发上下功夫、做好文章。因此，可深入研究阐释中华文化的产生源头和脉络走向，扎实建构有中国气派、中国风格的学术思想体系，明确解析传统思想文化的独具元素、思想理念和丰富内涵。从而探索阐明传统文化所承载的和而不同、修身克己、自强不息、厚德载物等重要思想，为人们的当代实践提供有价值的启发；探索阐明传统文化所承载的以民为本、为政以德、礼法合治、诚实守信、崇尚正义的宝贵价值，为社会道德建设提供有益启发。

3. 坚持与发展社会主义先进文化相统一

传统文化润物无声，改变着人的思想观念和日常行为。我们建设新时代中国特色社会主义先进文化，进行社会主义精神文明建设，就要使传统文化和社会主义先进文化相融相通。根据时代特点和现实要求对传统文化中有参考作用的部分

加以革新，丰富呈现方式，为其注入新的时代内涵。在工作抓手上，围绕弘扬中国精神，加大对中华民族的灿烂文化和辉煌历史的传播力度，宣传中华优秀传统文化蕴含和体现的报国情怀、浩然正气、献身精神。围绕培育和践行社会主义核心价值观，将蕴含于中华优秀传统文化中的道德理念、行为规范、价值标准与社会主义核心价值观统一融合起来，建设具有中国风度、民族性格、时代特色的思想架构，提高精神文明建设水平。围绕立德树人的使命任务，把中华优秀传统文化教育扩展到各个环节、融入多种场景，推进中华优秀传统文化进入校园、纳入教材、融入课堂，使中华优秀传统文化的影响代代相传。

4. 坚持积极借鉴其他民族的优秀文化

中华文明是在中华大地上产生发展、成熟壮大的伟大文明，也是和异域文明不断交流借鉴而形成的独特文明。传承和弘扬中华优秀传统文化，不仅要结合时代和国情创新创造，还要放眼世界、海纳百川、兼容并蓄，在交流中互鉴，在互鉴中发展，在发展中将中华优秀传统文化的魅力在全世界发扬光大。坚持从本国本民族实际出发，取长补短、择善而从，在接续吸收世界各国文明的有益养分中为中华优秀传统文化的创新发展提供活力。讲清楚中国的发展道路与中国历史传统、文化积淀的深厚渊源。把优秀传统文化的精神符号提炼并推广，把优秀传统文化中具有时代作用、世界价值的文化内核梳理并传播，为解决人类问题提供中国价值、中国智慧。积极推动中华文化走出去，把具有中国特色、中国风格、中国气派的中华传统文化优秀产品和代表性文艺精品推向世界，全方位展现一个古老而又年轻、传统而又开放的中国。

（三）坚持不忘本来、吸收外来、面向未来

文化的传承与发展必须是连续性的，缅怀过去、立足当下、面向未来是文化繁荣进步的必由之路，习近平总书记多次强调，对待中华优秀传统文化要"不忘本来、吸收外来、面向未来"。立足本来，是明确中华优秀传统文化的历史地位与价值，发挥其民族精神的基因作用，把中国特色社会主义文化的发展根植于中华优秀传统文化的沃土之中；吸收外来，是在文化开放多元的条件下，吸收人类其他民族文明的有益成果，促进中华优秀传统文化的创新发展；面向未来，是广泛挖掘中华优秀传统文化和汲取其他文化的思想精华与价值理念，回应中国特色社会主义文化建设的时代课题，肩负起时代使命，积极探寻关乎中国命运和人类前途的重大问题。

第六章　中华优秀传统文化传承与发展的关系定位

中华优秀传统文化蕴含着丰富而深邃的人文内涵、哲学精神、道德规范，对世界文明产生了深远的影响，具有不可磨灭的历史作用和时代价值，为此，我们要牢牢守护好文化的根脉，坚定不移地传承发展中华优秀传统文化。同时，中华优秀传统文化只有以开放的心态积极汲取人类优秀文明成果，主动参与到世界文化交流中去取长补短，为文化发展注入新的血液，增强文化活力，坚定文化自信，才能获得进步和发展。习近平总书记对传统文化如何融合吸收外来文化做出过许多科学的论断，指出人类文明应该是平等的、开放的，多样性与差异性才是人类文明的本质特征之一，人类文明兼收并蓄，世界才会姹紫嫣红。每个民族的文化都凝聚着其独特的智慧和贡献，都是人类的精神瑰宝，都值得尊重。我们应正确对待、学习借鉴其他民族国家的优秀文化，加强文化交流，共同促进人类文明的不断进步，但这种借鉴和吸收绝不是推倒重来，而是应当建立在以坚持中华优秀传统文化、革命文化和社会主义先进文化为主体的基础之上。例如，人类命运共同体思想既借鉴了马克思、恩格斯和其他一些西方学者的共同体思想，但最根本的还是传承发展了中华优秀传统文化中的"仁爱""和合""大同"等思想，而把这种真正能够反映人类文明和世界前途的伟大倡议贯彻和落实到当今世界各国人民的思想和行动中去，则是中国共产党人的光荣历史使命和时代责任担当，当然也是中华民族贡献给世界的中国智慧和中国方案。

第二节　中华优秀传统文化传承与发展的关系

文化的发展是变和不变的统一，是传承延续和更新发展的统一。文化的生命力在于延续更新，延续是基础，更新是目的，二者如文化前行的两个轮子，缺一不可。文化传承是后人对于前人传统文化成果的认同，要想拓展新的道路、获得新的生命，我们后辈就必须善于创新发展，能够在延续的基础上让我们祖先的文化成果结出新的果实。因此，文化创新发展提供了社会前进的动力，只有革除旧的、更换新的，才能让传统文化在新时代焕然一新。

一、文化的传承性

文化虽然是由生产力和生产关系决定的，但彼此间并不是完全复制重合的。这表现为，文化与经济前进的步伐有时不太一致。这是因为，文化具有强大的传承性，从而是可以单独存在的，不一定必须紧紧跟随经济发展。一定的文化观念一旦形成，就会或多或少内化在人的心里，外化为民族文化的传统，成为一种不可低估的文化历史惯性。

无论是什么年代的思想文化，都离不开前人所创造的观念。人们总是在"直接碰到的、既定的、从过去承继下来的条件下创造"，这是因为我们的生活会受到整个文化环境的影响，总是通过口口相传、书籍文字等形式，从我们祖先那里学习哲学、艺术、技艺，在学习的基础上融入自身的思考，从而让传统的东西有新的展现形式。如今的文化环境是未来探究追寻新文化的基础。没有文化的延续，就没有更高层次的飞跃。毛泽东说："我们必须尊重自己的历史，绝不能割断历史。"习近平总书记也说："不忘历史才能开辟未来，善于继承才能善于创新。"这虽然是针对中国情况来说的，但同时也反映了人类文化发展的共同历史规律。

二、文化的发展性

文化不仅包括既定的文化成果，也包括创造文化的动态活动过程，它不是僵死的、凝固的，而是具有活的灵魂的生命体。文化虽然具有一定的稳定性和传承性，但也会根据人们在不同时代实践活动的改变而不断进行补充和创新发展。这种创新从内部来看，是生产力进步和社会发展的结果。正如马克思主义唯物史观所说："物质生活的生产方式制约着整个社会生活、政治生活和精神生活的过程。"当经济发展方式在一个社会发生改变，社会历史向前发展时，社会的个体成员会以新的方式面对自己所生活的环境。传统很少是完美的，从而那些传承并依赖传统的人就会结合自身时代发展的特征以及群众的精神文化需要对传统文化进行补充和完善，文化传统就会发生转化和创新。但这种转化创新发展通常以渐进的方式发生在文化传统各个组成部分的内部。

从文化创新发展的外部条件来看，一是由于文化的沟通交往，二是由于文化的冲突、对撞。文化的沟通交往，一方面指一种文化之中不一样的文化之间的来往，即使在同一文化传统中，也会因地域的不同出现区别。通过不同地域、民族文化的比较交流会影响这种文化的形成发展。如中华优秀传统文化不仅是汉民族一个民族创造的，而是与其他各民族广泛比较交流而最终形成的。另一方面指不同文化传统之间的比较与交流，也就是国际上不同文化传统之间的比较与交流。不同文化传统之间的交流引起的文化变迁有增添、融合、涵化、综合这几种结果。但对其他文化的吸收借鉴是有选择的，只有适应本地自然与人文环境、能与本民族文化相契合的文化要素，才有可能被选择吸收。

第六章　中华优秀传统文化传承与发展的关系定位

　　文化的摩擦、矛盾既可能发生在一种民族文化中，也有可能发生在两种文化之间。而这种矛盾冲突会打破旧的文化结构，使文化在吐故纳新的基础上进行新的整合，甚至会在外来冲击下发生文化的突变。一般来说，能够有力打破原有文化结构的是代表着先进生产力、符合时代特征的先进文化。但是，面对外来的先进文化，不能照搬照抄，必须保持本民族文化的主体性，否则就会丧失民族生存的根基。

　　文化具有一定的稳定性和传承性。稳定是其重要特征，但稳定不意味着静止、停滞，否则一种文化对现在和未来的影响便无从产生。文化的稳定性与可塑性、流动性、创新性是辩证统一的。一种文化或在内部动力推动下发生缓慢变化或在与外部环境的交流冲击下发生突变，但无论是渐变还是突变，文化总是在创造中不断前进，是一个形成传统和不断向新的传统转化的过程。而我国古代思想本身就是一种文化，具有文化动态存在、不断创新发展的特点。因而，其弘扬我们不仅要传承古代优秀的思想，还要在实践活动中创新发展，才能使其不断更新，从而永远朝气蓬勃。

第七章　中华优秀传统文化传承与中国社会科学文化发展

本章共三节，主要介绍中华优秀传统文化传承与中国社会科学文化发展。第一节介绍科技创新的风险及控制，第二节介绍科技创新的障碍与对策，第三节介绍中华优秀传统文化传承对科技文化创新的影响。

第一节　科技创新风险及控制

一、科技创新概念

（一）科技

"科技"的全称是"科学技术"。科学一词源于20世纪的英国，它主要表示一种可以从社会、经济、人文等角度出发，适用于研究人类社会相关各方面的通用知识体系。根据目前的主要分类可知，从研究对象角度来说，科学包括自然科学和社会科学两种。自然科学主要围绕着自然界的起源和发展，对自然界中物质的起源、形成、组成、特性、范畴进行研究；社会科学主要围绕着人类社会的发展和创造，研究人类行为和社会组成规律，结合经济社会和政治因素的影响进行研究。关于"技术"，至少有两种意义。一是从人类的角度出发，是人们特有的技能和本领；二是从自然规律入手，基于自然科学的实际意义和核心概念研究得到的适用于生产发展和人类进步的主要方法，同时也包括融合了人类意愿创造而成的主要成果，这也是本书的研究中采用的"技术"对应的定义。

第七章　中华优秀传统文化传承与中国社会科学文化发展

(二) 创新

"创新"一词虽被时常提起,但暂未找到一个明确的定义来阐述,由于学术界对于这一概念的定义始终无法达成一致。创新精神根植于中国的时代精神当中,在源远流长、博大精深的中华优秀传统文化中可以找到"创新"理念的踪迹。《易经》《诗经》等经典著作中都包含着丰富的创新思想。例如《诗经·大雅·文王》中的"周虽旧邦,其命维新"就表达了古代人民对于新事物的追求和对于创新变革的向往。

在国外,"创新"一词源于古希腊时期,由拉丁语演进而来,主要包括"更新替换""创造新东西""对原有东西进行改造"三层意思。可以说与汉语中"创新"的意义相差无几。但国外目前流行的"创新"一词另有他义,主要是指经济学意义上的概念。奥地利政治经济学家熊彼特基于经济研究基础对"创新"一词给出了权威的定义。但是熊彼特实际上也只是对"创新"一词进行了一般性描述。根据熊彼特在其主要研究中阐述的那样,创新是基于生产理论研究得出的数学性规律,它主要将生产要素和生产条件作为变量融入经济效益的分析中。这类分析成果主要包括新产品研究、创新产品方法、拓宽市场渠道、转换原材料与半成品之间的供应方式、实现工业生产价值最大化研究五种情况。这五点也就是生产创新、技术创新、商业环境创新、资源分配创新、生产结构创新。

(三) 科技创新理论

科技创新理论即科学技术创新理论,从历史沿革来看,熊彼特在他的相关研究成果中首次引入了经济学研究方法,归结当今时代发展大势提出了技术创新理论。"创新"是基于生产关系过程总结而出的统一规律,以经济学具体规律为基础融合了生产要素和生产条件,进一步扩大了研究范围,将主要研究重点放在了生产创新上。创新不是既有的技术和理论研究,是突破了已有的经验和成果,在此创造性地引入了时代经验和社会现状,最终的成果是适应于时代、根植于社会的理论参考和行动指南。

而新时代的理论要吸收国内外重要的科技发展思想,整合我国在新时期的基本发展国情,对于中华优秀传统文化和马克思主义进行整理和融合,同时,也是中国共产党的集体理论成果,具有时代性而且适用于我国的各个发展阶段。

二、科技创新风险分类

（一）信息管理风险

科技创新的风险首先体现在其创新过程中的信息管理风险。科技工作者在科技创新过程中通过具体实验、收集数据、社会调查等方式把握整个创新过程。在此过程中，科技工作者若信息处理不当则会带来一定的风险。

（二）资金风险

资金风险主要是指融资和资金供应的风险。在创新研发和投入阶段缺乏资金，加上技术创新具有风险性，使企业融资困难。若通过银行贷款筹集资金势必扩大债务，将增加企业的资金风险。在创新过程中资金未及时供给，会影响创新效率。在创新成熟期遭遇同类企业竞争，会使利润降低且需要投入大量资金。

（三）研发风险

企业研发的本质是创造新产品、新技术、新原材料等，从而实现盈利。在研发初期存在科技人员对新研发产品预测方向的选择错误，使其不能被市场接受或无法形成竞争优势，导致无效创新。在研发过程中核心人才流失也会导致创新终止、瘫痪和信息泄露。创新成熟期成果转化周期较漫长，转化机制不够完善，新研发产品替代旧产品无法取得利益或无法转化为现实的生产，使企业创新无效果、无效益。

（四）技术风险

技术风险指技术发展产品或成果转化过程中出现的风险。在创新初期技术创新涉及新领域，若遇到核心技术难题难以突破，将导致企业技术创新失败。创新过程中技术难度与复杂度过高，研发人员无法解决会带来技术风险。在创新的成熟期技术成果专利问题同样会引发技术风险。

（五）生产风险

生产风险指从创新投入到创新产出这一过程中由生产系统中的因素导致技术创新失败的风险。在生产过程中易受到资源有限、供需矛盾等因素影响导致供应

第七章 中华优秀传统文化传承与中国社会科学文化发展

不足、创新失败。企业旧的机器设备不能满足新产品生产需求，生产人员工作懈怠或不能按计划生产出规定规格的产品等导致创新无果。

（六）市场风险

市场风险是指在创新成果转化为创新产品被市场接受过程中达不到预期效果甚至无效益的风险。笔者通过对文献进行梳理总结出创新产品市场需求、顾客需求、竞争优势、被市场接受的时间、产品使用寿命等的不确定性以及竞争对手的变化等因素都会给新产品带来市场风险。

（七）环境风险

环境风险指在创新投入—产出—成果转化—市场接受过程中受到宏观政治、法律、经济、社会、文化等环境因素变化的影响致使创新失败的风险。国家宏观政治、经济政策和新法律法规会影响企业发展规划、企业创新质量、新产品市场需求和技术创新。政府的研发投入和地方保护主义会影响创新效率。自然灾害、生活方式和习惯的变化等会增加企业创新环境风险。

三、科技创新风险控制

（一）科技创新风险识别

在科技创新风险控制中，要想做出正确的风险评估和风险处理，必须提前做好风险识别。在科技风险识别工作中，风险创新主体或者管控主体需要使用各种有效的方法鉴别出潜在的风险。科技风险识别，从具体内容上来说就是要分析风险源、风险种类和影响因素，从而诊断出具体的风险症状，根据风险事件的各种状态和表现形式进行分析。因此，科技风险的识别不仅要识别风险的类型，还要判断风险的等级，以确定能否接受该风险，并为防控风险做好准备。同时，科技创新风险识别是一项系统工程，除了创新本体风险之外，科技创新风险往往是其他风险转化的结果，与其他资产风险、人力成本风险等紧密结合在一起。科技创新风险也存在于各种生产经营管理行为及其过程中。

（二）科技创新风险评估

科技创新风险评估是在风险识别之后的一项重要工作，是科技创新风险控制的重要组成部分。风险评估主要包括风险事件发生的概率、概率分布和事件后果三个方面。风险事件发生的概率和概率分布是风险评估的基础,对概率的认识可分为客观概率、主观概率和合成概率。风险评估从总体上来说,是对项目风险进行综合分析,并依据风险对项目目标的影响程度进行项目风险分级排序的过程。在风险识别和评估的基础上,通过建立相关项目的风险系统评估模型,对该项目风险因素进行综合分析。科技创新风险评估是为了预防或降低科技风险,提高科技安全性的重要举措。在科技开发成功投入市场进行大规模销售之前,通常是由政府部门、技术专家、潜在的消费者代表以及社会公众代表对其进行科技创新风险评估工作。

（三）科技创新风险处理

科技创新风险处理是风险控制的最终环节,在做好科技创新风险识别与评估工作的基础上,需要选择合理的风险处理方法对风险进行处理,从而有效降低风险,确保风险处于可控范围。对已经评估完成的新技术可能产生的风险,采取风险回避、风险分散、风险转移和风险承担等相关方法,将风险控制在主体可承受的水平下,在必要时承担其风险。

第二节　科技创新的障碍与对策

一、科技创新的障碍

在新世纪,以新的生产工具以及新的投资热点大量涌现等为特征,新一轮科技产业革命正在迅猛发展。世界主要国家都在主动跟进,加速赶超,全球经济结构将在科技创新的加速突破和应用中得以重塑,这给我国带来了巨大挑战。科技创新能力的提升既在很大程度上决定着我国能否在国际上硬起腰杆,又决定着我国能否跨越"中等收入陷阱"。自"二战"以来,西方各个国家牢牢把握世界和平发展的战略机遇期,加大科研投入,大力开展以信息革命化为特征的科技创新活动,取得了一系列重大突破和战略性成果,为科技革命和产业革命的孕育奠定了坚实基础。进入21世纪以来,在基础科学研究领域,从物质构造到宇宙演化获得了跨越性发展;在应用科学领域,从信息、生物到空间等领域取得了革命性进展。在这一发展态势下,关键技术的融合与交叉呈现井喷式发展,革命性突

第七章　中华优秀传统文化传承与中国社会科学文化发展

破能量的加快累积带动了新一轮科技产业革命强势来袭。习近平总书记对"新工业革命"这一概念予以郑重表述,指出"新工业革命"的本质即正在全球范围内掀起颠覆性巨变的新一轮科技革命和产业革命。较之原始意义上的工业革命,新一轮的科技革命和产业革命无论在牵涉的范畴还是波及的深度上都有所突破和超越,呈现出产业技术革命的高端发展格局。科学技术兼具世界性和时代性特征,发展科学技术必须放眼全球,紧跟时代。因此,我们必须高度重视、密切跟踪新一轮科技革命和产业革命发展趋势,迎头赶上。

全球新一轮科技革命的蓬勃发展呈现给人类一个网络信息技术的新世界,其在推动科学技术获得一日千里、日新月异进步的同时也加速了产业革命的发展,使"全球科技创新呈现出新的发展态势和特征"。不同学科之间打破了原有的界限逐步渗透融合,不断涌现的新兴学科加速崭露头角,不断延伸的尖端领域初试锋芒;一系列的高端技术、新兴技术、战略性技术、前沿技术等有望推动基础科学领域的研究取得跨越性成果;可持续性的绿色智能技术如新材料技术、新能源技术加速发展并获得巨大的市场前景;基础研究、应用研究以及技术开发和产业化已经逐渐突破传统意义层面的关系,逐步加深彼此之间的融合和渗透;"科技创新链条更加灵巧",技术更新换代更加快捷,科技成果转化以及实现产业化的效率快速提升;科技创新资源和信息顺畅流动的障碍不断消除,科技创新活动逐渐消除了时间、空间以及组织等的束缚。习近平总书记指出,科技创新活动的竞争已经"演化为创新体系的竞争"。这给我国提出了更高的科技创新发展要求,带来更加严峻的挑战。我们必须加强忧患意识,紧跟时代步伐,增强创新战略竞争力。

在经济全球化和新一轮科技革命叠加的时代背景下,世界各国争相调整、适应,抓紧实施必要改革,力求抢占未来经济科技发展的先机。在世界经济大变革的背景下,为更好地应对复杂多变的世界局势,习近平总书记对世界主要国家的科技创新发展态势进行了深刻的洞察,做到了"知己知彼"。他指出,世界主要国家自国际金融危机以来便积极调整科技发展策略,抓紧制定新的科技发展战略,抢占科技和产业发展的主动权,我们务必对这一动态保持高度关注。美国作为一个超级大国,为了巩固其国家地位积极谋划占领未来经济科技发展战略制高点,不断加大对战略性新兴产业、战略高技术研究、基础前沿研究和人才培养的投入力度,不遗余力地加强科技创新战略的部署。俄罗斯为了解决制约经济社会发展的科技问题,调整并颁布了一系列法规政策。为了提升制造业的智能化水平、持续提升核心竞争力,德国推出"工业4.0"战略并出台了"高科技战略

2025"。在亚洲，日本确立了 IT 立国的战略，带动了日本互联网和宽带通信的飞速发展。

从我国当前的社会局势和国家政策来看，我国的经济建设已经取得了质的飞跃，由于我国积极实行改革开放政策，我国当前已经与诸多国家达成了经济发展同盟，以此来促进我国与其他国家的交流。然而，我国科学技术研究水平的提高导致许多国家产生了防卫心理，担心本国的科技水平被我国超过，从而失去在国际市场上的话语权，这样的想法致使我国与其他国家的科学发展在一些高精尖技术领域出现了隔阂，使得我国与国际学界的联系不断减少，甚至出现了技术引进方面的审查和制约，在当前以科技实力为核心的综合国力较量中，西方国家凭借其强大的科技经济实力优势垄断着全球市场特别是高新技术市场，霸权主义和强权政治依然是我国面临的危机。习近平总书记多次强调，唯改革者进，唯创新者强，唯改革创新者胜。当今世界，"新工业革命"的浪潮席卷全球，科技创新能力决定着我国的发展动力能否发生转换，决定着我们在全球经济竞争中能否占据优势，这给我国科技创新事业的发展带来了严峻挑战。我国唯有紧跟世界科技创新发展的趋势，并对科技发展的战略布局做出相应的调整，方能在这场激烈的国际综合实力较量中占上风，实现弯道超车。

二、科技创新的对策

（一）发挥举国体制优势

党的十九届五中全会更是将科技自立自强摆在国家发展的战略地位。近年来，我国在科技创新上坚持走中国特色自主创新道路，取得了盾构机穿海工程、"云轨"无人驾驶系统、海射型固体运载火箭发射、云端人工智能芯片和高速磁浮实验样车等一系列成果，为实现建成社会主义现代化强国提供了坚实的支撑。我国在科技创新路径选择上始终坚定不移地走中国特色自主创新道路，中华人民共和国成立以来，重大科技创新成果的出现，包括"两弹一星"的研发、载人航天工程的突破、港珠澳大桥的建设等项目的成功，一次又一次证明了社会主义制度拥有集中力量办大事的举国体制优势。这一优势不仅有利于集中社会力量推动重大科技项目建设，推进前沿科技领域和战略性新兴产业的发展，带动全行业进步，实现全社会资源效益最大化；而且在实施工程巨大的科技产业时，能够充分调动产业链上下游和产学研用各创新主体的积极性，有效避免决策周期长、落实效率低的拖拉情况，确保科技创新项目进展顺利。

第七章 中华优秀传统文化传承与中国社会科学文化发展

当今世界，各个国家积极抢占创新资源，以期搭上第四次科技革命的"快班车"，对此，我国的科技创新发展必须集中力量提高原始创新能力，提升自主创新水平，但这并不意味着要搞人海战术、以量取胜，也不是完全让政府大包大揽，而是对传统政府模式提出了新的要求：政府要从全能型模式转变为适应时代发展的主导型模式，即以政府为主导、各创新主体协同参与的格局，走以市场需求为导向的自主创新道路，坚持市场的导向作用，发挥企业的主体作用，实现政用产学研协同创新发展。从科学技术的供求关系来分析，科学发现端的"供给侧"主要依靠基础研究和应用基础研究提供关键技术支持，这要求政府通过顶层设计有效组织各类创新要素，并投入资金进行重点建设，推动多元化的创新主体协作创新，尤其是鼓励企业加入科技创新活动，有效推动创新成果转化，实现商业化应用，提高社会经济效益。市场需求端的"需求侧"主要依靠市场引导，使科学技术资源转化为促进经济发展的新动力。这要求政府协调好创新资源的分配，统筹优化创新链条，让企业发挥好科技创新的主体性作用，有利于在发现新的市场需求后，快速进行技术攻关、产品化设计，推动新的科技成果转化，直至投入市场，实现创新链和产业链的顺利对接。

（二）坚持创新驱动发展战略

创新驱动发展战略是一个由战略原则、战略目标、战略部署、战略任务、战略实施等组成的一个完整体系。我们根据这一部分的研究包括之前的研究内容可以得出，如果想要实施创新驱动发展战略，就必须保持政府和市场之间的关系，政府方面做好监管，企业通过接触政府，获得当前的发展策略，在日常运营中将创新发展的策略进行融合，同时依靠我国整体的改革方略，促进科技型企业和创新型企业的迅速发展，提高我国科学技术发展与政府的紧密联系程度，有效地突出政府的宏观规划作用和整体协调作用。

创新驱动发展战略是基于国际形势和我国科技发展的环境所提出的战略性决策。首先，各国之间的发展已经不再是传统的经济冲突和战争对抗，已经逐渐向科技创新水平能力的对抗转变，世界各国争先进行企业创新发展，都是为了抓住国家最好的创新能力发展机遇，并且结合本国具体情况和社会整体趋势做出及时的战略调整，制定一系列创新驱动战略。

改革开放到现在，我国的经济水平迅速提升，我国的科学技术水平也已站在世界先进之林，在世界范围内拥有了自己的地位，我国的科研人员队伍建设质量和科学论题研究的先进性都有了很大的改变，但是，当今中国的科学技术发展仍

然有许多限制，世界领先的研究器械和研究技术仍然掌握在少数几个发达国家手中，在技术上进行了垄断，这不利于我国的科学技术发展的速度，而且也影响我国的科技创新水平以及国内经济的发展，所以，对于一些国内理论文献几乎为零的科研项目，我们必须放开思想，实现从无到有的创新发展，摆脱国外对我国的限制，实现进一步发展的目的。

创新驱动发展战略是我们党对科技发展规律认识的深化，是对其他发展战略能够起到促进作用的部署和实施。而我国在科技创新方面也进行了十分深刻的思考，再结合世界各国支持企业发展科学技术的经验，我国也在思考着适合本国企业进行科技改革的措施，我国在政策文件中首先确立了深化国家科技体制改革的目标，分析我国科技发展过程中出现的阻碍发展的因素，并利用国家的力量对其进行清理。我国政府应该确立政府和市场在经济和科技发展中的主要地位，政府可以调控整体，各级企业作为承担对象，政府不能强制企业或市场执行对应的策略，可以通过宏观调控的策略进行市场研究，促进我国科学技术的发展。

（三）实施"非对称"赶超策略

习近平总书记通过对社会主义制度优越性的研判和科技发展历史、现状的分析，提出了"非对称"赶超策略，其关键是自主创新，归根结底就是要走中国特色自主创新道路，巩固已有优势。党的十八大以来，我国大力支持并研发成功的自主创新成果有墨子号卫星、天宫二号空间实验室、"蛟龙"号载人潜水器、天眼（射电望远镜）、悟空号暗物质粒子探测卫星和民用大飞机C919等，这些拥有自主知识产权的国之重器，牢牢把握了创新的核心环节主动权和核心技术所有权，成功打破了国外技术封锁，让我国在世界上保持领先地位。但是在民企自主研发的先进技术商用化的过程中，遭遇了一些西方发达国家的围追堵截，尤其在5G、人工智能等高科技领域，我国多家科技公司受到美国的打压，面对这种情况，政府必须运用战略思维做到超前谋划、提前布局，把握未来科技发展方向，同时要坚决维护我国企业在国际贸易往来中的正当利益不受侵犯，逐步引领国际市场正常化发展，促进各国在科技领域积极展开知识分享和技术交流，推动世界科技创新实现跨越式发展。

突破重点技术，争做"赶超者"。现阶段，我国高端制造领域仍存在难以突破的技术难点，比如在高端数控机床、芯片、智能手机操作系统、航空发动机、基因检测仪等领域的研发和生产高度依赖进口。以高能物理领域为例，研究人员数量仅相当于美国的十分之一、欧洲的五分之一，大科学装置技术也未达到国际领先标准,这些技术方面的限制导致我国在世界上处于"并跑"和"跟跑"水平,尚未摆脱受制于人的局面。历史发展经验一再告诉我们,依靠交易得到的技术早已落后于时代潮流,先进技术成果不是都可以靠贸易和金钱是换来、买来的,只有自立自强,提高自身科技实力,掌握重点技术成果,才能真正赶超他国。因此,我国的高新技术企业必须由学习模仿跟踪走向颠覆性创新,将核心技术掌握在自己手中;坚持渐进式创新和开放型创新,政府要发挥好市场在创新资源配置中的主体作用,企业要在积极吸收国内外已有先进技术的基础上,提高用户在创新环节的参与度,提升科技成果转化效率。

第三节 中华优秀传统文化传承对科技文化创新的影响

与时偕行、开拓创新是中华民族自古以来生生不息的追求,传统文化中的科技创新理念更是中华优秀传统文化中的一朵奇葩。习近平总书记与时俱进地将中华优秀传统文化中的科技创新理念融合到社会主义现代化建设当中,一方面增添了习近平关于科技创新重要论述的历史底蕴,另一方面实现了传统科技创新理念的现代化转变。

中华民族是富有创新精神的民族,正是在这种伟大的创新创造精神引领下中华民族奇迹般地创造了举世闻名的成果。譬如中华民族首先探索出的"四大发明"大力推动了古代中国社会发展,其中的印刷术、火药和指南针被马克思评议为预告了资产阶级社会到来。又如中国人在天文地理领域首创浑天仪、候风地动仪、水运仪等,在物理学领域首创水排和淬火技术,在农学领域发明了酿酒技术,在数学领域发明了割图术并首提介线性方程组的新分法,这些发明创造的应用不仅极大地改变了古代中国社会的面貌,而且对世界政治、经济、文化的发展产生巨大的影响。

中华优秀传统文化闪耀着创新理念的光辉,蕴含着丰富的科技创新思想。其中,《诗经·大雅·文王》提出"周虽旧邦,其命维新",借文王秉承天命除旧布新完成革新旧邦使命的典故,启示我们在新时代亟须继续发扬不断变革社会、坚持创新发展的传统精神。《周易》中的"天行健,君子以自强不息"运用打比方的方法,将宇宙中运行不息的天体比作君子效法的对象,从自然时空运行规律的角度激励我们在科技创新中不断进取。《礼记·大学》中的"苟日新,日日新,又日新"从动态的角度指出不仅要立足当下进行科技创新,更要放眼未来将科

技创新坚持到底。而北宋二程兄弟则通过"日新者日进"与"不日新者必日退"的鲜明对比论述了只有永远保持吐故纳新方可适应瞬息万变、日新月异的世界。《周易》中的"凡益之道，与时偕行"指出若要推进科技强国的建设必须做到识时务，不断根据变化的社会实践做出合理的调整和革新。《周易·系辞下》有言"穷则变，变则通，通则久"，即只有懂得变通、屈伸，才能使事物持久顺利地发展。"把握易道，开拓创新"的重要性由此可见一斑。

敬才爱才是中华民族的悠久传统。班固的《汉书·武帝纪》中指出"盖有非常之功，必待非常之人"，说明了在科技创新中最关键的因素是人才，若要成就非凡的宏图大业，就必须拥有非凡杰出才能的创新人才。《诗经·大雅·文王》中周文王因礼贤下士、吐哺握发而国富民强，启示我们"千秋基业，人才为先"。《管子·权修》中的"树人"思想首先强调了人才培养的重要性，启迪我们在科技创新中要把人才资源的开发放在最优先的位置；其次告诉我们要不断完善人才培养体制机制，造就一批一线科技创新人才。柳宗元的《种树郭橐驼传》中"顺木之天，以致其性"中的郭橐驼遵从树木生长的规律而成为种树的佼佼者，寓意我们要遵循人才成长规律培养创新型人才，杜绝急功近利、揠苗助长。

总而言之，吐故纳新、日新日进、树人育才、礼贤下士等优秀传统文化中的创新理念亘古通今、历久弥新，在社会主义现代化建设中依然焕发夺目的光彩。中华优秀传统文化中创新理念的现代化推进了科技文化创新思想的发展。

第八章　中华优秀传统文化传承与中国社会文化产业发展

本章共三节，主要介绍中华优秀传统文化传承与中国社会文化产业发展。第一节介绍当代文化产业的地位与作用，第二节介绍中国文化产业的现状与发展战略，第三节介绍中华优秀传统文化传承对文化产业发展的影响。

第一节　当代文化产业的地位与作用

一、文化产业

文化是指人类全部精神活动及其产品的总和。文化的内容非常广泛，有风土人情、思维方式、自然科学、语言、文字等，涵盖了人类衣食住行的方方面面。文化有层次性、多样性、复杂性等特性，有整合、导向、维持秩序等功能。产业是指经济体中有效运用资金与劳动力从事商品生产的各种行业。产业有初级产业、次级产业、服务行业之分，石油、金融和旅游是目前全球规模最大的三个产业。文化产业是文化和工业的融合，它指按照工业规范，生产、再生产、储存以及分配文化产品和服务的一系列实践活动。文化产业以生产、提供精神产品和服务为主要活动，致力于满足人们的文化需要。当前，文化产业在各国经济中所占比重越来越大，文化消费市场十分活跃。

文化产业的概念最早出现在德国著名的哲学家、法兰克福学派代表人物阿多诺和霍克海默的《启蒙辩证法》一书中，也可译作"文化工业"。此后这一概念在学界和社会上逐渐流行。文化产业的一般定义是：文化产业就是按照工业标准，生产、再生产、储存以及分配文化产品和服务的一系列活动。通俗地讲，文

化产业就是从事文化产品生产和提供文化服务的经营性行业。我国近年来重点推进文化产业发展，文化产业相对于文化事业而言，最大的特点在于其营利性，文化企业需要在自身投入产出的核算和循环中、在市场经济中竞争图存；在我国社会主义市场经济制度下，由于多种经济成分并存，所以其生产资本来源需从不同经济成分中获取。

文化产业主要承担着服务社会、服务民生的责任。一是要满足人民日益多元化、个性化和更高水平的精神文化需求；二是作为社会产业门类，必须产生经济效益，为经济社会全面发展提供经济支持。

二、文化产业的地位与作用

改革开放以来，我国经济不断发展，人民的物质生活日益丰富，也带来了文化产业的飞速发展。文化产业的高质量发展于国于民均具有重要的战略意义，不仅可以满足国民的文化需求，提高国民素质，更能繁荣经济市场，增加经济体量和国民收入，也是国家综合软实力的体现。

目前，我国文化产业的差异性逐渐缩小，且集群式发展不断凸显。我国文化产业发展进入良好的局面，为进一步缩小各地区之间的发展差异，应当重点支持中部、东北和西部文化产业跨越式发展，寻求差异化道路，扶持区域中具有良好基础的省市做大做强，形成辐射中心，带动该区域文化产业发展，从而缩小和东部地区的差距，继续促进均衡发展。文化产业的发展应当充分发挥文化产业高聚集区省市，如福建、江苏、上海等的战略"高地"作用，从技术、模式、人才等方面不断创新，成为产业标杆，不断引领全国文化产业的发展方向。创新文化产业与其他产业的融合发展，提高文化产业发展层次。同时，应当充分发挥高聚集地区省区市向低聚集地区周边省区市的辐射作用，采取一系列富邻措施，利用区位优势扩大产业溢出效应，同时创新文化发展模式，充分发展网络文化、新媒体文化等，借助新模式、新技术扩大外部经济性，形成更大的文化产业集群。另外，黑龙江和吉林与周边省区市文化产业聚集区较少，东北地区的发展态势不容乐观，该区域应重视文化产业特色发展和模式创新，加强与发达省区市的协作与交流，学习发展经验，同时鼓励创新和竞争，内化产业发展动力，提升东北地区整体发展水平，努力打破文化产业低聚集的格局。

总的来说，文化产业是我国重要的经济产业，要继续缩小各地区之间文化产业的发展差异，加强地区间交流，引导文化产业集群式发展，充分发挥产业聚集的正外部性，实现均衡发展和共同发展。

第八章 中华优秀传统文化传承与中国社会文化产业发展

第二节 中国文化产业的现状与发展战略

一、文化产业发展现状

中华人民共和国成立后，在文化领域进行了大刀阔斧的变革，把旧社会的经营性文化事务与文化事业统一起来，置于高度集中的行政领导之下，在识字率、适龄青少年入学率等文化建设方面取得了立竿见影的进步，在数十年内迅速改变了我国文盲占多数、社会平均文化素质低的落后状况。但用计划手段管文化、办文化，逐渐导致了经营性文化产业难以激发活力、公益性文化投入不足的不均衡局面。同时，由于我国生产力水平的落后以及某些时期不切实际的"超前性"高度集中、高度公有化生产关系的影响，社会经济发展几乎一直徘徊在低水平，人民群众"吃饭穿衣"的物质生活问题长期以来是压倒一切的紧迫问题，广大人民群众的文化生活需要事实上长期处于不满足和半满足的境地。

经过改革开放的经济发展和社会进步，文化如何更好地发展的问题提上了日程。新世纪伊始，文化产业与文化事业开始剥离。今天，中国特色社会主义进入新时代，我国社会主要矛盾已经转化，势必对社会主义各项建设事业产生深刻的影响。

从文化产业发展布局来看，东西部之间、城乡之间、不同文化门类之间发展还很不平衡，各类文化设施、文化服务在经济发达的东部地区和大中城市相对集中，而在经济较为落后的中西部地区和广大农村地区，文化基础设施和公共文化服务还相当薄弱甚至相当缺乏，特别是在一些"老、少、边、穷"地区，问题显得尤其突出和尖锐。从文化产业结构上看，还存在很多问题。在所有制结构、产业结构、产品结构、技术结构、进出口结构方面，都还多多少少存在权责不够明晰、比例尚不够合理、关系尚未完全理顺等问题；在文化产品上，存在技术含量高低差异大、质量良莠不齐，适合大众消费的优质文化产品和个性化文化服务产品还很缺乏的问题；在资本结构上，存在非公资本比重仍然偏低、对国家政策依赖程度仍然较高、独立发展能力不足的问题；在国际文化贸易方面，与文化产业发达的国家相比还存在着巨大差距，等等。

从国际交流上看，文化产业越来越重要，文化产业是一个国家文化软实力的支撑。在国际上看，文化产业"走出去"走得越好，带来的影响力也越大。但是目前，我国的文化产业在国际交流中还面临许多挑战，我们的产业规模还不足以抵挡外来的冲击，文化产业比例也存在不平衡的现象，因而存在与我国文化大国形象不符合的情况。

党的十八大以来，文化体制机制改革不断深化，现代文化产业和经济市场不断完善体系、提升服务，人民的物质需求在不断增加，人民的精神和文化需求也持续增长，多种因素共同作用促进了我国文化产业的迅猛发展，文化产业为满足不同的市场文化需求积极创新，形成了门类较为齐全、形式丰富多样的现代化产业体系。特别是信息技术的广泛应用加速了文化和技术的集成，并为我国的文化产业进一步发展提供内部动力，大力助推文化产业，使文化产业价值快速提升，在我国国民经济中所占比重越来越高、影响越来越大。在过去的几年中，党和政府加快调整文化产业结构，专注于改善现代文化产业体系，继续培养并加强文化市场主体能动性，并提高了投资和文化市场的标准。此后出现了一大批不同类型、不同层次的相关文化产业，使我国文化产业无论是数量还是质量方面都有了大的飞跃。特别是在文化经济政策的不断完善和导向作用下，一方面使得相关文化产业更加规范，另一方面直接推进了文化产业与其他产业的融合发展。以新媒体、数码电影为代表的具有浓厚时代气息和科技水平的文化产业，极大地提升了我国文化产业的竞争力。

二、文化产业发展的路径

繁荣的文化事业有利于建构文化强国形象。要想让文化事业更便民、育民、富民，就要更好地满足人民的各种文化需求，不断加大公共基础设施投入，让文化事业做大做强，才能让民众感受到祖国的强大力量。文化事业的开展既可以让人们享受文化的成果，又能让人们积极自愿地投入文化事业中，努力为文化强国形象建构提供强大的人力支持。发达的文化产业有利于文化强国形象建构。文化产业是一个新兴产业，是利用高科技与文化共同打造的一种形态。目前，国家文化产业结构的优化、对外文化贸易体制的完善以及文化产品的升级，都将有利于提升国家文化产业的国际竞争力，有利于壮大文化产业基础，这样我国才能进一步增强文化软实力，才能为建构文化强国形象提供丰厚的物质基础。要建构文化强国形象就必须扩大文化产业，加快完善现代文化产业体系。

首先，深化文化体制改革。我国目前文化产业发展路上仍有难题存在，我们要找到一条繁荣文化产业的道路，那就是文化体制改革。一方面，改变干预策略，重视文化创新。在以往的文化建设过程中，我们可能重视的是对文化的干

第八章　中华优秀传统文化传承与中国社会文化产业发展

预,对于允许发展的文化大力支持,但有时会因为地区的各种限制因素不能很好地发展文化产业,所以就会不利于文化的繁荣。所以文化的干预应该要考虑各地区的基本情况。目前,我们应该重视文化的创新,要不断鼓励各地区因地制宜,找寻到适合自己的文化发展道路,进一步促进文化"走出去",提高文化竞争力。另一方面,改变单一的文化市场主体,注重多种市场主体协同发展。既要发展国有和国家资本控股的文化产业,又要鼓励文化产业积极注入民间资本,努力为国家资本和企业民间资本提供同等的政策使其享有同等待遇,加大对民间企业的支持,努力消除民间企业所面临的阻碍,从而盘活文化产业,壮大民族文化市场的实力。

其次,打造新的文化业态。好的资源更需要好的传播方式,才能实现真正的传播,如李子柒网络短视频的成功,通过网络平台将中华优秀传统文化较好地向外国公众展现,这就是一种新的文化业态,所以我们可以通过影视、图书、动漫等多种形式,采用观众听得懂、易于接受的方式做好文化的传播。同时,运用科技力量打造特色文化,每个地区都有自己的民族特色,围绕文化产品内容让其变得越来越有吸引力和创新力,所以我们可以搭乘科技这一便车,建设特色文化资源共享的文化业态。比如故宫开始走向5G新模式,这正是在考虑网络的发展和人们对高科技接受度较高这一条件后,才推出了5G直播等,这样新的文化传播方式为塑造文化形象带来很多的可能性。这无疑是在打造中华文化品牌。遍及全球的"中国制造"早已成为中华文化的"代言人",所以我们要繁荣文化符号,打造中华文化品牌,这有利于中国国家形象的提升,也有利于形成新的产业竞争力,有利于早日实现文化强国形象建构目标。

最后,增加文化产业的交流形式。一方面,打造多元文化产品。要想生产越来越多的文化产品,就要懂得消费者的喜好,所以市场调研是必不可少的。先了解市场的需求以及市场群体之间的文化差异,根据文化需求进行有针对性的文化宣传。近年来,中国的观众比较喜欢家庭生活剧,但形成鲜明对比的是,国外观众却根本不买单,正是文化差异才导致我们的文化产品没有真正打开国际市场。因此为了开拓多元的国际市场,就必须重视文化需求,根据不同文化需求打造多元文化产品,增强文化市场的竞争力。另一方面,增加海外并购的形式。我们进行海外文化投资,不仅仅是为了实现企业的增值,还为了实现文化的传播。海外文化投资也有利于推动中华文化"走出去",所以我们要加强文化产业的实力,利用优势企业来收购一些海外企业,从而提高全球文化资源的配置能力,这无疑潜移默化地传播了中华文化,在世界上积极建构了中国的文化形象。近年来,随着海外并购相关政策监管的加强,再加上中美贸易战的影响,海外并购开始减少,对外投资越来越趋于理性,但是一种新的趋势出现将中华文化很好地宣传出去。如抖音海外版在国外受到民众的追捧就证实了中国的流行文化得到了外国公众的认可。因此,为引导文化走出去,我们不仅要打造多元化的国际市场,还要通过海外并购开发文化产品等新形式扩大文化产业。

三、党管人才的根本原则

发展文化产业,说到底,关键在党、关键要靠人才。必须在党管干部、党管人才的前提下,科学布局、加快培养,造就一代代政治素质高、业务能力强、富于创新精神、党和人民放心的文化人才队伍。

第一,加强和完善党对文化产业的领导。

发展文化产业,必须坚定坚持中国共产党的领导。其一,中国共产党的领导是文化产业沿着正确政治方向前进的保证。我们时刻不能忘记我国文化的社会主义属性,所以,繁荣文化事业、发展文化产业,必须坚持和加强党的绝对领导,这是推动社会主义文化发展的最根本原则。其二,坚持党的领导,也是成功解决文化产业发展实践中层出不穷的矛盾和问题的保证。这些矛盾和问题表现多样、成因复杂,有主要矛盾和次要矛盾之分,也有理论问题和实践问题的交织;既有文化领域内部矛盾和问题,也有与外部领域的矛盾和问题,等等。没有一个坚强而英明的集中统一领导,是难以进行有效组织协调、达成发展目标的。只有坚持中国共产党的领导,才能保证文化产业坚持马克思主义立场、观点、方法的有效指导,才能不断解决千头万绪的现实矛盾和问题。

第二,加强文化产业人才队伍建设。

其一,必须加强文化人才思想政治建设和职业道德建设。首先,要选好、配强政治站位高、思想理论水平高、实践能力强的文化机构领导人才,把握文化人才培养的方向盘;其次,对宣传思想文化人才开展分层、分类的职业道德建设培训工作并使之常态化;再次,对文化产业人才队伍建设,坚持思想政治建设和职业道德培育相统一。持续发力,努力造就一批又一批讲政治、强党性、敢担当、勇创新、严律己的文化人才队伍。

其二,大力培育和提高人才业务能力,造就大批文化产业领域的高层次人才。业务能力和业务水平是文化工作的关键因素。高层次人才主要包括四类:一是学术理论领域和文学艺术领域的领军人才,二是新闻出版传媒领域的高层次宣传文化人才,三是中国特色新型智库高端人才,四是文化产业投资运营、文化企

第八章　中华优秀传统文化传承与中国社会文化产业发展

业管理、媒体融合发展、网络信息服务等方面的复合型人才、紧缺人才。从高端人才培养看，当前要持续完善和推进2012年以来每年进行的文化名家暨"四个一批"人才工程，大力推进国家"万人计划"哲学社会科学领军人才选拔、宣传思想文化青年英才选拔培育等工作。

其三，加强基层文化人才队伍建设。一是要持续加强县级和城乡基层宣传思想文化队伍建设，配齐配好乡镇、村和街道、社区宣传文化工作人员，切实解决基层宣传文化单位人员基本待遇、工作条件等方面的实际问题，保证基层文化工作者有充分获得感、职业满足感，使他们安心本职、发挥榜样示范作用；二是要按照专兼结合的原则，支持发展壮大基层文化工作队伍。扶持民间文艺社团、业余文艺团体，培养壮大民族民间文化传承人等各级各类文化骨干和积极分子队伍；三是加强文化艺术类大专院校和职业院校文化艺术类专业建设，支持民间艺人、技艺大师和职业院校建立良性互动合作机制，合作培养特殊文化人才；四是大力发展文化志愿服务，不断壮大公共文化服务、基层文化活动志愿者队伍；五是推进东西部地区文化领域交流合作、对口支持等工作，以人才交流带动西部人才成长和队伍壮大。通过文化人才培养上的全面动员、梯次推进，才能源源不断为文化强国建设输送有生力量。

四、文化产业发展的新形势

随着我国社会主义建设进入新时代，我国文化产业的发展也迈向新阶段。改革开放以来，我国社会主义现代化建设事业向纵深推进，社会的政治、经济和文化、社会生活以及生态等方面均发生了翻天覆地的变化。1978年，中国的GDP为1495.41亿美元，列当年世界第11位。而当时排名世界第1位的美国为2.35万亿美元，排名世界第2位的日本为1.01万亿美元。换言之，1978年时，中国的GDP仅为美国的1/16，为日本的1/7。至2018年，我国经济总量达到13.457万亿美元，列世界第2位。而排名仍居世界第1位的美国为20.51万亿美元，中国2018年GDP为美国的65.6%，较1978年时大大缩小了差距。日本2018年GDP为5.07万亿美元，列世界第3位，仅为中国的37.67%，中国已远远地将日本抛在身后。由此可以看出，从1978年至2018年的40年间，由于实行改革开放政策，我国的经济总量、世界排名均有了巨大的跃升。除了经济方面以外，我国各方面的实力和水平都有了大飞跃，我国发生了巨大的变化。中国特色社会主义从此进入新时代，文化产业的发展也迈向了新的阶段。

第一，经济体制的加速转换和文化体制改革的推进，使我国文化产业政策变革的内容更加广泛。我国一直注重文化体制改革的开展与推进,文化体制改革的不断深入就使文化产业的发展方向、内容以及重点都更加明确,加快了文化产业政策的不断完善和改进。此外,我国文化产业政策在党的十八大之前还存在一些问题与不足需要改进,这也迫使之后的文化产业政策要弥补和改善之前的不足和漏洞。

第二,国际环境的复杂多变,国内经济文化发展的不平衡,使我国文化产业发展的任务更加繁重。面对文化的冲击和压迫,更多的中国人盲目追求外国文化产品,许多优秀的中华传统文化被遗忘。有一部分人认为外国文化都是先进的,他们盲目地追求美国大片、韩剧、日本动漫中的英雄主义,对于中国的传统美德却嗤之以鼻。由于受到这些因素的影响,现在文化市场呈现出商业化、功利化、贵族化和媚俗化倾向,我国的文化产业受到严重的冲击。其中最有代表性的就是现在市场上的文化创作中或多或少地都会有一些低俗的文化。

第三,我国国民文化需求以及文化企业发展的要求,迫使我国加快文化产业政策调整的步伐。现阶段我国社会的主要矛盾已经发生了变化,人们更加追求精神生活的满足,并且现在的社会文化消费已经成为一个社会文明进步与和社会经济发展的重要因素,人们的文化产品和服务的消费拉动了我国文化产业的发展,也意味着我国文化产业政策要不断调整和改革。改革开放以后,我国文化企业大规模地出现,文化企业在满足社会效益的同时要保证自身的经济效益,它们的发展就要求国家出台更多的文化产业政策以拉动它们经济的发展,只有这样才能保证我国经济社会的全面发展。

第四,当代社会思潮的冲击。现在各种文化和社会思潮相互碰撞,这些影响着我国文化领域的发展。今天,学术界、思想界、文化界的思潮更加复杂多元,这些思潮相互碰撞,相互讨论,可以启发文化产业的发展。学界一些比较突出的观点和看法,也会在一定程度上受到党中央、政府官员和决策部门的注意。

第五,信息技术的推动进一步刺激了我国文化产业政策的变革。现如今,随着经济社会和高新技术的发展,互联网技术和信息技术变得越来越普及,文化的交流方式也变得多种多样,越来越多的高科技进入文化产业中。过去有些文化产业政策就不能适应当前我国社会的发展,必须采用高科技来进行文化产业的发展,这就迫使文化产业政策不断调整与完善,以解决文化产业发展过程中的问题与困难。此外,受"互联网+"经济模式的推动,"互联网+文化"也逐渐成为我国文化产业发展的大趋势。适应此一大趋势,进一步完善文化产业政策成为必然的选择。

第八章 中华优秀传统文化传承与中国社会文化产业发展

第三节 中华优秀传统文化传承对文化产业发展的影响

一、中国文化产业发展的基本规律

文化产业不仅是西方社会追求新文明价值的发展方式和生活方式，也是中华民族伟大复兴的重要实现方式。总体上，文化产业具有经济性、政治性、社会性、文化性和意识形态性等特性。从文化性质看，称为经济性、经营性或生产性文化，那么与之对应互补的另一部分则可称为民生性、事业性或消费性文化。从产业的角度看，文化产业是国民经济的新兴产业；而从国家权力的角度看，文化产业又是一个国家软实力强弱的集中表现。

（一）文化性是中国文化产业良性发展的根本

文化产业的产品及服务，首先属于文化，即具有文化价值和文化意涵，而后再表现出产业经济的特性。说到底，文化的本质是一种精神价值，文化产业的实质是通过市场经济的形态来供给文化精神产品与服务，满足社会大众日益增加的精神文化需要，提升人民群众的精神文明水平。尽管在诸多文化产业研究领域分歧较大，但对"文化产业的根本是什么"的观点是一致的，那就是文化，文化贯穿始终。法兰克福学派强调如何在文化工业中建构一种适应现代工业社会公众文化需求的新兴文化艺术，英国文化学派则侧重从精英文化或俱乐部文化中解放出来而转向大众日常生活文化，而美国文化产业学派更多地强调金融资本与文化经济的发展关系。这与文化产业的产品及服务属于文化商品这一基本事实并不冲突，而是相辅相成的。文化产业产生与发展的根本在于它建构了一种人与人交往的符号价值体系，通过文化符号及意义的生产、流通与消费，人们的精神文明活动得以存在和延续。同商品一样，文化商品的价值是其交换流通的基础，文化商品的生产、消费、流通和交换都不能脱离文化价值本身。这种价值凝结在人们的精神文化消费活动及其生产劳动之中，像文学、艺术、戏剧等。

（二）经济性是中国文化产业持续发展的动力

文化产品及服务具有精神和经济双重属性。精神属性是发展的根本，经济属性是持续发展的驱动力，两者对立统一。文化产品及服务也是通过人类劳动生产

并且可以交换流通的文化商品,具有经济属性。国内一些学者将文化产业定义为生产和经营文化产品的企业群,也即文化企业的集合。产业、企业均属于经济范畴,一方面强调精神或文化属性,另一方面则强调文化产业的经济属性,即追求效率与利润最大化。各国之所以都大力发展本土的文化产业,很大程度上不仅仅是为了满足人民群众的文化产品与服务需求,而且也是为了像其他生产行业那样获得可持续的经济利益。将文化价值转化为商品价值,借助市场流通来获得价值补偿,既符合市场规律,也符合文化自身发展的需要。因此,文化产业的发展离不开诸多文化企业的现代化、规模化、集群化、市场化生产与供给,并接受价格机制与供求机制的约束。因此,在现代消费社会,文化产业的持续发展需要客观认识到产业经济竞争与激励规律,只有追求文化产业规模经济效益,推进文化产业结构转型,才能够持续不断地为文化产业提供发展动力。

(三)意识形态性是中国文化产业稳定发展的保障

文化产品的生产与消费,本身就是一种意识形态活动,蕴含着多样性的思想、意识、信仰、立场、观念、习惯、风俗、情感等,是客观属性与主观属性的集合体,具有意识形态性。因此,意识形态特别是主流意识形态与文化产业之间有着紧密联系并相互影响。意识形态属性是文化产业性质的重要内容,而那些作为主流存在的意识形态本身又能够从外部影响文化产业的发展,这种关系的协调统一在新时期新形势下变得越来越重要。如果文化产业的产品或服务内容中过度嵌入某种"侵入式"意识形态,如西方霸权主义、文化扩张主义等,就会对中国的主流意识形态及文化事业造成不利影响。

(四)创新扩散性是中国文化产业高效、优质发展的抓手

在经济全球化、信息化与网络化时代背景下,知识、信息、技术这些生产要素也注入了文化产品及服务的生产、流通与消费过程。因此,文化产业既是知识密集型产业,也是技术密集型产业,具有持续的创新扩散性,也可称为创意扩散性。一方面,以往诸多文化思想、智慧和理念受制于科技条件的约束无法通过物质载体呈现出来并加以传承保护,而随着科技创新进程的加快,传统文化及潜在的文化源泉可以得到传播扩散与吸纳创新,科技与文化的结合已成为一种可能。那些具有创新优势、沟通渠道优势、时间优势和社会体系优势结构的文化产业,势必将更具核心竞争力,这也为其创造更多优质的产业价值提供了支撑和保障。另一方面,文化在时间与空间中的生产与交换,本身就从一个时代到另一个时

第八章 中华优秀传统文化传承与中国社会文化产业发展

代,从一个区域到另一个区域的传播扩散。特别是随着网络社会的崛起与发展,文化产品及服务的生命周期已经大大缩短,文化传播可触及的范围大大扩展,而新旧文化的迭代时间大为缩减。

二、中华优秀传统文化与文化产业发展

(一)优秀传统文化是现代文化产业的根源

一个国家之所以能够引领世界历史,就在于其优秀的国家精神、文化传统。我国的传统文化更是有着它独特的气质,而这种气质就是我国文化产业与他国文化产业最大的不同之处。特别是近年来,"中国热""儒学热""京剧热"等各种热在世界各国纷纷兴起,更阐明了中华优秀传统文化是中华民族的根基所在,也为大力发展中国文化产业带来了前所未有的良好契机。只有紧紧抓住中华优秀传统文化这条根,才能使文化产业这棵树枝繁叶茂,立于各种人类文明的不败之地。

(二)优秀传统文化是现代文化产业的引导

文化产业的快速发展源于不断的创作,从而满足人们的精神和物质需求。但是这并不是说,现代的文化产业就可以肆无忌惮地去创作,因为如果没有一个良好的创作方向,那么其创作出来的也是低级趣味的文化,不会被大众所推广和热爱。而所谓好的创作方向,就是由优秀的传统文化来提供的。优秀的传统文化经过了几百年甚至几千年的沉淀,值得人们传承和发扬。因此,文化产业高速的发展要让优秀的传统文化做"引导人"。

(三)优秀传统文化为现代文化产业的发展提供思路

不断的创作要有源源不断的创作源泉,而优秀的传统文化就能够给现代文化的创意者提供广阔的创作思路。不同设计领域、不同文化背景的创意者和受众,对不同的传统文化资源会迸发出不同的理解和灵感。充分利用传统文化这块沉积多年的宝藏,积极地挖掘、诠释传统,在产品、建筑、环境等方面才能造就更多经典之作。如由两院院士吴良镛主持设计的孔子博物馆,契合了中华传统文化的"北斗七星"的规划布局,规划形成以主展馆为核心的七个馆的建筑群体空间,与世界文化遗产"三孔"相呼应,一座高科技、大众化、体验式的新型博物馆和寓教于乐的儒家思想体验中心成功展现在世人面前。这个典型案例就是吴良镛先生从我国优秀的传统文化精髓中汲取灵感的典范之作。

(四) 优秀传统文化为现代文化产业的发展保驾护航

随着文化产业的高速发展，一些所谓的包装和品牌效应等名词就陆续地出现在了人们的眼前，而这些词汇主要就是用以开拓某个文化成果的知名度。但倘若人们去翻拍我国优秀的传统文化产物，那么无需什么包装，就会自带品牌效应，这也是现如今为什么那么多影视文化企业反复翻拍我国四大名著的原因。因此，优秀的传统文化确实能够承担为现代文化产业发展保驾护航的责任。

三、中华优秀传统文化产业发展路径

(一) 科技引领，创意表达

全面开发传统文化资源，必然离不开数字媒体。在科技日新月异的今天，网络新媒体、"大数据""互联网+""人工智能"等成为新的流行趋势，在此基础上，传统文化也迎来了新的有利境遇，深入将二者融合，将有力提升中华优秀传统文化呈现方式的技术性和新颖性。

首先，要以科学技术为支撑，主动与前沿科技合作发挥乘法效应。如"VR+古籍"技术，它颠覆了以往传统文化的呈现形式，将我们的读书形式从二维坐标系解放出来，进入立体鲜活世界，从而让古籍"活起来"，不再是单纯枯燥的文本格式。在"VR+古籍"虚拟世界中，人们可以调动多种感觉器官，多方位感知古籍世界，在趣味中理解复杂、深奥的古籍内容，大大提升了人们对于中华优秀传统文化的兴趣。再如故宫博物院推出的《清明上河图3.0》，实现了传统文物与智能科技的深度融合，让人们身临其境走进画中世界，感受汴京的繁华。传承中华优秀传统文化，不仅仅是剔除糟粕、保留精华，更需要结合时代特点、顺应时代潮流，对其加以增补、开拓、改善。唯有守本开新，才能古为今用，让其为今人所用。如今，中国已经进入继往开来的新时代，需要认识到，虽然当下中国已取得了一系列成果，但我们仍面临着发展不平衡、不充分的问题。要在把握时代特征基础上，对中华优秀传统文化做创造性诠释，使其实现转化创新，在现代社会发挥作用。从诠释学的视角看，对传统文化的继承不只是一种克隆，而始终带有创新性。只有不断为其导入新的时代意蕴，才能实现古今对话，唤醒其顽强的生命力。

其次，要以网络媒体为载体，创意表达传统文化的独特魅力。如中央电视台所推出的《国家宝藏》系列节目，以情景剧的形式表现每件文物的故事，呈现文物背后的奥义。就拿《千里江山图》这一绘画领域的神作来说，它不仅展现

第八章 中华优秀传统文化传承与中国社会文化产业发展

了中国山水画技艺的高超，同时也向大众传达出中国传统"天人合一""道法自然"的道家哲学思想，引发人们对人与自然关系的思考。此外，还有《中国诗词大会》节目以益智竞技的形式让人们领略到了楚辞汉赋、唐宋诗词之美。《上新了！故宫》这一节目以文化创新类真人秀的形式将探索之地设在故宫博物院，对竹香馆、倦勤斋等秘密之地的揭示满足了人们对于故宫历史的强烈好奇。再如《中国汉字听写大会》《匠心传奇》等传统文化类节目，都在以创新性的形式唤醒人们对于民族文化的记忆，有助于在年轻人的心中种下热爱传统文化的种子。

（二）改革体制，协同发展

为深入贯彻以民为本、情牵百姓的思想，缓解传统文化传承发展过程中过度商业化的问题，就必须对文化体制进行改革。深化落实传统文化服务体系，需要将文化事业与文化产业相结合。只有保证二者的协调发展，才能使为人民服务、为社会主义服务落到实处，共同为文化的荣华郁勃做出努力，更好地推进我国古代思想文化的延续革新。

公益性文化事业承担着传播优秀传统文化的重任，是人民群众享受传统文化产品的重要阵地。在发展传统文化公益性事业中，首先要增加资金投入，完善基础设施。继续加大对文化遗产的资金投入，让展览馆、纪念馆、国学馆等与传统文化相关的基础设施遍布全国，为群众性文化活动提供便利。其次要完善传统文化公益性事业的相关法律法规，为传统文化传承发展提供更好的外部环境。优秀传统文化传承的立法工作，一要明确传承的内容，二要划分传承者的责任和义务。只有建立起优秀传统文化传承的长效机制，才能保障优秀传统文化建设的持续推进。

大力发展文化产业是世界文化发展的必然趋势，也是提升我国文化竞争力的有效途径。促进我国传统文化产业的发展，首先要深入挖掘传统文化中的素材故事，获取创造灵感。我国传统文化中有许多耐人寻味的经典故事，要深入挖掘体现爱国、勤劳、勇敢、好学、仁孝等优秀的价值理念的人物故事，向其注入新的时代特征，形成具有"中国风"特色的文化品牌。要结合新媒体，用动画、电影、电视等新的方式重新呈现，这样不仅能够很好地向大众传递优秀传统文化，同时也可以让我国在激烈的国际竞争中获得一席之位。其次要找准市场定位，精准营销文化产品。优秀传统文化具有宽广开阔的商业前景，文化产业者要准确分析群众的精神需求，创造出群众喜闻乐见的传统文化产品。最后，法律法规这一底线也是文化产业发展必须遵循的。要避免发生因经济利益产生的不良竞争，使传统文化产业规范化、有序化进行。

第九章　中华优秀传统文化传承与中国社会旅游产业发展

本章共三节，主要介绍中华优秀传统文化传承与中国旅游产业发展。第一节介绍当代旅游产业的作用，第二节介绍中国旅游产业的现状与发展战略，第三节介绍中华优秀传统文化传承对旅游产业发展的影响。

第一节　当代旅游产业的作用

一、旅游

旅游在国际上的定义是艾斯特定义，即旅游是"人们向既非永久定居地也非工作地的地方旅行，并在该地停留而引起的相互关系和现象总和"。不同于艾斯特定义，我国经济学家于光远在 1985 年定义了旅游，他认为旅游是居民表现出的一种短时间的、独特的生活方式，它的特点包括业余性、异地性和享受性。世界旅游组织曾给出相对权威的定义：旅游是指人们旅行到他们平常生活环境范围之外的地方并在那里持续停留时间小于一年的活动，其目的是休闲、商务等。旅游的核心要素和必要基础是目的地旅游资源，旅游的开展要以目的地的城市基础设施、住宿等为依托。改革开放之后，我国经济发展迅速，人民对旅游这种生活方式越来越渴望并乐于接受。

二、文化旅游

世界旅游组织对文化旅游的广义定义是"旅游的每个方面都能体现文化，旅游者通过了解他人的历史和遗迹，可以深刻体会那个时代背景下的生活状况和思

第九章　中华优秀传统文化传承与中国社会旅游产业发展

考方式"。1985年，世界旅游组织将文化旅游定义为文化动机而进行的移动，比如参观历史遗迹、研究自然、宗教朝圣、民俗和艺术等旅行。英国的《2015—2017伦敦文化旅游发展愿景》从多角度对文化旅游给出了定义，认为文化旅游是一种游客沉浸于文化体现中并享受旅游服务的过程，在旅游过程中，游客沉浸在音乐、博物馆、美术馆、遗产、文学等活动中，并通过最惬意的方式享受餐饮、住宿、购物等旅游服务。文化旅游有两种概念：（1）泛指以参观文化为目的的旅游，比如感受特色传统文化、探寻名人遗迹、参加当地文化活动等。（2）指的是由于地域间的差异，不同地域之间文化碰撞、互动最终交融的一种过程。这种概念下的旅游文化具有民族性、艺术性、神秘性、多样性、互动性等特征。有学者从历史文化层、现代文化层、民俗文化层、道德伦理文化层四个层面解释了文化旅游，并指出旅游既是经济活动，也是文化活动，旅游和文化互相依存，互相促进。

三、旅游产业

旅游产业在我国国民经济产业门类中属于第三产业——服务业的范畴，是指通过旅游组织及企业开展的以满足消费者需求为目标、以服务和产品为核心的活动集合。我国旅游产业的发展也是在曲折中不断进行，逐步丰富其内涵并拓展外延。改革开放以后，随着社会的进步开放与人民生活水平的提高，我国的旅游产业才逐渐开始发展壮大。国外的一些研究认为旅游产业是提供旅游服务与满足游客消费需求的产业，这一释义更多描述的是狭义上的旅游产业。而现实中旅游并不是孤立存在的，广义的旅游产业还应包括与其共同配合的多部门结构，例如包括交通、住宿、餐饮等多个相关行业。国家统计局历经科学系统全面的调查研究，于2018年编撰并发布了关于旅游及其相关产业的分类标准，其中对于旅游产业的划分进行了充分且翔实的解释。《分类》中将旅游产业总体上划分成旅游业和旅游相关产业这两大类。其中提到的旅游业指的是为旅行者提供衣、食、住、行、游、购等直接服务的活动合集，而旅游相关产业指的是为旅行者出游提供间接服务的活动合集，例如相关咨询辅助服务和政府管理等活动。

四、旅游产业的作用

旅游业的兴起能有效带动地区经济、社会、文化和生态的全面发展，对促进一二三产业的融合发展具有明显的作用，被认为是促进地区经济多元化发展的"黏合剂"。经过改革开放四十多年的发展，我国经济实力迎来了历史性的飞跃提升，物质水平的提高使人们越来越追求精神生活的享受。旅游产业是伴随着

我国的改革开放而逐步发展的，对我国经济发展和环境质量的提升都有重要的作用。我国丰富的旅游资源为旅游产业的发展提供了广阔的发展空间，从长远来看，旅游产业将会持久地作为我国重要的经济构成。随着经济全球化，旅游所带来的外汇收入也随之增加。1979年改革开放以来，我国旅游业的国际旅游增长水平一直保持增长态势。1978年至2019年中国入境旅游人数从180.92万人次增加到14531.00万人次，增长超过80倍。除1982年外，1979—1988年的增长速度都保持在15%以上。除了1993到1995这三年，1990—2000连续11年的增长速度都保持在10%以上。但是自2001年以后，增长速度明显下跌，并且还受非典型肺炎、地震、经济危机等因素的影响，导致几个年份存在负增长，但总体来说还是保持着增长趋势。我国旅游业发展良好，被吸引而来的国外游客不断增加，随之带来的还有丰厚的国际旅游外汇收入。中国国际旅游收入总额从1979年的2.63亿美元增长到了2019年的1313.00亿美元，其中除1989、2003、2008、2009年受前文提到的因素影响外，其余年份的国际旅游收入增长率均为正值。整体来看，旅游业为中国的经济增长带来了大量的外汇收入。

入境旅游发展得如火如荼的同时，中国的国内旅游同时也取得了长足的稳定发展。在国内，旅游在2020年前已经成为我国城乡居民主要的休闲娱乐方式之一。国内游客数量从1994年的5.24亿增加到了2019年的60.10亿，除2003年可能受非典型肺炎影响游客人数呈现负增长以外，其他年份国内游客人数都是在增加的。自2003年以后，国内游客增长率连续稳定在10%以上，国内旅游发展态势良好。国内旅游收入从1994年的1023.5亿元稳步增长到2019年的57251.0亿元，增长了55倍有余。

五、习近平总书记关于旅游工作的论述

习近平总书记在多次会议和考察期间，强调要在旅游资源丰富的省区发挥其资源优势，把旅游业做大做强，将旅游业发展成为支柱性产业，他强调海南形成的服务产业体系要以旅游业为龙头、现代服务业为主导；指出贵州、云南要充分发挥其旅游资源优势，不断提高旅游业发展的层次和水平。发展旅游业能够带来多方面的效益，其中对住宿业、民航和铁路客运业的贡献率为80%以上，是"五大幸福产业"之首，可以说旅游业是"一业兴而百业旺"。习近平总书记十分重视旅游业的发展，强调"旅游是拉动经济发展的重要动力"。

旅游业要发展壮大，就要走可持续发展的道路，不能涸泽而渔、焚林而猎，旅游业的可持续发展要求我们在开发旅游资源时，要与环境保护、环境治理相结

第九章　中华优秀传统文化传承与中国社会旅游产业发展

合。习近平总书记指出"绿水青山就是金山银山",要想旅游业可持续发展,得从生态环境中借力,优良的生态环境也是生产力,强调发展旅游业要追求人与自然的和谐、经济与社会的和谐,深刻阐明了旅游发展和生态环境保护的关系,践行"绿水青山就是金山银山"理念,就是要将二者有机结合起来。在加强环境治理方面,习近平总书记指出环境治理是可持续发展道路上的重要组成部分,指出"绿色生态是最大财富、最大优势、最大品牌,一定要保护好,做好治山理水、显山露水的文章"。他提出用系统、完整的思维统筹山水林田湖治理,来进行环境治理。并且从全局的角度提出了要以政府为主导、企业为主体、社会组织和公众共同参与环境治理,依靠科技创新破解绿色发展难题。

旅游业是第三产业,本质上是"以服务求生存"的产业,旅游业的健康兴旺发展要求从业者提供优质的旅游产品和服务。习近平总书记一贯重视旅游发展的品质问题,多次强调旅游业硬件和软件的重要性。例如在海南视察时,他指出,发展高水平旅游业,要抓硬件,更要抓软件,特别要提高服务质量,推进精细化管理,以优质服务赢得旅客的笑脸和称赞,赢得持久的人气和效益。对于旅游品质,习近平指出了具体的提升路径:一是大力发展全域旅游,倡导吃住行游购娱各要素相关行业积极融入其中,鼓励与之相关的部门齐抓共管,积极调动社区居民参与旅游业发展,提供优质体验产品给游客,满足游客不断增长的对旅游产品的全方位、多层次需求。2016年7月,习近平总书记在宁夏考察时明确指出,"发展全域旅游,路子是对的,要坚持走下去"。二是坚决整改旅游中的不合情不合理的现象。2015年4月,习近平总书记强调要像反对"四风"一样,下决心整治旅游不文明的各种顽疾陋习。当然,整治旅游顽固陋习不仅是针对旅游管理人员、相关从业人员,对游客也同样提出了文明旅游的要求,正如习近平总书记强调的"要教育我们的公民到海外旅游讲文明。矿泉水瓶子不要乱扔,不要去破坏人家的珊瑚礁,少吃方便面,多吃当地海鲜"。随着旅游业不断发展,习近平总书记在优质旅游方面提出了更高的要求:2018年4月13日,习近平总书记在庆祝海南建省办经济特区30周年大会上的讲话中指出"要培育旅游消费新业态新热点,提升服务能力和水平,推进全域旅游发展,为国内外游客和当地群众提供更多优质服务"。

改革开放以来,中国旅游业完成了从入境市场一枝独秀到国内入境、出境旅游市场协调发展的历程,在世界旅游业的话语权和影响力越来越大,旅游已经从过去外交的点缀转变为外交的前沿,旅游外交应运而生且因此成为外交工作的新领域,是国家战略的重要组成部分。习近平总书记积极推崇旅游外交,非常重

· 165 ·

视我国旅游在发展中与国际社会的交流合作，在很多出访和会见国外领导人的场合，都把旅游交流作为重要的议题。他以旅游为媒介，为中国达成合作共赢这一目标赢得了良好的外部条件，深入推动了中国与各国的合作发展。

红色旅游一直是我国旅游业的一大热门类型。发展红色旅游是加强爱国主义和革命传统教育、培育和践行社会主义核心价值观、促进社会主义精神文明建设的重大举措。另外红色旅游不仅能让游客体验到游山玩水的乐趣，还能瞻仰伟人故居、缅怀革命先烈，具有强烈的教育引导作用，更值得一提的是红色旅游还可以取得可观的经济效益，带动老区经济发展，为经济创收贡献力量。2016年，中共中央办公厅和国务院办公厅联合印发了《2016—2020年全国红色旅游发展规划纲要》，此文件坚持以邓小平理论、"三个代表"重要思想、科学发展观为指导思想，并深入贯彻习近平总书记系列重要讲话特别是关于红色旅游的重要指示精神，是我国现阶段发展红色旅游的纲领性文件。《纲要》还指出我国现阶段红色旅游的发展目标，其中最显著的就是提到了"红色文化有效传承，革命精神广泛发扬"。

红色产业建设是近年来我国的一大新兴热门产业，这其中包含了红色动漫、红色游戏、红色产品、红色VR等。与传统的红色影视歌曲不同，红色新兴产业更加迎合青少年群体，且运用的产品载体也更加丰富，与时俱进。马克思曾在《德意志意识形态》中对于原初历史关系的四个基本要素中的第二个要素做了如下论述："已经得到满足的第一个需要本身、满足需要的活动和已经获得的为满足需要而用的工具又引起的新的需要。"也就是说，人们在满足衣食住行等基本需要后，由人们新的需要而产生出的物质资料再生产。物质文明丰富的今天，精神文明同样也需要丰富。所以，红色文化作为一种知名度高、教育性好的文化资源，应当作为由人们新需要而产生出的物质资料再生产，表现为新兴红色文化产业。除此之外，红色文化产业的开发应进行多边合作，政府、企业、学校、研究院应通力合作，共同创新红色文化的开发模式。红色文化产业经过科学的包装以及带有价值观引导作用的推广会形成浓厚的教育氛围，不仅会给人们带来新的物质和精神文明的双重享受，而且也会带来非常可观的经济收益。

习近平总书记指出，红色旅游也是一个利用红色资源的好方法，依托丰富的红色文化资源和绿色生态资源发展乡村旅游，搞活了农村经济，是振兴乡村的好做法。红色旅游业的发展不仅可以利用当地的红色文化资源为游客提供游玩的去处，同时也是升华心灵、接受红色文化教育的好机会，更为主要的是红色旅游带动了革命老区的经济发展，是老区人民脱贫致富的好路子。同时，习近平总书

第九章 中华优秀传统文化传承与中国社会旅游产业发展

记也强调:"可以通过传统教育带动旅游业,但不能失去红色旅游的底色。"近年来,随着红色文化的传播推广,红色旅游热度不断攀升,全国红色旅游业方兴未艾。红色旅游业的蓬勃发展确实带动了革命老区的经济发展,但同样需要看到的是我国红色旅游业在发展过程中还存在一些不容忽视的问题。"一定不要追求高大全,搞得很洋气、很现代化,花很多钱,那就不是革命传统了,革命传统就变味了。"习近平总书记一针见血地指出了当前红色旅游发展的其中一条弊病就在于红色旅游景点过分追求高标准,追求富丽堂皇的外观,投入很多钱,却忽视了景点建设的本来意义。红色旅游、红色景点本身的"闪光点"在于其蕴含丰富的红色文化和革命精神,若一味地放大富丽堂皇的外观,一味地追求"面子工程""政绩工程"反而忽视了这些"闪光点",那么红色旅游就会变"味",也就失去了红色旅游的"底色"。所以习近平总书记提醒大家一定不要追求"高大全",要守住红色旅游的"底色"。

第二节 中国旅游产业的现状与发展战略

一、旅游产业的时代背景

当前世界处于大发展大变革大调整时期,中国正处在实现中华民族伟大复兴的关键时期。如今,我国既面临前所未有的发展机遇,又面临诸多未曾经历的艰难挑战,旅游业的发展也是如此。

第一,全面深化改革对旅游业发展提出了更高的要求。当前,全面深化改革是最重要的国家战略之一,习近平总书记十分重视全面深化改革的可持续性,强调坚持全面深化改革的同时,对其提出了要求,指出必须"攻克体制机制上的顽瘴痼疾,突破利益固化的藩篱"。国务院发布的《关于促进旅游业改革发展的若干意见》31号文件,目的明显,立场鲜明,就是想把市场化程度最高、内部制约几乎为零的旅游业作为全面深化改革的突破口,以旅游业为抓手带动中国的全面深化改革。然而改革难度极大:一方面,旅游产业整体规模大,且不同区域在发展中出现的问题不同,同一问题中的主要矛盾也有所不同;另一方面,旅游行政部门作为一个弱势部门,在对旅游进行管理时,要想突破现有不合理的法规条例又是一大难题。

第二，中国特色社会主义进入新时代赋予了旅游业发展的新课题。经济基础决定上层建筑，中国要在新时代新阶段全面建成小康社会，实现"中国梦"，经济基础作保障必不可少，然而经济发展的同时会出现不可避免的环境污染等问题。旅游产业作为国民经济的支柱产业，如何绿色低碳地高质量发展、在国民经济中保持高速增长、助力中国经济在世界上的竞争力，是目前遇到的难题之一。新时代中国经济社会的发展如城乡建设等方面是不平衡和不充分的，研究党的十九大报告可以看出，要达成全面建成小康社会的目标，乡村振兴战略实施必不可少，要按照"产业兴旺、生态宜居、乡风文明、治理有效、生活富裕"的总要求，全面推进农业农村的现代化发展。作为最原始风貌和乡土人情发源地的中国乡村，科学发展乡村旅游有百利而无一害，是实现乡村振兴、可持续发展的重要组成部分，如何推进高质量乡村旅游的发展，通过乡村旅游扶贫提高保障和改善民生水平，真正实现乡村振兴，是目前遇到的又一难题。

第三，"一带一路"倡议为旅游业走出去创造了新契机。2013年秋，"一带一路"倡议由习近平总书记提出，并在随后多个国际重要场合得到深刻阐述，逐步引发全球共鸣，为我国旅游业的发展带来了新的机遇。"一带一路"沿线国家和地区具有发展旅游业的潜在比较优势——拥有丰富的旅游资源和充裕的劳动力，为旅游业的发展奠定了良好的基础，但问题同样存在，如生态环境脆弱、交通运输不便、基础设施薄弱、社会治安复杂等，加大了地区旅游开发难度，提高了游客进入门槛，不利于规模市场的形成。"一带一路"是机会但更是挑战，旅游业在发展中如何突破困境、抓住机遇、走出国门，实现真正合作共赢，推动人类命运共同体建设，是今后发展旅游的重要方向。

二、旅游产业取得的成效

（一）广阔的发展前景

随着交通业的快速发展，我国的国内旅游行业发展状态良好，同时出境游市场也迎来了发展机遇，首先我国地域辽阔，受到地理位置、风土人情等因素的影响，不管是高度发展的城市，还是普通的山村，都在大力发展旅游产业。其次是出境旅游方面，人们的生活水平已经有了很大提升，因此开始寻求精神生活的满足感，要开拓自己的知识视野范围，因而会选择出境游的方式，去更远的地方看看。数据调查结果显示，我国是世界出境游大国，出境游的人数还在持续增长，

第九章　中华优秀传统文化传承与中国社会旅游产业发展

因而出境游行业的发展前景也很乐观。最后是入境旅游发展状态良好，因为我国在国际地位上占据重要位置，而且我国在优秀文化输出方面也取得了不错的成绩，所以随着我国的世界知名度水平不断提高，还会有很多国外游客选择来中国旅行，未来我国在世界范围内的知名度还会持续扩大，届时将会有更多外国游客被中国文化所吸引，入境游行业发展也会迎来更大的发展机遇。

(二) 不断扩大的旅游产业规模

因为大众的旅游需求不断增加，所以旅游产业发展规模也会持续扩大。传统的旅游发展模式具有一定的局限性，人们除了观赏风景之外，并没有其他的娱乐体验活动可选择。而现在的旅游活动比较丰富多彩，除了满足游客观赏美景这一基本需求之外，还推出了一系列旅游产品，常见的有亲子游、生态旅游、蜜月游等，与此同时，还推出了配套的吃住行服务，能够让游客全方位体验到旅游的快乐。另外，与旅游产业相关的行业也在快速发展着，比如保险、信息通信、医疗、环保等。所以，旅游产业规模还会持续扩大，进而在拉动经济方面发挥着重要作用。

三、旅游产业发展战略

(一) 加强文旅融合发展

文化是旅游的灵魂，旅游是文化的载体。文化增加旅游知识性、趣味性，丰富旅游资源内涵，旅游产业可以增进文化的传承和发扬，文旅融合促进双方互利共赢，成为旅游产业与文化产业结构优化、动能转换和新发展方式的重要载体。以习近平同志为核心的党中央高度重视文化和旅游工作，全面继承了改革开放以来党的一系列文化、旅游融合发展的基本路线和大政方针，要在讲好中国故事、传播社会主义核心价值观的同时，提高国家文化软实力，推动社会主义文化大繁荣。

第一，培育文化旅游消费市场。习近平总书记十分重视对旅游消费新业态新热点的培育，近年来我国文化消费大幅增长，培育一个成熟完善的文化旅游消费市场迫在眉睫。其一，要加强文化旅游产品品牌建设。习近平总书记在建设旅游品牌方面十分重视，提出要"中国产品向中国品牌转变"，要开发吸引游客消费的文化旅游产品，其内涵要以"讲中国故事"为主，发扬中华优秀传统文化、红

色文化、历史文化等中国文化，弘扬沂蒙精神、延安精神、井冈山精神和西柏坡精神等中国精神，正如习近平总书记指出的"生活一天比一天好，但我们不能忘记历史，不能忘记那些为新中国诞生而浴血奋战的烈士英雄，不能忘记为革命做出重大贡献的老区人民"。其二，大力提倡科技创新的应用。习近平总书记提出创新是引领发展的第一动力，要求在发展文化旅游产品时，需利用科技创新对旅游地的历史文化、民族文化、民间文化等资源进行深度开发和资源再利用。如张家界的《魅力湘西》、《天门狐仙》、"印象"系列（杭州的《印象西湖》、广州的《印象刘三姐》等）实景演出等，巧妙地将民俗文化表演融入自然景观中，极大地丰富和提升了旅游产品的艺术价值。其三，加大文化旅游产品的宣传力度。随着"文旅+"的不断融合发展，将产生更丰富的新型业态。消费者对新业态的认识和接受需要一个过程，仅依靠消费者被动接受和扩散通常要耗费较长的时间，会在一定程度上阻碍旅游产业融合发展的进程，这就要求旅游企业要克服旅游产业融合中需求层面的阻力，运用创新思维和创意手段，除了借助互联网技术和电子商务平台将新型产品的顾客需求表达出来，还可以采用举办大型特色活动、拍摄专题宣传片、旅游促销等方式激发顾客的消费欲望和积极性。其四，要特别注重游客的口碑效应，充分利用驴友和名人游记的宣传效应，展现文化旅游商品的价值。

  第二，完善文化旅游融合发展的政策环境。文化旅游市场健康运营需要政策的支持。首先，加快文化产业和旅游产业相互作用、渗透、融合，需要有相对宽松的政策环境作为保证；其次，开发新的文化旅游产品，资金投入大，相关政府部门应对开发文化旅游产业相关企业给予一定的政策支持，多渠道增加旅游产业的投入，例如鼓励社会资本进入文化旅游市场，允许社会资金进入文化旅游项目投资，同时，优化融资环境，提高融资效益，避免出现因缺少资金而影响新的文化旅游产品开发等具体问题，减轻政府的负担；最后，支持科技创新在文化旅游企业中的应用，将文化创意融入旅游产品中，创造性地生产出高质量的旅游文化产品。

  随着旅游产业与文化产业两者的相互融合，必然会出现一些潜在的危机，为了消除融合中存在的问题，政府监管部门必须充分发挥指导和管理作用，为旅游产业提供支持。成立对应的工作小组，加强旅游产业的市场监管，保证旅游产业的完整性，推动产业不断改革创新。政府部门应加强对文化旅游的改革，为旅游产业与文化产业融合打造一个好的市场环境，规范好市场合理运行机制。在改革

第九章 中华优秀传统文化传承与中国社会旅游产业发展

中需要打破原有市场限制,为构建多元化文化旅游融合提供服务,促进二者之间和谐发展。

在当前激烈的市场竞争环境下,文化和旅游产业只有不断创新才能可持续发展。具有文化和旅游双重功效的文化旅游产品能够为两大产业带来更大的经济收益。随着文化产业和旅游产业融合程度的提高,旅游活动中的文化因素不断增加,丰富了旅游产业的文化内涵,为游客带来了更完美的体验,提高了旅游产业的品质。让旅游者通过旅游这个文化载体了解更多当地的文化,扩大文化的传播范围和产业效益,提高文化产品的市场竞争力,取得旅游产品的扩散效应,实现文化产业的增值,也给旅游产业和文化产业融合带来最大化利益。

(二) 加强旅游生态建设

"美丽中国"是生态文明建设的目标指向,生态文明建设是构筑"美丽中国"的出发点。2018年5月,习近平总书记在纪念马克思诞辰200周年大会上指出"动员全社会力量推进生态文明建设,共建美丽中国,让人民群众在绿水青山中共享自然之美、生命之美、生活之美"。而旅游业是生态文明建设的重要组成部分,从生态文明的角度看,加强旅游业生态文明建设,有利于营造绿水青山的生态环境,将中国建设成为生态环境良好国家的同时,提供更多优质生态产品,让人民群众在绿水青山中共享自然之美、生命之美、生活之美。"我们既要绿水青山,也要金山银山。宁要绿水青山,不要金山银山,而且绿水青山就是金山银山。我们绝不能以牺牲生态环境为代价换取经济的一时发展",习近平总书记对于生态文明建设态度鲜明,辩证地阐明了将生态文明理念融入发展旅游事业当中,才是正确处理好经济增长与资源环境之间关系的方法。但现实情况是,当前旅游业面临许多与可持续发展相关的重大挑战:生物多样性丧失、生态环境破坏等。因此亟须一种新的旅游模式加强人与自然和谐共处,绿色旅游应运而生,它是旅游资源和旅游业可持续发展的一种全新的旅游模式。

第一,培育绿色观念。发展旅游业产生的负面问题,从源头来说,就是因为对可持续发展理念认识不够,所以需要转变经营、管理和社会观念。就旅游企业者而言,要将绿色理念融入旅游经营当中,引导绿色环保的健康消费时尚,把环境保护和可持续发展思想作为企业者发展战略的基础。例如旅行社要转变经济效益至上原则,选择绿色产品、选择绿色饭店、选择绿色交通工具、选择绿色商店等绿色产品;就政府管理者而言,发展绿色旅游,政府要起主导作用,需要统一思想，从战略层面上提高重视，必须牢固树立并坚决贯彻绿色的发展理念，认识到在国家、社会越来越重视环保的大环境下，在关注游客流量、旅游消费指数等数据的同时，也要从社会、生态等多个方面进行评价，摒弃唯GDP论的思维模式的重要性；就旅游消费者而言，要培养旅游消费者将原生形态美作为欣赏旅游景观的最高理想的绿色审美理念，培养热爱、保护以及享受大自然的绿色消费理念，养成在旅游景区不乱刻乱画、不乱扔垃圾的习惯，将节能减排、勤俭节约变成自觉的消费行为，成为高层次的具有责任感的旅游者。

第二，生产绿色产品。习近平总书记提出"要加快开发低碳技术，推广高效节能技术，提高新能源和可再生能源比重"。旅游企业不能单纯为获利而控制和压缩成本，采购价格低廉且不利于环保的旅游产品。因此要求政府支持企业绿色旅游技术研发和基础建设，鼓励旅游企业向以新型科技为基础、环保低碳的技术型企业转变，将相关行业和领域的节能减排技术在旅游行业内推广应用，用现代节能减排技术加速淘汰那些高能耗、高污染的旅游生产技术和工艺，提升旅游行业的低碳化程度，推动构建富有生态化、多元化、益智性的绿色旅游产品新体系。重点建设民俗旅游、康养旅游等绿色环保型的旅游产品体系。

第三，加强绿色旅游的宣传工作。借助主流新闻媒体，引导绿色生产、绿色经营，充分发挥旅游地生态文明传播、国民教育重要场所的作用，提高全民的环保意识，加深公众对生命共同体理念的认识，使其意识到旅游资源被破坏的危害，提高公众保护环境的自主性。正如习近平总书记强调的那样，做到"加强生态文明宣传教育，增强全民节约意识、环保意识、生态意识，营造爱护生态环境的良好风气"。

第四，加强对旅游环境保护的宏观管理。从开发旅游地区角度，坚持"规划先行、保护第一"和可持续发展原则，因地制宜统筹发展旅游业，对于周边环境进行实地考察，并将旅游资源进行划分，通过旅游整合民俗、体育、农业等社会资源，提高其附加值。尤其是对于不可再生的珍稀、脆弱的自然和历史文化资源，在"保护第一"的前提下适度开发、合理利用，实现资源的可持续发展。正如习近平总书记所强调的："发展旅游经济要坚持开发与保护并重，开发是发展的客观要求，保护是开发的重要前提。只有科学合理的开发，才能促进旅游经济的快速发展。只有积极有效的保护，才能保证旅游经济的健康发展。"从景区管理角度看，首先要研究旅游景区的环境承载力和游客的可容纳阈值，若将要超出最大限度时，采取提高门票价格、设立不同路线等手段，使游客分流，适当控制

第九章 中华优秀传统文化传承与中国社会旅游产业发展

景点人数，缓和旅客对旅游热点景区的冲击。其次，景区旅游环境的保护措施要切实可行，可采取增设钢网护罩、栅栏栏杆、警示标语等措施，满足游客的精神需求，又保障了重点文物和景色的安全性。管理者要制定相应的规定，安排明察暗访、第三方检查等，对景区进行不定期抽查，切实加强旅游地的生态文明建设。

（三）推进生态文化旅游

文化、生态、旅游自产生以来，就相互联系、密不可分。旅游具有文化性质。生态与旅游事业相互依托，新时代的社会旅游事业离不开生态文化的建设，生态文化是旅游业发展的基石，我们应科学挖掘原生态文化资源，推动并深化文化与旅游的融合。

旅游是生态文化传播的渠道。由于"生态"一词的兴起，生态文化旅游开始受到社会的普遍关注，但是人们对生态、文化、旅游的关系还是缺乏科学的认识，开发一片旅游，破坏一片生态，开发一个项目，毁坏一种文化的现象十分普遍。而将生态、文化、旅游合为一体，良性循环，不仅能促进生态文化旅游产业的快速发展，对保护生态环境、传播生态文化也具有重要的促进作用。生态文化旅游以丰富多样的生态旅游资源为基础，以意蕴深厚的生态文化为依托，利用好旅游这一"中介"，向公众宣传生态文化知识，传播生态文化，培养生态情感，在旅游中感受自然风光，使人的精神和心灵得到怡悦。生态文化旅游是由多部门联合管理、将旅游发展与社区经济发展以及环境保护紧密结合在一起的生态文化产业，具有一定的有机性、动态规律性以及目标指向性。生态文化旅游的有机性：生态文化旅游不是简单地将生态—文化—旅游三者机械地组合在一起，而是以自然资源为依托、以生态为主体，将生态文化的价值理念、内涵精神融入旅游活动、项目开发的设计等方面。旅游作为三者之间的有机组成部分，具有灵活性及可操作性的特点。生态文化旅游的动态规律性：生态文化旅游的有机组成不是与生俱来的，而是一个动态结合的过程。生态、文化、旅游三者自身就具有一定的动态性，三者之间的关系也体现出一定的动态规律。正确认识生态文化保护与旅游开发之间的关系、深入挖掘生态文化的内涵与生态文化产业的发展和需求具有对应的联系。生态文化旅游的目标指向性：生态文化旅游的目标就是在生态优先发展的理念指导下统筹经济效益与社会效益之间的关系。利用传统的生态资源实现生态化经济发展模式，在辩证地将生态效益与经济效益协调统一的基础上增加了社会效益。生态文化旅游将可持续发展作为其重要目标之一，在发展生态文化旅游业的过程中，必须严格把握局部与整体的关系、经济与生态的关系，最终实现以人为本的核心发展理念。

第三节 中华优秀传统文化传承对旅游产业发展的影响

一、传统文化对现代生态旅游的影响

生态旅游的蓬勃发展得益于传统文化的牵引。旅游产业的开发与发展是一把"双刃剑"，一方面旅游开发能够有效提升旅游目的地的社会经济效益与当地人民的平均收入、生活水平，同时可以在一定程度上促进传统文化的复兴与传承；另一方面也可能会产生一系列的负面影响，比如在开发过程中对旅游目的地生态自然环境的破坏、对生物多样性的影响，造成生物多样性的锐减而导致的自然生态失衡现象。在旅游发展与文化跨界交流的过程中也容易产生将文化内涵与时代精神的传承包装得过于"商品化"的问题，在一定意义上干扰了目的地民风民俗的呈现，造成文化多样性丧失，进而带来一定程度的社会问题，导致旅游产业的可持续发展受到严重制约。旅游可持续发展包括旅游活动和旅游业两方面的可持续发展，相对于旅游产业经济发展的可持续开发模式，整个旅游产业的可持续发展更为迫切，因此，文化视角的介入成为生态旅游目的地可持续发展的可行性路径之一。生态旅游在近些年的快速发展离不开能够在整体上统摄旅游开发"全局"的文化支柱，赋予其文化内涵与时代精神，输出时代价值观，给予游客时代使命感。

旅游与文化的协同发展即文旅融合在近几年已经成为我国旅游实践和研究领域的大热话题，多个旅游论坛和座谈会上都对这个主题进行了深入探讨。在我国旅游产业高速发展的这些年里，无论是在建设过程中还是在进阶发展过程中，文化都扮演了重要的角色，就我们所讨论的生态旅游产业来说，其发展的每一步都根植于我国优秀的传统文化土壤中。在我国传统文化、民俗民风和旅游发展的格局中，要突出呈现旅游目的地良好的自然旅游资源和生态环境的地域性和特殊性，离不开历史文化的厚重性。在某种程度上来说，生态旅游的山山水水所具有的可感知性便是文化赋予的，换句话说，文化可被称为生态旅游的灵魂。当然，由于地域的差异，我国各地生态旅游开发中以物理外形呈现的文化样态多有不同，带给旅游者感官、行为、思维和情感体验等方面的文化体验也形式各异。但

第九章 中华优秀传统文化传承与中国社会旅游产业发展

就普遍性的文化基因、文化元素与文化理念来说,在生态旅游开发中渗透最为深刻、作用最为明显的莫过于两千多年来持续影响中华民族生产和生活领域的儒学文化。儒学不仅倡导明理,而且提倡济世救人,其创始人孔子在周游列国时就把旅游与儒学理念联系起来了。一部分学者认为,儒学的"礼"在一定意义上就是协调各种社会关系的普遍性准则,儒学试图以这种协调性建立起稳定和谐的行为秩序与社会秩序。从价值取向上来说,就是道德高于物质,当然在提倡道德的前提下,儒学并没有完全否定物质利益,认为人人都期望富贵,但是富贵也要"得其道",在这样的价值取向下,逐渐催生出包括远游观、义命观、生态观、比德观等生态伦理思想的人本主义生态旅游观。这些观念在当代生态旅游开发中已经演化成一定的文化行为与内涵,通过以文促旅和以旅彰文这两个路径与现代生态旅游活动紧密联系在一起,并得以继承和发展。

二、传统文化对旅游管理的影响

第一,促使旅游地区打造地域文化特色。加强传统文化对于旅游管理的积极作用,能够使人们在旅游过程中深刻感受中国不同地域的风情与多样的地形地貌。由于我国历史悠久,不同地域、民族都在不同程度地传承着深刻的文化与内涵,这对于旅游者而言是非常难忘的,并且可以激发旅游者强烈的爱国主义情怀。若旅游地想充分展示本地特色文化,那么需要相关的工作人员首先对地域文化有所理解,并将特色文化与服务方式或管理方式科学结合,进而打造以当地特色地域文化为基础的旅游产业项目,着重将文化当作主要宣传点,进而吸引旅游者的注意力,吸引潜在游客前来体验。相关部门还可将当地比较出名的、具有一定历史的建筑或装饰打造为旅游景点,通过科学的管理方式将旅游发展与当地特色文化有效结合。

第二,旅游形式多元化。传统文化在旅游管理中对于人们的旅游形式选择也赋予了非常大的空间,结合传统文化的旅游形式较以前有很大不同,以往的旅游模式可能只注重景色观光,并不会使旅游者获得太多的精神文化方面的知识。现阶段,我国社会的发展速度飞快,人们的物质文化需要也日益上涨,基于此,旅游业的发展在很大程度上满足了人们的精神需求,加深了现代人对我国历史文化的了解程度,这对于人们的民族自信心提升有很大的作用。蕴含传统文化思想理念的旅游管理应将历史与文化、优良思想相结合的旅游产品作为发展旅游业的重点。在旅游管理过程当中,若想将优秀传统文化融入其中,就要参考该地域在各历史时期中的背景与相关的故事,并将此作为旅游景点的设定方案中心,为观光

的游客打造新的旅游感受与文化体验。因此，在将传统文化打造成旅游产品的过程中，相关管理人员要全面了解文化起到的重要作用。

第三，旅游模式改造。打造传统文化与旅游景点相结合的旅游方式，有利于促进我国旅游业发展内容的创新。文化旅游是在以往导游讲解、旅客旁听的基础之上，添加富有地域文化特色的旅游产品的新型旅游方式。这种新型的旅游方式在开展工作之前，需要注重培养相关管理人员，加深他们对传统文化内涵的了解、掌握程度，也要适当提高管理人员的道德素养与综合能力。若旅游管理人员对于传统文化的了解程度不够，则会直接造成游客的质疑。开设了文化旅游项目，就一定要以传统文化输出为重点。基于此，旅游相关工作人员需定期进行文化学习，以全面掌握不同地域的文化背景，才能更好地提高游客对文化旅游的认可度，打造更好的旅游企业形象。另外，旅游管理的基础工作还包括我国范围内各院校对旅游管理专业传统文化科目的增设，以促进相关专业的学生对传统文化知识的学习和掌握，在日后工作期间能够有良好的关于传统文化知识的储备。各行各业的稳定发展都离不开专业人才。对于我国旅游业发展的当前阶段而言，专业的旅游管理人才能够在很大程度上将优秀文化以更加科学、更易使游客认可的方式或管理模式进行科学传播，这对于我国旅游业的健康发展有很大的积极影响与作用。在我国现代旅游管理的工作进程中，相关工作人员首先须做好对旅游路线的制定以及各景点的观光方案设计，还有最佳旅游路线的设计等方面的准备工作。然后，根据方案或旅游计划进行全方位的宣传与营销，其中，互联网是非常便捷的宣传手段。在文化遗产方面，旅游管理部门需协助政府部门制定相关建筑的保护制度以及制定专业的关于物质文化遗产的旅游方案，为传统文化能够以更加高效的方式对旅游者产生积极影响奠定基础。在旅游线路的设计方面，相关的管理人员要对人们的日常消费水平以及城市发展状况进行综合、多角度的考虑，并据此制定科学、合理的旅游路线，在宣传文化旅游的特色之时保证人们对于这种旅游模式的认可。

第四，科学规划地区特色文化旅游产业。我国优秀传统文化在现阶段旅游业的发展中起到了非常关键的作用，对于我国还未开发的旅游资源而言，其也具有很大程度的促进挖掘的作用。当地旅游企业对于具有挖掘潜力的旅游资源或项目应进行专业、科学的管理方案制定，将具有旅游潜力的区域进行划分，在保持一定的文化特色基础上，进一步开发旅游与传统文化相结合的新型旅游模式，这对于当地旅游业发展有十分强的推进作用，并且通过这种新型的旅游方式也能明显促进我国优秀传统文化内容的传播。

参 考 文 献

[1] 费君清,刘家思,朱小农.中华优秀传统文化论丛[M].杭州:浙江工商大学出版社,2020.

[2] 王易.传统文化与思想政治教育创新[M].北京:中国人民大学出版社,2018.

[3] 陈志刚.习近平关于中华优秀传统文化的新思想新定位[J].新视野,2020,(5):5-11.

[4] 张志臣,洪晓楠.习近平总书记关于中华优秀传统文化重要论述及其时代价值[J].当代世界社会主义问题,2019,(2):12-19.

[5] 宋慧.从弘扬中华优秀传统文化中坚定文化自信[J].沈阳工业大学学报(社会科学版),2019,12(4):379-384.

[6] 董泽芳,黄燕.论大学弘扬中华优秀传统文化的价值与路径[J].国家教育行政学院学报,2019,(2):67-73.

[7] 徐光木,江畅.习近平总书记对中华优秀传统文化的创造性转化和创新性发展[J].思想理论教育,2019,(2):38-44.

[8] 阮晓菁,肖玉珍.习近平关于"中华优秀传统文化创造性转化、创新性发展"论述研究[J].思想理论教育导刊,2019,(1):30-33.

[9] 王新刚.论中华优秀传统文化与社会主义核心价值观的内在契合[J].思想理论教育导刊,2018,(12):76-81.

[10] 吴增礼,马振伟.中华优秀传统文化提升文化自信的理与路[J].马克思主义研究,2018,(9):77-85.

[11] 李青璇,李艳.中华优秀传统文化视域下习近平人类命运共同体思想的价值底蕴[J].思想政治教育研究,2018,34(4):27-32.

［12］高琦，娄淑华．习近平论中华优秀传统文化的价值［J］．思想教育研究，2018，（3）：38-42．

［13］王新刚．中华优秀传统文化"传承发展体系"建设初探［J］．思想理论教育导刊，2017，（12）：85-89．

［14］薛庆超，薛静．习近平与中华优秀传统文化［J］．行政管理改革，2017，（12）：20-25．

［15］韩玉胜．传承中华优秀传统文化与增强文化自信［J］．中华文化论坛，2017，（11）：51-57．

［16］王莹．文化自信与中华优秀传统文化的对外传播［J］．广东社会科学，2017，（5）：75-81．

［17］陈泽环，李艳峰．传承中华优秀传统文化与增强文化自信：基于张岱年文化哲学的阐发［J］．思想理论教育，2017，（9）：18-22．

［18］杜芳．中华优秀传统文化与文化自信［J］．探索，2017，（2）：163-168．

［19］李先明，成积春．中华优秀传统文化传承体系的构建：理论、实践与路径［J］．南京社会科学，2016，（11）：138-145．

［20］刘爱武．弘扬中华优秀传统文化与提升当代中国文化软实力［J］．思想理论教育，2015，（8）：38-42．

［21］宋乃庆，贾瑜，廖晓衡．中华优秀传统文化与社会主义核心价值观的培育和践行［J］．思想理论教育导刊，2015，（4）：64-67．

［22］刘芳．中华优秀传统文化：社会主义核心价值观的精神滋养［J］．思想理论教育，2015，（1）：20-25．

［23］杜芳，陈金龙．中华优秀传统文化与社会主义核心价值观的涵养［J］．中国高等教育，2014，（23）：35-37．

［24］崔宜明．社会主义核心价值观与中华优秀传统文化的再认识［J］．道德与文明，2014，（5）：21-27．

［25］周颜玲．我国主流意识形态建设视域下传承弘扬中华优秀传统文化研究［D］．济南：山东大学，2019．

［26］刘丽娜．中华优秀传统文化融入大学生思想政治教育的路径探析［D］．长春：东北师范大学，2018．

［27］张静. 习近平对中华优秀传统文化的继承和发展研究［D］. 西安：西安电子科技大学，2017.

［28］邓斌. 中华优秀传统文化与社会主义核心价值观建设［D］. 长春：东北师范大学，2016.

［29］薛凯文. 大学生优秀传统文化自信研究［D］. 昆明：昆明理工大学，2015.

［30］李荣真. 中华优秀传统文化与社会主义核心价值观研究［D］. 南宁：广西民族大学，2015.